MITOLOGIAS ARQUETÍPICAS

Dados Internacionais de Catalogação na Publicação (CIP)
(Câmara Brasileira do Livro, SP, Brasil)

Barcellos, Gustavo
  Mitologias arquetípicas : figurações divinas e configurações humanas / Gustavo Barcellos. – Petrópolis, RJ : Vozes, 2019.

  Bibliografia.

  3ª reimpressão, 2025.

  ISBN 978-85-326-6220-0

  1. Arquétipo (Psicologia) I. Título.

19-27634   CDD-155.6

Índices para catálogo sistemático:
1. Arquétipos : Psicologia   155.6

Cibele Maria Dias – Bibliotecária – CRB-8/9427

GUSTAVO BARCELLOS

MITOLOGIAS ARQUETÍPICAS

FIGURAÇÕES DIVINAS E CONFIGURAÇÕES HUMANAS

EDITORA VOZES

Petrópolis

© 2019, Editora Vozes Ltda.
Rua Frei Luís, 100
25689-900 Petrópolis, RJ
www.vozes.com.br
Brasil

Todos os direitos reservados. Nenhuma parte desta obra poderá ser reproduzida ou transmitida por qualquer forma e/ou quaisquer meios (eletrônico ou mecânico, incluindo fotocópia e gravação) ou arquivada em qualquer sistema ou banco de dados sem permissão escrita da editora.

CONSELHO EDITORIAL

Diretor
Volney J. Berkenbrock

Editores
Aline dos Santos Carneiro
Edrian Josué Pasini
Marilac Loraine Oleniki
Welder Lancieri Marchini

Conselheiros
Elói Dionísio Piva
Francisco Morás
Teobaldo Heidemann
Thiago Alexandre Hayakawa

Secretário executivo
Leonardo A.R.T. dos Santos

PRODUÇÃO EDITORIAL

Anna Catharina Miranda
Eric Parrot
Jailson Scota
Marcelo Telles
Mirela de Oliveira
Natália França
Priscilla A.F. Alves
Rafael de Oliveira
Samuel Rezende
Verônica M. Guedes

Editoração: Fernando Sérgio Olivetti da Rocha
Diagramação: Sheilandre Desenv. Gráfico
Revisão gráfica: Nilton Braz da Rocha / Nivaldo S. Menezes
Capa: Rafael Nicolaevsky
Ilustração de capa: Intaglio com cabeça arcaizante de Dionísio, final do primeiro século aC.-início do primeiro século dC. Sárdio, altura de 6 cm. Florença, Museo Archeologico Nazionale, inv. n. 14891.
Foto do autor: Carlos Moreira

ISBN 978-85-326-6220-0

Este livro foi composto e impresso pela Editora Vozes Ltda.

Certa vez, alguns estranhos vieram visitar Heráclito. Ao chegarem, viram-no na cozinha, aquecendo-se junto ao forno. Hesitantes, foram por ele convidados a entrar, pronunciando as seguintes palavras: "Não tenham medo, mesmo aqui os deuses estão presentes".
ARISTÓTELES. *De partibus animalium*, 645a.

Figuras míticas não podem ser tomadas por realidades literais. Sua realidade é totalmente imaginal e qualquer explanação do comportamento humano que repouse nelas, repousa na fantasia.
JAMES HILLMAN. *Mythic Figures*, 2007.

Sumário

Nota introdutória, 9

1 Ares e Afrodite, 13
   1.1 Introdução: sobre tandens e oposições, 13
   1.2 Exame do par: Ares e Afrodite/Marte e Vênus, 27
   1.3 A repressão da deusa, 37
   1.4 Afrodite, 40
   1.5 Ares, 47
   1.6 Afrodite-Hefesto, 60
   1.7 Heráclito e a psicoterapia, 63
   1.8 Pornografia: Afrodite-Príapo, 73

2 Hermes e Héstia, 82
   2.1 Rede politeísta, 82
   2.2 Hermes e Héstia, 85
   2.3 Os deuses do espaço, 109
   2.4 Centro, 113
   2.5 Héstia e Hermes, 120
   2.6 Héstia e a hospitalidade, 132

3 Édipo, Laio e Jocasta, 150
   3.1 Sobre a psicologia da mitologia, 150
   3.2 Tragédia e consciência trágica, 159
   3.3 Édipo, 168
   3.4 O número 3, 175
   3.5 O enigma, 178
   3.6 A tragédia e o mito de Édipo, 182

4 Apolo, Ártemis e Dioniso, 207
  4.1 Introdução, 207
  4.2 Os irmãos, 215
  4.3 Alteridade/ipseidade, 221
  4.4 Solidão e virgindade, 228
  4.5 O sublime, 237
5 A Criança Divina e a Grande Mãe, 247
  5.1 A criança arquetípica, 247
  5.2 Níveis de maternidade: Gaia, 257
  5.3 Deméter: a metáfora-cereal, 264
6 Eros, Psiquê e Afrodite, 284
  6.1 Beleza, 288
  6.2 Eros, 291
  6.3 O não do *daimon*, 303
  6.4 Psiquê, 305
  6.5 Inveja e ciúme, 312
  6.6 O mito da análise, 323
  6.7 Eros e Psiquê, 328
Referências, 337

Nota introdutória

> *No ensino oral, incentivada pela alegria de ensinar, às vezes a palavra pensa.*
> GASTON BACHELARD. *A poética do espaço, 1957.*

> *O mítico é o* speculum *da psicologia.*
> JAMES HILLMAN. *O mito da análise*, 1972.

O exame de algumas figurações divinas e suas configurações humanas é o assunto deste livro. A mitologia grega é o campo do enfoque psicológico que aqui se ensaia. Esse enfoque está baseado na aproximação ao mito e no método de estudo de suas imagens próprios da psicologia arquetípica.

Que os temas da vida estejam organizados em padrões lógicos atemporais, a isso precisamente os gregos antigos davam o nome de *deuses*, e se relacionavam com eles como figuras personificadas, como pessoas míticas inseridas em narrativas. Na psicologia junguiana, chamamos essas mesmas organizações de *arquétipos*. Os deuses, para a psicologia, são modos pelos quais delimitar, para a melhor compreensão, essas áreas da experiência vivida. Não são, como tantas vezes insistiu James Hillman, entidades positivas, as quais, ao entrarmos em contato, demandam de nós uma aproximação religiosa. Eles são metáforas para núcleos de fantasia da psique. Numa cultura monoteísta como a nossa, essas metáforas vão perdendo sua força graças à repressão de suas imagens. No entanto, essas mesmas imagens permanecem na alma profunda. Seu exame também permanece uma tarefa válida e contínua.

Os capítulos que compõem esta obra nasceram da transcrição, edição e ampliação de seminários sobre certas figuras míticas que vim realizando ao longo dos últimos anos para grupos de estudo de psicologia arquetípica, em diversos lugares e ocasiões. Esboçam uma abordagem, inspirada na orientação de diversas autoridades da tradição dos estudos helênicos, que pretende compreender algumas importantes divindades do mundo grego antigo naquilo que se poderá melhor assimilar de seu sentido psicológico específico assim como ele está dado nas *relações* que essas divindades estabelecem entre si. Um deus nunca aparece sozinho. É na consideração do campo de forças que instauram essas relações, mais frequentemente apresentadas em díades ou tríades, que está, para mim também, a riqueza psicológica que delas pode ser extraída. Como campos imaginativos, essas relações nos entregam uma psicologia da alma.

As figuras míticas sozinhas não entregam a dimensão total de seu sentido. A mitologia não é como um museu, no qual se vê uma estátua por vez, como num desfile. Toda mitologia é uma teia de relações. Os deuses pertencem uns aos outros, não operam como singularidades. Há um Ares dentro de Afrodite, uma Afrodite dentro de Ares; há uma Psiquê em Eros, e não há Eros, propriamente, sem Psiquê; Hades em Perséfone e Perséfone em Deméter; Hermes e Héstia dentro um do outro, e assim por diante. Queremos aqui atingir seu plano psicológico, compreender sua psicologia. James Hillman entende que essas figuras aparecem naquilo que chamou de *tandens*. É a metáfora por ele utilizada para entender a dinâmica das grandes personagens que nos integram a todos nós. Tandem é uma bicicleta com dois selins, conduzida por duas pessoas. As duas pessoas pedalam ao mesmo tempo. Um tandem põe duas (ou mais) figuras em relação, indo numa mesma direção.

A ideia de rede, no entanto, que me agrada ainda mais localiza as relações entre as divindades, seus tandens duplos ou triplos, numa imagem maior de teia, uma teia irregular, não geométrica ou mandálica, mas imprevisível e sempre surpreendente, onde se tecem os fios míticos que aparecem para nos ajudar na apreensão sempre oblíqua, aberta e não linear, dos mistérios ali distribuídos. Esses mistérios nos são apresentados em eixos multiplamente desenhados, em trânsitos irregulares que compõem aproximações e distanciamentos, beleza e horror, crueldade e espanto. A ideia de rede também convoca um imaginário no qual percebemos melhor tramas e dramas, enredos e enlaces, e toda a tecedura de que são feitas nossas dores e alegrias.

Este não é um livro sobre mitologia em sentido estrito. Não sou mitólogo. Portanto, os seminários que dei sobre a psicologia mítica muitas vezes pode ter levado a palavra, em seu esforço por abrir caminho nas oportunidades de ensino aqui registradas, a possíveis imprecisões, tanto nas informações quanto no entendimento. Buscando o que estava em jogo na psicologia profunda que se encontra embutida nas figuras míticas em análise, suas histórias, suas imagens, seu entrelaçamento, estimo que o registro de ideias que aqui se encontra possa ajudar no estudo e na ampliação das questões diretamente psicológicas que se apresentam no mito.

Acrescentei algumas palavras-chave ao início de cada capítulo, não ao modo acadêmico, mas num influxo mais poético. Elas serviram originalmente para apresentar cada um desses seminários às pessoas que os acompanharam e, ao mesmo tempo, localizar o estudo em nosso imaginário.

O livro não aconteceria sem a intervenção de três pessoas. Acací de Alcântara foi quem chegou com a ideia de gravar os encontros de psicologia arquetípica, inicialmente do grupo de estudos de São Paulo. Devo a ela a ideia que acabou se transformando no projeto deste livro. Silvio Lopez Peres transcreveu minuciosamente, num trabalho longo e difícil, todos os áudios dos seminários que dei e que foram reunidos e editados para formar os capítulos aqui presentes, ajudando inclusive com os termos gregos. Este livro, finalmente, não seria o que é sem a colaboração de Wladia Beatriz Pires Correia. Com seu extraordinário conhecimento de mitologia e seu estudo aprofundado de psicologia arquetípica, revendo comigo as versões dos textos minuciosa e pacientemente, ela foi companheira importante nessa aventura de transformar o registro transcrito dos seminários em um livro. A esses amigos, o meu profundo agradecimento.

GB
Pedra Grande, maio/2019

1
Ares e Afrodite

sexualidade • imaginação • repressão da beleza •
amor à guerra • testosterona • ativismo

> *Lá no reino de Afrodite*
> *O amor passa dos limites*
> *Quem quiser que se habilite*
> *O que não falta é apetite*
> RITA LEE. *Banho de espuma.*

1.1 Introdução: sobre tandens e oposições

Da maneira como entendo e prefiro conceber, a psicologia arquetípica trabalha com uma percepção da mitologia em que ela é a apresentação, por meio de histórias (*mythoi, plots* em inglês, intrigas, enredos), do *entrelaçamento* de figuras míticas, de relações entre pessoas – no caso essas pessoas são os deuses[1]. E porque elas

---

[1] "A solução grega e renascentista para a identificação com qualquer deus único era a profunda percepção de que nunca um deus aparece sozinho. Os deuses não são unidades distintas, mas padrões entrelaçados que se interpenetram" (HILLMAN, J. "A Note on Hermes Inflation". In: *Uniform Edition of the Writings of James Hillman, Mythic Figures.* Vol. 6. Putnam, CT: Spring Publications, 2007, p. 278).

são os deuses, elas nos espelham – ou, ao contrário, aquilo que acontece com os deuses, acontece com os humanos, ou seja, nós espelhamos os deuses.

Os deuses estão sempre vivendo suas vidas, eles acontecem em suas histórias, que são imortais, eternas, transcendentes, que são mais do que humanas, e essas são, principalmente, as histórias das relações entre eles. A percepção então é esta: de maneira não direta, esquemática, nós humanos espelhamos essas histórias.

O mais importante é perceber que são *histórias* – ou seja, descrições de entrelaçamentos. São "padrões de contágio", como afirma James Hillman, numa frase memorável[2]. Os deuses se contaminam, não aparecem sozinhos, se entrelaçam, se envolvem uns com os outros. "Os deuses não são unidades distintas, mas padrões entrelaçados que se interpenetram"[3]. A mitologia é a apresentação desses envolvimentos, e é por conta disso que não podemos tirar uma psicologia apenas de um deus isolado, não podemos falar de um deus por vez, isolá-lo e estudá-lo como uma estátua de mármore no museu. Isso é uma afronta à ideia do divino na Grécia, ao politeísmo, à ideia da mítica, propriamente dita, porque ela sempre envolve relações. Os gregos percebiam o divino dessa forma, um deus nunca aparece sozinho.

E também diziam que todas as coisas estão cheias dos deuses. Ou seja, toda vez que houver uma atração irresistível, por exemplo, Afrodite estará presente. Como Héstia está presente na lareira, numa casa, na arquitetura doméstica. Como Hermes está presente numa encruzilhada, nos caminhos e estradas. Com Afrodite sempre há a possibilidade, em tudo, de uma atração, exatamente porque esse é um dado da existência. Os deuses estão sempre presentes.

---

2 "Os mitos apresentam padrões de contágio, e os deuses aparecem primeiramente nos mitos e nos rituais, somente depois como figuras separadas e cristalizadas em símbolos" (ibid.).

3 Ibid.

Essas são as duas balizas da psicologia arquetípica em sua abordagem à mítica. Na história de um deus, sempre aparece um ou outros deuses. Mesmo quando estamos estudando Dioniso, por exemplo, Apolo aparecerá em algum momento na história de Dioniso. A mitologia não permite o isolamento dos deuses. Queremos fazer o percurso das figuras míticas, como James Hillman (1926-2011) propõe, buscando pela psicologia que nelas existe. É bom então deixar claro que, dentro da abordagem da psicologia arquetípica, entendemos que uma das maneiras interessantes de se retirar a psicologia da mitologia é estudar as relações entre os deuses, entre as figuras míticas. Isso está na psicologia arquetípica, mas está também nos trabalhos de filólogos e mitólogos importantes, principalmente Jean-Pierre Vernant (1914-2007), o grande historiador francês, que fazia uma psicologia histórica, que é quem de fato propõe essa abordagem[4], mas também está em Walter Otto (1874-1958), Karl Kerényi (1897-1973) – penso que todos eles entendem que é uma afronta, do ponto de vista do politeísmo, isolarmos um deus, uma figura mitológica e escrutiná-la, tentando dissecá-la, buscando os seus sentidos. É uma afronta porque o politeísmo é uma ideia sistêmica, uma rede, um sistema de relações, de relacionamento entre as figuras. Essa psicologia das relações faz você enxergar um deus pelo outro, e aí termos uma visão mais plena do que aquela figura apresenta, que "mundo" está sob a égide daquele deus. Então, essa já é uma postura dos estudiosos da mitologia, de filólogos, etnólogos, classicistas, helenistas, e é uma postura que se aplica muito à psicologia, e ao projeto de se enxergar psicologia na mitologia. Estamos

---

4 "Essa visão do pan-helenismo levou Vernant a propor, num trabalho publicado em 1966, o estudo da mitologia grega com base na noção de sistema: 'A um simples catálogo de divindades é necessário substituir uma análise das estruturas do panteão, trazendo à luz o modo pelo qual as diversas potências são agrupadas, associadas, opostas, distinguidas' (*Mythe & Societé en Grèce Ancienne*)" (VIEIRA, T. "Introdução à Grécia de Jean-Pierre Vernant". In: VERNANT, J.-P. & VIDAL-NAQUET, P. *Mito e tragédia na Grécia antiga*. São Paulo: Perspectiva, 2008, p. XVI).

dando continuidade a essa linha de pensamento, a esse método de estudo, no exame desse par, Ares e Afrodite.

Vernant, aponta que um deus *mostra* o outro, que só enxergamos verdadeiramente e por completo um deus pelo outro. Um dos melhores retratos de Hermes, por exemplo, está em sua relação com Héstia, como o próprio Vernant mostrou magistralmente. Héstia revela Hermes. E Hermes revela Héstia. Hermes atua para fora, no comércio com o mundo, no exterior; Héstia atua para dentro, na ideia de lar, de interior. Compreendemos as figuras míticas através das suas relações. Isto nos parece muito psicológico. Pois a psicologia também nos parece ser, em larga escala, o estudo das relações. Sejam as exteriores, com as quais entramos no consultório e das quais nos queixamos e por causa das quais sofremos. Sejam as interiores: as figuras interiores nas fantasias, nos sonhos, nos anseios, nos projetos, nas projeções.

Entrando já por um momento em Afrodite, ainda à guisa de uma introdução geral: a psicologia arquetípica tem uma forte marca venusiana (Vênus/Afrodite). Há muitas deusas e muitos deuses na psicologia, claro, há muitos "mitos da análise", conforme Hillman. Mas seu pensamento é profundamente afrodítico, aprecia a beleza, aprecia todas as atrações exercidas sobre nós, as qualidades sensuais das coisas, a sensualidade de todas as coisas, seus dados sensoriais, suas apresentações formais. Sua psicologia pode também ser compreendida como combativa, marcial, guerreira, com a marca de Ares[5], claro – Hillman, o revolucionário combativo que derruba todas as ideias precedentes, que "re-vê a psicologia" –, mas a presença de Afrodite, até em função de seu pareamento com Ares, é inegável, e muito forte. Freud e Jung têm uma psicologia trágica. Têm a marca

---

5 "Uma afinidade com a retórica marcial é natural em meu método. Meu caminho na vida e modo de ser convoca inimigos. Gosto de afiar oposições e de incendiar as paixões do pensamento" (HILLMAN, J. *A Terrible Love of War*. Nova York: The Penguin Press, 2004, p. 1.110).

do trágico, do inescapável, no sentido grego. Hillman não é trágico. Trata-se de uma psicologia vital. Nessa psicologia, a vida é para ser vivida, digamos, tudo está aí para encantar, ou estarrecer, tudo cheio de mensagens sensoriais inteligíveis. Isso também é a *anima mundi*: o mundo como uma experiência viva e prazerosa para ser desfrutada. Lembremos que a primeira característica da alma é que ela é uma "donzela bela". Isso está no mito de Eros e Psiquê, e está ampliado no ensaio de Hillman, "O pensamento do coração"[6]. A alma é primeiramente bela, e se é bela, é amável, é degustável, é deleitosa. No conto de Apuleio, ela é referida como uma beleza extraordinária.

É uma psicologia com uma marca na beleza e no prazer. Mas, em função de que os binômios existem, então toda preocupação com o prazer embute uma preocupação com a dor. A dor também está muito presente na psicologia arquetípica. A psicologia arquetípica, como toda psicologia profunda importante, tem um olho patologizado, um faro para a patologia. Toda questão da psicopatologia, da paranoia, da depressão, do patologizar, do sofrimento como expressões da alma, também estão muito presentes nessa psicologia. Onde houver prazer, haverá dor. E também podemos dizer: a dor é prazerosa, o prazer é doloroso.

A escrita de Hillman expressa isso também. A estética, a beleza presentes no texto, a beleza da linguagem. *A justiça de Afrodite* – última monografia de Hillman – recupera o belo como valor ético.

Afrodite, portanto, é a dona da casa. O espírito que impulsiona essa psicologia é venusiano. Somos atraídos pela psicologia arquetípica, atraídos por esse pensamento, na verdade por causa de uma deusa chamada Afrodite; ela está embutida nessas linhas. Todos

---

6 "A primeira característica de Psiquê, e o modo como primeiro a conhecemos, não é em relação a suas tarefas, o *trabalho* de fazer alma, nem seus sofrimentos de amor, tampouco sua opressão de perdida, a ausência e privação de alma – no conto de Apuleio, tudo isso vem mais tarde. Primeiro a conhecemos por sua característica primária, dada em sua natureza: Psiquê é bela" (HILLMAN, J. *O pensamento do coração e a alma do mundo*. Tradução de Gustavo Barcellos. Campinas: Verus, 2010, p. 420).

aqui, portanto, temos alguma questão, alguma dívida, algum entrelaçamento com essa deusa e com as suas loucuras, evidentemente.

* * *

A mente politeísta funciona de uma maneira muito complexa. O politeísmo vai se capilarizando, tornando-se crescentemente mais complexo. Todos os deuses têm diversos epítetos, têm vários nomes, que se referem às diversas epifanias de cada deus[7]. Hermes, por exemplo: William Doty fez o levantamento de todos os epítetos de Hermes e chegou a centenas de nomes. No estudo de Doty, "Heterônimos de Hermes", que se encontra no volume *Encarando os deuses*[8], eles estão divididos em 22 categorias de acordo com a incidência do deus: aparência, atletismo, jogos, habilidades manuais, guia, fertilidade, servo, comércio, ladroagem, comunicação, ctônico, mensageiro, e cada um desses epítetos realiza vários Hermes. Hermes não é apenas um deus, digamos, são vários "deuses". E assim, todos os deuses têm vários epítetos, dependendo da relação que está estabelecendo no momento, ou da área de atuação. Zeus é do céu, mas Zeus *Chthónios* tem um aspecto ctônico, infernal, de submundo, escuro e profundo. Isso mostra a imensa sutileza e a sofisticação da mente grega. E a psicologia que está aí é inigualável.

Sabemos que a psicologia arquetípica entende o campo da alma, da psique, como um campo policêntrico. Praticamos aquilo que se chama uma "psicologia politeísta". Isso está completamente descrito no livro *Re-vendo a psicologia*, de James Hillman, especialmente

---

[7] "Càssola observa que um grande número de nomes (ou melhor, de epítetos empregados como nomes) é uma prerrogativa das divindades mais importantes, porque são veneradas em vários lugares e influem em vários aspectos da vida humana ou da natureza" (MACHADO, L.A. *O hino homérico a Apolo*. Introdução, tradução e notas de Luiz Alberto Machado Cabral. São Paulo: Ateliê, 2004, p. 203).

[8] HILLMAN, J. (org.). *Encarando os deuses*. Tradução de Cláudio Giordano. São Paulo: Cultrix, 1992.

no primeiro capítulo, "Personificar ou imaginar coisas"[9]. Ou seja, seguimos a orientação de C.G. Jung, quando ele faz uma descrição do campo psíquico inconsciente como multifacetado, diverso, com muitos centros, muitos complexos, muitos arquétipos – um campo descritiva e fenomenicamente policêntrico. Esses diversos centros, aos quais podemos chamar de complexos ou arquétipos, as religiões, as mitologias, os saberes tradicionais os personificam em deuses, em figuras míticas.

Aqui, temos uma questão de método: como abordar esses centros, como nos aproximar das "figuras míticas"? Como abordar, de forma adequada, um mito, a ponto de extrair dele e de suas figuras e enredos apresentados uma psicologia profunda que nos permita ter uma perspectiva sobre o que é, além do mais, também a psicoterapia?

A questão aqui é encararmos as *relações* entre os deuses. As figuras dos mitos, em qualquer que seja a mitologia, instituem-se, para nós, em relações. Não são figuras isoladas, não são figuras que se dão de modo único, mas aparecem sempre em relações, e é nelas que melhor se configuram, que mostram ao que pertencem, ou o que pertence a elas. Portanto, desse ponto de vista, estudamos alguns "pares de deuses", ou mesmo tríades. Os gregos sabiam disso: os deuses nunca aparecem sozinhos. A ênfase nas relações entre os deuses, e mais, suas interpenetrações, ajuda-nos a evitar a compreensão monoteísta de cada um deles como representativo de um conceito que a eles atribuímos isoladamente, como por exemplo a beleza ou o prazer a Afrodite, ou a guerra e a contenda a Ares. As relações entre os deuses, que constroem o politeísmo e o complicam e o sofisticam para além de poder ser entendido apenas como um agrupamento de diversas unidades, atesta a promiscuidade necessária a essas relações, necessária à vida. E cada deus é também múltiplo

---

9 HILLMAN, J. *Re-vendo a psicologia*. Tradução de Gustavo Barcellos. Petrópolis: Vozes, 2010, p. 39-130.

em si mesmo. Os deuses estão implicados uns nos outros, e acham-se complicados uns pelos outros. Implicações. Complicações. A compreensão politeísta da psique, como ensina James Hillman, "complica" as coisas.

James Hillman afirma que, se nos detivermos no núcleo de cada uma das histórias, cada mitema apresenta relações de dois ou três personagens. E que um mesmo deus possui diversos mitologemas, diversas histórias. A tragédia grega também obedece isso, pois ela põe geralmente apenas dois ou três personagens nas cenas principais, não mais do que isso. Então, o interessante é estudarmos essas relações. Uma das maneiras de entender Afrodite é olhando para Ares, ou olhando para a sua relação com Hefesto, seu marido. E assim por diante, como com Hermes e Héstia, Eros e Psiquê, Zeus e Hera, Deméter e Perséfone.

Para se entender o politeísmo grego, a fantasia da ecologia parece-me a melhor, a mais rica para compreender os arquétipos, a jogada entre os deuses. Numa mentalidade politeísta, há sempre um conflito, uma tensão, mas também uma coexistência dos lados envolvidos, não se pode eliminar nenhum dos deuses. Eles não só brigam, disputam, mas eles também convivem e se amam. Conflito e tensão é um jeito de se relacionar. É relacional. O monoteísmo não nos ensina a nos relacionar, porque não tem *com quem* se relacionar. Não há um padrão original de múltiplas relações, ele é único. Só um pai, masculino. Não tem nem esposa. Psicologicamente, de onde vamos tirar modelos de relação no monoteísmo? Há apenas aquele com quem *não* se deve relacionar – o diabo. Não há nem sexo, e só há uma concepção, e uma concepção imaculada, virginal, sem relação. A mitologia dava aos antigos gregos modelos relacionais, as diversas faces dos relacionamentos. Os mitos proviam todos os sentidos e os modelos relacionais: como amar, sentir ciúme, brigar, ficar alegre, transar, separar, morrer decentemente, trabalhar com os outros, como ser filho, ser mãe, pai, irmão. Está tudo ali. Mas nós só temos as doenças que essa ausência toda nos causa.

Gostaria de salientar que James Hillman ensinou-nos a chamar essas relações pela palavra *tandem* – pares, duplas de deuses, ações paralelas; uma configuração de duas (ou mais) potências que trabalham juntas, como numa mesma bicicleta. Tandem é uma palavra originária do latim que é utilizada para designar uma bicicleta usada por duas (ou mais) pessoas simultaneamente, que pedalam juntas rumo a um destino comum: além de duas rodas, tem dois (ou mais) bancos para dois (ou mais) condutores. Hillman se refere então aos "tandens de deuses", que é um modo metafórico de se referir às relações entre dois deuses (ou mais), ou seja, às histórias, aos enredos que enredam potências divinas, arquétipos ou áreas da existência.

A mitologia não é a descrição de cada deus, mas é justamente a narrativa das histórias que mostram o entrelaçamento que existe entre os deuses, como uma teia. E, nessa teia, focamos em duplas ou tríades, para podermos compreender melhor a natureza, não só daquela relação, mas do que cada deus está apresentando e as sábias lições de realidades psicológicas que daí podemos tirar.

Quero trazer, inicialmente, uma palavra de Hillman, que nos diz algo sobre o sentido do tandem, sobre como podemos entender o que é um tandem, e o que é uma psicologia feita a partir disso. Esse é um pequeno parágrafo extraído de seu texto, que está publicado na revista *Spring* de 1983, cujo título é "The Bad Mother: An Archetypal Approach" ["A mãe má: uma abordagem arquetípica"]:

> Figuras e conteúdos simbólicos por si sós não determinam o que acontece na alma. Eles estão sujeitos às tensões das relações que, quando pensadas de modo abstrato, tornam-se "opostos". Prefiro derivar os opostos das tensões, dos enredos, o pensamento lógico do pensamento dramático, ao invés do contrário. Realmente penso que as relações psicológicas precedem as concepções filosóficas no tempo e no escopo. Além disso, onde a tensão dos opostos requer uma linguagem de ultrapassa-

mento, transcendência e conjunções, tandens e enredos afirmam os relacionamentos desde o início. Estamos sempre unidos[10].

Nesse ensaio, Hillman examina o parelhamento entre a mãe e a criança. Examina particularmente aquilo que a psicologia chama de "mãe má", ou o que a psicologia junguiana gosta de chamar de "complexo materno negativo" – o que, a meu ver, já traz algo muito estranho porque, se é um complexo inconsciente, não pode ser negativo; na verdade, não é nem negativo e nem positivo, mas as duas coisas simultaneamente. Quebrar o complexo dessa forma revela um hábito mental muito arraigado em nós e que, portanto, invade insidiosamente nossa maneira de fazer psicologia – aquilo a que chamamos "oposicionalismo": opor duas coisas para compreendê-las. Branco e preto, dia e noite, feminino e masculino, em cima e embaixo – o pensamento oposicionalista é um pensamento abstrato, gerado pelo estilo de consciência monoteísta, que divide as coisas em duas o tempo inteiro. E é, segundo as indicações do nosso mestre James Hillman, bastante inadequado para pensarmos as realidades da psique[11].

É preciso tomar consciência disso. O pensamento oposicionalista funciona da seguinte forma: se quero entender o que é a noite, digo que a noite é o "não dia"; então, entendo uma coisa pela outra, não por ela mesma. Se quero entender o que é a "mãe má", tenho que ter uma imagem do que é a "mãe boa" para contrastá-la. E há sempre um juízo de valor, o que é um grande problema. Mas aqui há um problema anterior, que é justamente entender uma coisa pela outra e não por ela mesma. A oposição é sempre uma operação binária.

---

10 HILLMAN, J. "The Bad Mother: An Archetypal Approach". In: *Spring 1983*: an annual of Archetypal Psychology and Jungian Thought. Dallas: Spring Publications, 1983, p. 165-181.

11 Para uma discussão mais detalhada sobre oposicionalismo, cf. o capítulo "Barreiras". In: HILLMAN, J. *O sonho e o mundo das trevas*. Tradução de Gustavo Barcellos. Petrópolis: Vozes, 2013, p. 118-131.

Assim só posso compreender a noite porque sei que ela é quando não é dia. Não olho diretamente para a noite, o que me deixa incapaz de perceber as nuanças da noite, as porções de dia que existem na noite, ou mesmo as porções de noite que existem no dia. O dia está cheio de incursões da noite: presságios, intuições, sensações, coisas nubladas, pensamentos obscuros. Então, o dia não é só "quando-não--é-noite" – há noite no dia, e dia na noite, e assim podemos proceder com todos os pares de opostos que a nossa mente monoteísta elege como importantes para compreender a realidade.

James Hillman tinha muita consciência do desserviço do pensamento oposicionalista à psique. Todo seu pensamento, e toda sua obra, é uma tentativa de nos fazer sair do pensamento oposicionalista, de nos fazer conscientes desse hábito mental para podermos abandoná-lo – porque se o ultrapassarmos, segundo as indicações dele, teremos uma apreciação muito mais profunda, sutil e complexa dos fenômenos da alma, dos processos da psique.

Ao oposicionalismo, Hillman contrapõe a ideia de "contraste", e não é somente uma troca de palavras; buscarmos os "contrastes" que as coisas fazem entre si não é o mesmo que entender as coisas como opostas. A oposição é uma só, contrastes são muitos, como nuanças e sobretons. E isso tem muito a ver com essa abordagem ao mito, por isso estou trazendo essa conversa inicial.

O parágrafo de Hillman é bastante denso, mas o que ele está apontando é muito importante, pois na psicologia junguiana, que se move teoricamente muito apoiada numa noção de oposições, essa metáfora dos opostos é muito paradigmática – Jung a vê principalmente na alquimia. Hillman está criticando exatamente isto. Ele está dizendo que é muito mais interessante olharmos para as diferentes tensões que existem entre duas coisas, porque se colocamos as coisas em opostos, antes de mais nada isso é muito abstrato – dia X noite, feminino X masculino, em cima X embaixo, perto X longe, esquerda X direita, dentro X fora, realidade interior X realidade exterior – tudo isso é muito abstrato quando fora de um contexto, então carrega pouco a alma, pois a alma é mais imagética, toca-se mais pelas imagens. Então, ficamos mais entregues ao que ele chama aqui de o "pensamento lógico", o "pensamento filosófico", que é menos psicológico.

Além disso, ao fazer uma clivagem tipo "isto ou aquilo" – é noite quando não for dia, e só é dia quando não é noite – não percebo as relações que existem entre dia e noite, que podem ser relações não de oposição, mas de complementaridade, por exemplo, ou de contraste, ou de conjunção, ou de colaboração. O mito mostra seus personagens, suas figuras míticas, eternamente em relações: briga com um, casamento com outro, filho com a outra, por causa daquilo aconteceu certa história... e assim por diante.

Então, se quisermos eleger o mito como um possível retrato da psique, como um possível retrato do que seja uma psicologia, devemos compreender que ele nos coloca diversos padrões de relações, estilos de tensões; apenas algumas histórias, e apenas em alguns momentos, colocam um deus em oposição ao outro. Ares e Afrodite, por exemplo, não estão em oposição; há Ares dentro de Afrodite, e Afrodite dentro de Ares, como logo veremos, e o que importa é essa interpenetração.

Da mesma forma, isso nos entrega um modo de fazer psicologia, um modo de encarar a psicoterapia. Penso que isso desloca todo o campo da psicologia para outra base.

Uma outra afirmação de Hillman, no texto "A sedução do preto", que está em seu livro *Psicologia alquímica*, que podemos acrescentar a esta reflexão, diz assim: "O contraste é essencial para a consciência". E na nota de rodapé 3, completa:

> O contraste favorece um modo estético de fazer distinções, diferente da lógica severa da oposição e da contradição, que são frequentemente aplicadas às cores contrastantes, como se o preto e o branco ou o verde e

o vermelho fossem oponentes antagônicos em vez de correlativos radicalmente divergentes[12].

Essa questão do contraste existe também para alquimia. O modelo básico do processo alquímico nos é apresentado em três cores, não em duas: preto, branco e vermelho. Preto e branco não estão em oposição; há um contraste entre branco e vermelho, um contraste entre preto e branco e vermelho, ou seja, a aproximação dessas cores cria contrastes crescentes, e os contrastes nos deixam entrever realidades que melhor poderão nos entregar a identidade de cada coisa. Isso nos dá uma noção de como entendermos as polaridades.

Há ainda, em seu livro *Anima: anatomia de uma noção personificada*, dois parágrafos, que quero salientar nesse início, onde Hillman se refere especificamente aos tandens. Parágrafos escritos por um pagão, escritos por alguém que tem uma mentalidade politeísta:

> O campo arquetípico apresenta um quadro policêntrico, um teatro de poderes personificados sempre enredados uns nos outros. A perspectiva que desenhasse de forma absoluta suas linhas distintas refletiria a consciência monoteísta da abordagem científica e filosófica; a perspectiva que falasse deles ambiguamente e em imagens refletiria a consciência politeísta, hermética ou anímica da abordagem psicológica[13].

Ele está dizendo que uma abordagem propriamente psicológica a esses poderes personificados, que nos habitam e que estão enredados uns nos outros, é melhor descrito por imagens e ambiguamente. Distinguir essas figuras muito nitidamente na verdade reflete uma abordagem monoteísta, um deus por vez, e essa abordagem, normalmente, é identificada com a perspectiva científica e filosófica. Queremos a abordagem psicológica. Estamos com Hillman nessa perspectiva de que nossa vida psicológica é uma encenação de dramas.

---

12 HILLMAN, J. *Psicologia alquímica*. Tradução de Gustavo Barcellos. Petrópolis: Vozes, 2011, p. 127 e nota de rodapé 3.

13 HILLMAN, J. *Anima*: anatomia de uma noção personificada. Tradução de Lucia Rosenberg e Gustavo Barcellos. São Paulo: Cultrix, 1995, p. 183.

Então Hillman faz uma distinção entre a ideia de oposição e a de contraste; oposição talvez seja a maneira menos psicológica de entendermos a relação entre duas coisas. Opostos marcam um tipo de relação muito simplificada. Deixa de fora outras: contrários, contraditórios, complementares, polaridades, alternativas, reciprocidade, cooperação, cumplicidade, antagonismo. Outras conexões – ou conexão percebida em termos politeístas. O pensamento oposicionista é um pensamento subsidiário da mentalidade monoteísta – isto ou aquilo. É um pensamento excludente, abstrato, e pouco psicológico, pois não explora as diversas possibilidades que existem de duas (ou mais) coisas estarem relacionadas. Oposição é apenas uma delas. A ideia de contraste é mais psicológica. Contraste é um aspecto que dá relevo e realça as coisas como elas são.

O segundo parágrafo:
> Imaginar em pares e casais é pensar mitologicamente. O pensamento mítico conecta os pares em tandens, em vez de separá-los em opostos, que é o modo da filosofia. Opostos prestam-se a pouquíssimos tipos de descrição: contraditórios, contrários, complementares, negações – formal e lógico. Tandens, por sua vez, como irmãos, inimigos, negociantes ou amantes apresentam infinita variedade dos estilos. Tandens favorecem o intercurso – em inúmeras posições. A oposição é apenas um dos vários modos de se estar num tandem[14].

Para a psicologia, mais interessante é um pensamento dramático, ou seja, olhar para a psique como a encenação de dramas, personagens vivendo, convivendo e formando tensões. Seria melhor, como Hillman mesmo aponta, falarmos numa *psicodramática*, ao invés de uma *psicodinâmica*: a nossa vida de alma como uma grande encenação de enredos e de personagens que estão contaminados uns pelos outros, mostrando-nos as diversas facetas do drama maior da vida, o tempo todo, de diversas maneiras.

---

14 Ibid., p. 187.

A psicologia é uma ciência dos séculos XVIII e XIX, e é uma invenção de homens brancos, heterossexuais, eurocêntricos, anglo--saxões, setentrionais, com toda a mentalidade monoteísta própria desses homens. Em sua grande parte, a psicologia nasceu em laboratórios que faziam o levantamento das doenças. Jung tentou fugir disso tudo, foi para o Oriente, para os mitos, para a alquimia. E Hillman vai para a Grécia, buscar a sua psicologia exatamente nesses mitos da bacia do Mediterrâneo, numa cultura solar, prazerosa, iluminada, do banquete sensual. É uma outra maneira de fazer psicologia. Jung viu isso, mas não foi tão radical quanto Hillman. Hillman viu que nessa mitologia ou mitografia há uma psicologia que ainda consideramos muito pouco. Se cada deus são muitos deuses, há, na mítica, inúmeras figurações e apresentações profundas e detalhadas das mais diversas configurações e situações psicológicas, emocionais, humanas. A capilaridade da mitologia dos gregos antigos nos traz justamente uma observação da existência, da vida, da psique numa sofisticação imensa de detalhes, absolutamente variada e profunda.

A isso se junta o sentido do pagão – *pagão*, em sua raiz etimológica, é o "homem da montanha". A Grécia é uma geografia de montanhas. O Hermes que é cultuado numa montanha é ligeiramente diferente do de outra, e assim por diante. É pagão aquilo que indica muitas variações sobre o mesmo tema, como ele é vivido e abordado em cada lugar específico, naquela montanha, digamos. Hillman – *hill man*, o homem da montanha: o sobrenome traz essa "coincidência". James Hillman só podia ser um pagão!

1.2 Exame do par: Ares e Afrodite/Marte e Vênus

O entrelaçamento de Ares e Afrodite é muito poderoso e é, talvez, em nossa milenar cultura judaico-cristã, o mais reprimido. Trata-se de uma configuração mitológica das mais reprimidas. O impulso conjunto rumo à beleza/prazer e à destruição/agressividade é inegavelmente o mais banido em nossa cultura. Mas o mito nos diz que eles estão juntos; psicologicamente, o mito fala que onde encontrarmos o amor, a guerra estará por perto; e que onde encontrarmos o conflito e a discórdia, o amor e o apaixonamento estarão também por perto.

Aquilo que os gregos chamavam de Afrodite refere-se àquela camada brilhante que está presente em todas as coisas, e que exerce alguma atração sobre nós. Toda vez que sentimos uma irresistível atração por alguma coisa, seja material, animal, humana, ideia ou projeto, sonho ou coisa, toda vez que houver alguma atração, o nome disso em grego é Afrodite. Afrodite, em grego, é a mesma palavra que traduzimos como gozo, orgasmo. Essas palavras em grego já são os deuses. No nome está o nume[15]. Por exemplo, Héstia, a palavra em grego para lareira: no pensamento mítico grego, lareira não é um atributo da deusa, já é a deusa. O mesmo para Afrodite: o gozo já é a deusa. Toda vez que gozamos, estamos tomados pela deusa, sob a sua égide. O reino do gozo é divino, é dela. Isso vai de um simples cafezinho ao orgasmo, ao sexo, ao prazer estético de uma pintura ou um poema. Afrodite é o gozo.

Evidentemente, esses deuses têm relações com outros deuses. Aqui temos: Afrodite, Ares e Hefesto. Hefesto entra aí, ele fabrica armas de guerra, utensílios, e ele é um amor dela. Isso caracteriza algum tipo de relação psicológica. Ele é coxo. Mas é rico e habilidoso. Amor e habilidade têm alguma coisa que se atraem. Claro que Hefesto aparecendo nesta história traz as relações da beleza com o trabalho e, melhor dizendo, com a riqueza. Ginette Paris, em seu livro *Meditações pagãs*[16], fala muito sobre isso: o casamento/amor por dinheiro, o amor pelo dinheiro, o amor feito por dinheiro – são todas realidades do amor, realidades de Afrodite.

---

15 O vocábulo *nume*, ou *númen*, refere-se a um ser divino, uma deidade mitológica e sua inspiração.

16 PARIS, G. *Meditações pagãs*: os mundos de Afrodite, Ártemis e Héstia. Tradução de Sonia Labate. Petrópolis: Vozes, 1994.

A questão do ouro é aqui também importante, pois o mito a menciona: Afrodite é o brilho pelo qual sempre estamos atraídos. O ouro é importante – é o brilho dourado. Aqui temos a metáfora do brilho atraente. Afrodite é dita "a dourada" porque o grego entende que estar atraído por algo é como o brilho do ouro, é brilhante como o ouro, é do nível do ouro. Assim, ser atraído pelo ouro é algo em si muito precioso metaforicamente. Não ser atraído por nada significa o contrário; é estar imune a qualquer brilho ou atração do mundo – pois a situação de não ter desejo, não ser tocado por essa deusa, é a condição psicológica mais rebaixada, cinzenta, quebradiça, plúmbea/cinza, sem brilho, impura. A cultura mediterrânea então coloca o desejo, a beleza, em primeiro lugar. É elevado, tem maior valor, é do nível do ouro. O grego chama a égide dessa deusa de "dourada". Isso significa que estar atraído, estar envolvido, apaixonado pela beleza é de altíssimo valor. É o que anima o ser e o mundo. Podemos examinar nossas vidas também nesse sentido.

Algumas afirmações importantes de Walter Otto, em seu livro *Os deuses da Grécia*, que nos ajudam a imaginar o sentido de Afrodite: "Afrodite é o amor, mas não como Eros"; "Afrodite não é a amante, é o amado"; "Afrodite é a própria riqueza; o ouro superabundante"; "A generosidade preciosa do mundo que sempre dá e, contudo, não empobrece. O amado que parece feliz por si mesmo". Esta última observação é interessante: quando reconheço algo como amado, quando você ama alguma coisa, aquilo que lhe parece feliz. Está feliz! E prontamente se dispõe a abrir os braços, a amar de volta. "O atraente quer entregar-se, o amável se inclina para aquele que sensibilizou com lânguida franqueza, que o torna ainda mais irresistível"[17]. Quando você ama alguma coisa, ela lhe parece feliz!

---

17 OTTO, W. *Os deuses da Grécia*. Tradução de Ordep Serra. São Paulo: Odysseus, 2005, p. 91.

Não sabemos se Afrodite ama. Ela se entrega. Porque é a amada, ela se oferece. Afrodite em essência não é o amante e sim o amado. Não o que possui, como Eros. Ela é tudo o que fascina. Afrodite, a deusa do amor, não ama. Afrodite faz amar. Ela atrai. Fascina. O campo de Afrodite é atrair, enredar, fascinar até o arrebatamento do êxtase. Claro, há uma exceção: o amor de Afrodite e Anquises. Por ele, um mortal belo, ela se apaixonou, e viveu um tórrido enlace. É praticamente a única exceção; ela então "desatina, prova de sua loucura, cede a um irresistível desejo"[18] – desejo de que ela depois inclusive se arrepende, como vemos a própria deusa declarar no *Hino homérico*: dirigindo-se ao amante, revelando estar grávida, diz-lhe que "[...] terrível sofrimento/ Me aflige, por ter subido a leito de homem mortal"[19].

Então os mitólogos nos alertam que Afrodite não ama, mas é quem desperta o amor. Ela *gera* o amor – Eros, afinal, é filho de Afrodite. Ela gera o amor em Hefesto, em Ares, em Hermes. Walter Otto:

> Afrodite não é a amante, é o amado. Não é aquele que possui. Mas é aquele que fascina até o arrebate do êxtase. Por isso o seu reino compreende todos os deleites. Desde o amor sexual até o encanto celeste do belo eterno. Tudo que que é atraente, sedutor e agradável, seja figura ou gesto, palavra ou ato, com seu nome se designa[20].

Qual seria a maneira de ser de Afrodite? Otto:

> O brilho cativante e sedutor com que todas as coisas – o mundo todo – compareçam aos olhos do amor: o gozo da proximidade da união, cujo fascínio chama para o contato os seres limitados, até o ponto de seu consumir-se no ilimitado. E, como autêntica divindade, ela se manifesta desde o natural até as sublimes elevações do espírito[21].

---

18 SERRA, O. *Cantando Afrodite* – Quatro poemas helenos: Canção de Demódoco, Hino homérico V, Hino homérico VI, Hino Homérico X. Tradução, notas e ensaio hermenêutico de Ordep Serra. São Paulo: Odysseus, 2017, p. 105.

19 Ibid., p. 63.
20 Ibid., p. 89.
21 Ibid.

Um dos presentes da deusa – através do gozo, do amor, e especificamente por causa do gozo, porque podemos gozar – é que, mesmo sendo limitados (mortais), temos um instante do ilimitado (a eternidade) – naquilo que os franceses chamam de "a pequena morte", *la petite mort*. Não são todos os deuses que nos dão semelhante presente. Esse é um atributo específico de Afrodite. O gozo nos torna eternos por um segundo. É um presente da deusa.

Afrodite – "eternamente moça, livre e feliz"[22]. Que pessoa é essa? Quem não gostaria de ser assim? Eternamente livre. Ela vai para onde quer, faz o que quer. Quando você está atraído por algo, de fato apaixonado por algo, pela beleza de alguma coisa, você fica moço, livre e feliz. Ela nos transforma nisso também. Outro presente da deusa.

* * *

Aqui temos uma distinção importante a ser feita. Por um lado, temos os deuses de temperamento quente: Afrodite, Ares e Dioniso. Estão envolvidos com o arrebatamento. São os deuses da loucura – que levam os homens à loucura. A loucura de Afrodite é a paixão, o desejo. A loucura de Ares é a cólera. Dioniso é a própria loucura – uma loucura muito especial –, a loucura do estranho, o estrangeiro dentro de mim. O que Dioniso faz em mim é trazer para fora o Outro que há em mim, o Outro que sou e que não sei que sou. Isso está potencialmente na dança, no vinho, no teatro, no êxtase, em todas as experiências dionisíacas. Ele revela para você quem você é mas que não sabe que é. Isso é um tipo de loucura. Essa é a loucura de Dioniso. A loucura de Ares são os extremos da cólera, da agressividade, da violência, e ele pode nos levar ao arrebatamento

---

22 Ibid., p. 86.

pela cólera – o ponto culminante, extremo da violência. Quando a violência está cega. Aqui, como com Afrodite, loucura é cegueira.

Afrodite: o desejo pode nos levar a um tipo de cegueira. Quem não sabe disso? Walter Otto aponta para a loucura de Afrodite, que Hillman chama de "loucura cor-de-rosa", como veremos. Vamos ouvi-lo caracterizá-la:

> O feitiço de Afrodite exerce uma força que faz olvidar todos os deveres, levando a decisões que, mais tarde, parecem inconcebíveis ao próprio enfeitiçado[23].

> De Afrodite vem o desejo todo-poderoso, que faz esquecer tudo no mundo por uma coisa só; que pode romper os laços mais honrados e a mais sacrossanta fidelidade para somente a isso dar atenção[24].

"Como é que fiz aquilo? Onde estava com a cabeça? Que perigo! Como pude me apaixonar?" – essa é a loucura, dita em grego *áte*[25], oferecida pela deusa. Ordep Serra também a caracteriza: "A *áte* que Afrodite provoca toma a forma de uma paixão obnubilante e incontrolável, uma compulsão enraizada na libido: um desejo indesejável, tremendo, tirânico, a que não se resiste; um impulso que leva a desatino, provoca desgraça, tira a razão e causa ruína, mas nem assim se refreia"[26].

Os estilos de apaixonamento são os epítetos dessa deusa. O apaixonamento pode ter as vestes de sadomasoquismo, pode ser lúgubre, ou romanticamente sofrido, ou ctônico, ligado a impulsos mais subterrâneos, ou mais espiritualizado, idealizado. Aqui, temos

---

23 Ibid., p. 87.

24 Ibid., p. 85-86.

25 "[...] a *áte* vem a ser um desvario, um desatino que cega sua vítima e a faz agir de forma destrutiva, prejudicando aos outros e a si mesma, não raro de modo obsessivo" (Ibid., p. 222). "[...] insanidade significa presença ativa de um deus. O que para nós é enfermidade, para eles é 'interferência divina' (*áte*)" (CALASSO, R. *As núpcias de Cadmo e Harmonia.* Op.cit., p. 68).

26 SERRA, O. *Cantando Afrodite...* Op. cit., p. 223.

as diversas faces de Afrodite, evidentes em seus epítetos: Afrodite Urânia – do amor espiritual, elevado, celeste; Afrodite Pandêmia – ligada à volúpia, ao anseio no plano carnal, material, sensual, sensorial, que é divino também, chamada Afrodite *Pándemos*, que reune o povo, deusa popular, de toda a gente; Afrodite *Epitragía*; Afrodite *Apostrófia*, "a que afasta": "quando a invocavam assim, os rebanhos adoradores de Afrodite estavam a rogar-lhe que apartasse os desejos perversos, prevenisse males relacionados com o sexo, com a paixão amorosa aberrante"[27]. Também os epítetos de *eúkarpos* e *zeídoros* (frutífera, cerealífera). E ainda, segundo Kerényi, os nomes de *Melena* e *Escócia*, ou seja, a Tenebrosa: uma Afrodite Negra, ligada ao Hades e ao Mundo das Trevas, talvez referência aos aspectos mentirosos, manhosos e ilusórios do amor, a que a deusa também assim alude, a "tecelã da intriga", como Ordep Serra, nesse ponto, a chama. Não há uma Afrodite só. Nunca um deus é uma só coisa. O politeísmo vai diferenciando as figuras, os deuses se diferenciam através de seus epítetos. Um deus é um campo de várias manifestações daquela manifestação única; um deus é um campo de manifestações de um segmento da existência. Há diversas faces do amor, como há diversas faces da guerra. Assim está a riqueza psicológica do politeísmo.

Pois esses são os deuses da *aproximação*: Ares, Afrodite e Dioniso.

Por outro lado, os deuses de temperamento frio são os deuses do *distanciamento*: Atena, Apolo e Zeus. Apolo é sempre certeiro no distanciamento, sua imagem é a da flecha que, disparada a distância, atinge precisamente o ponto certo. Zeus – o grande arquiteto – domina, procria, ordena, faz o mundo acontecer. Ele não se apaixona apenas; ou, seu apaixonamento procria, gera. Ele quer fecundar, quer criar um mundo, uma nova ordem, um cosmos. Para criar o mundo ele

---

[27] Ibid., p. 216.

precisa gerar. Ele é o grande gerador. Zeus é povoador do mundo. Ele é a essência da geração. E para isso não pode estar totalmente apaixonado, fixado. Se você está apaixonado, não gera nada. Você se consome na paixão, você é a paixão. Acredito que paixão e geração, na mítica, não estão exatamente no mesmo patamar.

Zeus cria o mundo: há um lado em nós que cria o mundo, a casa, as ideias, o proceder, os valores, as pessoas, os animais. Quanto mais ele transar, mais rico será o seu mundo. Se ficar numa ligação monogâmica, o mundo é pobre. Ele quer fecundar tudo. Seu compromisso mítico é com a geração. Tem de nascer algo. Ele quer filhos poderosos. Procuramos tirar o que há de psicologia na mitologia, lendo as imagens do mito, "lendo" as figuras míticas. Não somos mitólogos, somos psicanalistas.

* * *

"Tudo que é vivo sai do mar" – uma conclusão contundente feita a partir do exame da deusa por Ginette Paris. Claro, isso nos remete claramente a seu nascimento – ela nasce da espuma do Mar Mediterrâneo – quando ela é recebida pelas Cárites (as Graças) e pelas Horas, que a adornam com colares, brincos, véus, perfumes: "[...] as Horas acolheram a deusa récem-chegada à ilha [Chipre] onde se fez soberana, vestiram-na com trajes suntuosos, puseram-lhe sobre a cabeça uma coroa de ouro e a adereçaram com preciosos adornos, brincos e colares semelhantes aos delas; levaram-na então ao Olimpo e todos os deuses arderam de amor ao vê-la"[28]. Ela é vestida e adornada pelas Horas, filhas de Têmis, que é a ordem natural das coisas, a lei da natureza (*thémis*). As Horas são três: Eunômia

---

28 SERRA, O. *Hinos órficos*: perfumes. Tradução, introdução, comentário e notas de Ordep Serra. São Paulo: Odysseus, 2015, p. 580.

(Boa Norma), Dice (Justiça), Irene (Paz)[29]. Essas Horas – o passar do tempo, o ciclo das estações, o próprio ritmo da vida, como uma representação do florescimento, da manifestação e do fluxo de crescimento da vida em geral – geradas pela ordem natural das coisas, precisam da beleza e do amor, têm uma relação íntima com a beleza para poder acontecer.

Em seu livro, Ginette Paris nos dá um parágrafo lindíssimo que amplia essa afirmação sobre a natureza aquática da deusa. Vejamos:

> Destacaremos, agora, como a sexualidade tem um aspecto aquático e, inversamente, como a água pertence à sensualidade. Neste aspecto, poetas e psicólogos concordam em descrever a experiência do desejo e o prazer sexual como uma inundação. Este fluxo de energia é um pré-requisito para toda experiência erótica e é também um elemento essencial de muitas experiências místicas. Atena, Zeus ou Apolo podem nos ensinar como concentrar energia para o combate, a competição ou a especialização; mas Afrodite nos ensinará sobre o fluxo de energia. À medida que a corrente de emoções começa a circular em nós e entre nós, as tensões e defesas da personalidade se dissolvem; olhos, gestos, palavras e respiração abrandam-se e ficam mais profundos, enquanto a pélvis relembra o ritmo das ondas. O suor e a umidade, as correntes de energia, fluindo e refluindo, aumentam até à liquefação do orgasmo e o jorro da espuma branca[30].

É uma bela e completa descrição de uma cópula. As atrações fatais, as grandes atrações nos dissolvem. É a *solutio*, como operação alquímica – aquilo que tem a capacidade de desmanchar toda e qualquer rigidez. Derretimento. Isso tem muito a ver com a nossa deusa. Ela é deusa da água, nascida da água, que traz a *solutio*, traz a lavagem e o derretimento, a desconstrução aquática, o distenciona-

---

29 "Esses nomes mostram com clareza que os antigos helenos viam na regularidade do curso sazonal, regido pelas Horas, a manifestação de uma ordem cósmica, de um sagrado arranjo do mundo com o qual também deviam pôr-se de acordo as práticas dos homens, de modo a garantir o curso equilibrado da vida" (Ibid., p. 532).

30 PARIS, G. *Meditações pagãs...* Op. cit., p. 30.

mento das tensões, das estruturas rígidas. Ela é uma deusa da água, portanto ela tem água dentro dela. E tudo o que vem da água tem poder encantatório. "Ela é capaz de encantar e abrandar até mesmo o bruto feroz"[31].

Isso é uma espécie de dissolução, uma espécie de derretimento das partes rígidas. Apesar do amor precisar de uma parte rígida, ele é derretimento – a própria epígrafe de Hillman, no texto "Loucura cor-de-rosa", epígrafe que é de Platão, no *Simpósio*, diz: "Agora você vai concordar comigo que preferir o suave ao que é duro é prova suficiente de Eros". Precisamos de uma certa dureza para o amor, é certo, mas o amor é, em última instância, "suave". Ele derrete, suaviza. É como a água quente, que a tudo dissolve.

O fato de a deusa ser da água também nos mostra que o apaixonamento se dá por ondas. Na vida, ela entra e sai, repetidamente. Todo apaixonamento é volúvel. Tem correntes. É fluxo. Do ponto de vista de Afrodite, é impossível conter a água, conter o mar. A ideia do amor monogâmico, portanto, é assustadora para Afrodite. Parece-lhe um absurdo.

Ela tem também uma relação com Hera, não são antagônicas. Um casamento não segue adiante se ali não houver um certo brilho. Na verdade, ela é antagônica a Atena e Ártemis, que são as únicas deusas, ou únicas instâncias, junto com Héstia, que permanecem imunes a seu poder. Estamos estudando uma psicologia que nos diz que Afrodite é uma das deusas mais poderosas, e os mitólogos afirmam que ela atinge tudo: homens, animais e até mesmo plantas. Afrodite influencia até as plantas! No entanto, apenas três poderes no universo inteiro não são tocados por Afrodite, estão imunes ao seu poder: Héstia, Atena, Ártemis – as deusas virgens.

"Afrodite não é uma Deusa do casamento: este é o domínio de Hera. As Deusas, contudo, podem associar-se e cooperar, no

---

31 SERRA, O. *Hinos órficos...* Op. cit., p. 85.

politeísmo, assim como os valores que elas personificam podem se associar numa certa personalidade"[32]. Uma certa personalidade pode ter essas duas vertentes bastante proeminentes sem ter um conflito aparente. "Afrodite assegura o prazer recíproco dos esposos, que os mantêm unidos, e, sem ela, o casamento permanece frio e estéril. Assim, Afrodite vem ajudar a esposa amorosa de um modo que complementa, perfeitamente, Hera (e Deméter)"[33].

Nesse ponto, uma pergunta pertinente: por que ela se põe contra Psiquê? Ela sofre uma afronta – deixar de ser reconhecida a deusa da beleza –, a afronta de uma mortal. Aqui há uma disputa em torno da ideia de beleza: Psiquê é mais bonita do que Afrodite. Quem ganha é a alma. Psiquê tem um ponto a mais, na mítica. E ela se apaixona. Ela não é só a amada. Ela se envolve e, como vimos, Afrodite não se envolve; ela leva à loucura, mas ela não é louca. No fundo, ela tem algo de frio em seu temperamento, algo de cruel. O brilho da beleza, em si, é frio; somos nós que aquecemos o brilho, amando o brilho, o ouro. Somos nós que desejamos o ouro, e é o desejo que aquece o mundo. O ouro é frio. Psiquê, por outro lado, é quente, sofre, quase morre de amor.

1.3 A repressão da deusa

Agora podemos valorizar mais uma observação de Ginette Paris:
> É difícil para a mentalidade cristã entender como a deusa da beleza e do amor sexual representa um poder civilizatório, uma vez que as religiões originárias do judaísmo (cristianismo e islamismo) impuseram a ideia de que o prazer sexual é uma concessão ao instinto animal sendo, portanto, inferior ao humano. Considera-se que Deus, alma e mente estão ausentes durante a intimidade sexual; o sexo não passa de uma "necessidade primitiva". Essa

---
32 PARIS, G. *Meditações pagãs...* Op. cit., p. 87.
33 Ibid.

atitude está tão profundamente enraizada que, quando se tenta reabilitar o sexo, parece natural começar louvando a natureza e o amor físico, ao invés de proclamar a sexualidade como uma expressão de espiritualidade e civilização[34].

Afrodite foi reprimida. Mas Ares, que nunca está muito longe de Afrodite, também foi reprimido, pois o bom cristão é bonzinho, apaziguado, manso. Oferece a outra face. Há também uma repressão da agressividade. Mas só podemos acessar o deus se desfizermos o caminho da repressão. Repetimos isso para o paciente e para nós. Estamos sempre repetindo essa repressão. O impulso ariano também não é civilizatório. Quando reprimimos o que não é civilizatório, estamos reprimindo o deus e a deusa ao mesmo tempo. É uma mente repressora, porque a beleza é sentida como ameaçadora.

Outra observação importante de Ginette Paris:

> A afirmação de que a civilização é uma empreitada masculina revela nossa ignorância quanto ao trabalho de Afrodite. Certamente, se considerarmos um monumento, um friso de mármore ou uma obra-prima de arquitetura como obras de arte, considerando em contrapartida um bordado, uma roupa, a jardinagem e a arte de amar desimportantes para a civilização, excluiremos a mulher dessa civilização e classificaremos seu trabalho como "artesanato" ou "arte decorativa", reservando a palavra de sentido mais amplo, "arte", para as produções apolíneas[35].

A mente funcional nos afasta da deusa. E do deus também, como veremos. Estão profundamente reprimidos. Para fazermos o caminho de volta, devemos então desconfiar sempre dos funcionalismos. Mas, pelo fato de esses deuses estarem entrelaçados, com os impulsos violentos, de conflito, de guerra, disputa estamos muito próximos do amor – amor e guerra, os dois impulsos mais reprimidos em nossa cultura. Mas na leitura mítica a violência é um dado necessário. Tem

---

34 Ibid., p. 31.
35 Ibid., p. 33.

um lugar. Veremos isso ao examinarmos Ares mais de perto. Acredito que esse é um deus ainda mais reprimido do que Afrodite. Vivemos uma dificuldade enorme para acessar esses impulsos arianos sem moralismos. Na verdade, o mito cristão nos dá muito poucas condições de acessá-los. O esporte, para dar um exemplo de acesso a Ares, é a ritualização da agressividade. Pode ser um caminho, quando não está muito tonalizado pelo arquétipo do herói.

Zeus diz de Ares que é "o mais odioso dos deuses que habitam o Olimpo, porque tem eterno amor a contendas, guerras e batalhas"[36]. Veja, até entre os deuses Ares é problemático, não é bem-vindo. Já na mítica há uma rejeição a ele.

Afrodite é a deusa da proximidade sexual. É uma deusa do apelo ao contato. Ares também, pois é o deus da proximidade da guerra – guerra real como confronto, envolvimento, proximidade, corpo a corpo. Combate homem a homem, apaixonado. Não existe, propriamente falando, ou falando com a retórica de Ares, guerra de apertar botão, longe e mecânica, fria e tecnológica. Não é guerra. Isso já é a doença de Ares. Apertar botão é uma promiscuidade vazia, virtual, já se afastou do deus. Ou atende a outros deuses. Hillman:

> A guerra agora ou é devastadoramente *high-tech* e executada por especialistas habilidosos com seus dedos, ou tão pequena na escala que é combatida por uma única pessoa com uma bomba debaixo do casaco ou um garoto sorrateiro deixando uma mochila num ponto de ônibus. [...] um técnico sentado em seu abrigo em frente ao painel de controle, apertando uma série ordenada de botões, dispara mísseis que podem destruir uma cidade a quilômetros de distância. Ele não sabe o nome do lugar, não conhece as pessoas, ou mesmo vê as chamas. Ele louvavelmente desempenhou seu dever, obedeceu ordens rigorosamente, embora ele seja menos um combatente de fato do que os civis que matou[37].

---

36 SERRA, O. *Hinos órficos...* Op. cit., p. 224.
37 HILLMAN, J. *A Terrible Love of War.* Op. cit., p. 90, 91.

Se Afrodite é a pequena morte, Ares é a grande morte. Logo enfrentemos mais de perto esse deus da guerra.

1.4 Afrodite

Já falamos muito de Afrodite, e ainda devemos falar, antes de enfrentar os sentidos Ares. Afrodite é uma *teia de relações*: há suas relações com Hefesto, que são importantíssimas; suas relações com Psiquê; com as Cárites e com as Horas. Com Ares, com Hera. Não conseguiremos esgotar a riqueza psicológica que nos chega a partir do exame dessas relações de Afrodite, não só com seus amantes, principalmente Ares, mas também com seu marido, Hefesto. Essas uniões geraram filhos, e esses filhos têm a ver com essas uniões – isso tudo precisa ser pensado psicologicamente. Mas ela tem muitas relações; com Hermes, por exemplo, com quem tem um filho, Hermafrodito. Quando enxergamos o campo de Afrodite, ele é um campo de múltiplas relações, não apenas do ponto de vista mítico, mas principalmente do ponto de vista psicológico, que é o que nos interessa. Cada uma dessas relações nos ensina algo de psicologia. Mas aqui estamos concentrados nesse pareamento de Afrodite e Ares. Uma das maneiras de se enxergar Afrodite é olhar para o seu grande amante – Ares. E uma maneira de se enxergar Ares é olhar para o seu grande amor – Afrodite.

Ares é o grande amante de Afrodite. Falar de um é falar de outro, e é isso que se encontra escondido aqui, a possibilidade que a mitologia nos dá de enxergarmos um deus "dentro" do outro, exatamente porque os imaginou em relação, ou imaginou uma relação entre eles, que é ainda um terceiro nível. Então são duas áreas da vida que estão em íntima relação. No entanto, há esse terceiro ponto, que deve ser enfatizado, que é a própria relação. A relação diz algo de psicológico.

Quando dois ou mais deuses estão em relação, um participa do outro e, com isso, a mitologia não está nos dizendo apenas que um não aparece sem o outro, mas que eles estão "imbricados" um no outro ou, para repetir a ideia de Hillman a que já me referi anteriormente, os deuses são "padrões de contágio" – eles se contagiam. Essa é uma maneira interessante de enxergar os deuses, as forças arquetípicas, porque é uma maneira suja, borrada, sem a preocupação racional com limites, bordas, exclusões e exclusividades isoladas. Há um Ares dentro de Afrodite. Há uma Afrodite dentro de Ares. E essa é a natureza da relação. Então, estudar a natureza da relação é, a meu ver, estudar sua psicologia propriamente dita. Nesse caso específico, é dizer que há amor na guerra e que há guerra no amor, que essas circunstâncias não existem separadas, mas desenham uma relação íntima que exatamente permite-nos entendê-las melhor. Essa é uma observação muito sensível da imaginação grega, que agora nos pertence.

Estamos realizando uma abordagem da mitologia que trilha os sulcos abertos por James Hillman. Em seu livro *Cidade e alma*[38], há dois ensaios sobre Ares, que aqui seguiremos por sua inspiração, mas, evidentemente, também queremos falar de Afrodite ao mesmo tempo. Enxergo Afrodite como uma deusa ainda mais irada, ainda mais poderosa do que Ares.

Portanto, primeiramente, farei referência a um ensaio de Hillman, *A justiça de Afrodite* (*La Giustizia di Afrodite*), que é a última monografia escrita por ele, e que foi lida para uma audiência em Capri, em 2007. Ele falou da deusa, no lugar, no *habitat* próprio dela – a costa ensolarada em frente ao Mar Mediterrâneo, diante das águas das quais ela nasceu.

---

38 HILLMAN, J. "Cidade, esporte e violência" e "Guerras, armas, Áries, Marte". In: *Cidade e alma*. Tradução de Gustavo Barcellos e Lucia Rosenberg. São Paulo: Studio Nobel, 1993.

Nesse texto, logo no início de sua apresentação, Hillman faz uma invocação da deusa, à guisa de proteção, que gostaria de usar aqui também. Assim ele o faz porque tem consciência que os deuses são "poderes", não no sentido teológico como instâncias positivamente existentes, mas numa abordagem psicológica, pois os deuses são poderes psíquicos ou arquetípicos e, portanto, poderes com força extraordinária. E entendemos, desde Jung, que podemos ser subjugados por eles, que de fato somos dominados por esses poderes o tempo todo. Numa linguagem psicológica moderna, são os arquétipos. E sabemos que podemos ser "tomados" por arquétipos exclusivamente, que eles podem nos levar. Por outro lado, não há um momento, um instante na vida que não seja governado por um arquétipo – na visão da nossa psicologia. Tudo o que digo, faço, sinto, sofro, o modo de amar, de trabalhar, de adoecer, de morrer, toda uma filosofia de vida, nossas grandes verdades, estão apoiados neles. Os arquétipos nos dão sustentação.

James Hillman conhece muito bem essa noção de arquétipo, sabe com o que está lidando, e que é importante sempre tomarmos cuidados. Bem, mas esses cuidados são "cuidados como se", cuidados como metáfora, com a clareza da metáfora, a "clareza metafórica", como diz Gaston Bachelard. Isso quer dizer que não se trata de uma ação literal, religiosa, por assim dizer. É uma ação de proteção psicológica, metafórica. Hillman, em suas palestras e conferências, costumava repetir um verso do poeta inglês W.H. Auden, que é o seguinte, em tradução livre para o português: "Nós somos vividos por poderes que fingimos entender" (*"We are lived by powers that we pretend to know"*). Esse verso traduz muito bem a concepção dessa psicologia em relação aos arquétipos, ou aos deuses, ou às figuras míticas. Ou seja, somos atravessados por poderes mais do que humanos, por forças psíquicas maiores e mais poderosas, transcendentes ao humano e que detêm o humano em suas mãos. Essa é uma concepção que está na raiz dessa psicologia, com a qual podemos concordar ou discordar, mas com a qual podemos nos relacionar. Tenho para mim que esse é um dos corações da psicologia junguiana, trabalhar com a ideia de arquétipos do inconsciente coletivo, ou seja, arquétipos que detêm a força e o poder de determinar nossas ações humanas. Na Grécia antiga, os mitólogos nos dizem, a pergunta era: para que deus devo fazer o sacrifício? Hillman sabe e repete isso. Em qual altar devo depositar o meu sacrifício? Qual o deus na doença? Reconhecer o deus já apazigua o deus. O grande pecado, a grande falha (*hamarthia*) para os gregos é esquecer os deuses. A única coisa que os deuses não perdoam é serem esquecidos. Traduzindo isso para a psicologia: a doença aumenta quando ela não tem nome. "Nomear o poder responsável já é o princípio da cura"[39]. Nome – não no sentido classificatório, puramente nominalista, literalista; mas, no sentido da localização, de localizar quem está falando ali, pois isso nos dá todas as informações psicológicas de que precisamos[40]. E essas informações, que localizam um evento para mim, nos são apresentadas numa pessoa, numa figura mítica, com sua subjetividade sempre complexa.

Agora vamos então à invocação a Afrodite, feita por James Hillman. Acredito que ela já nos mostra todo o escopo, toda a área e a amplitude de atuação dessa deusa:

> Primeiro, uma invocação. Assim, Grande Dama, a quem às vezes chamarei por seu nome grego Afrodite, e às vezes por seu nome latino Vênus, permita-nos investigar tua natureza, não apenas para nossos propósitos humanos, para que encontremos mais amor, beleza e prazeres em nossas vidas, mas além disso, para *teus* propósitos – para que as estranhas compulsões e atrações irresistíveis que emanam de tua presença possam, para

---

[39] HILLMAN, J. *Cidade e alma*. Op. cit., p. 66.

[40] "Pois o nome, como já se disse, é dotado de um valor mágico: nomear uma coisa é conceder-lhe a existência" (CABRAL, L.A.M. *O hino homérico a Apolo*. Introdução, tradução e notas de Luiz Alberto Machado Cabral. São Paulo: Ateliê, 2004, p. 105).

tua felicidade, entrar de modo mais feliz neste mundo repleto de teu ser sensual. Por tempo demais, Grande Dama, foste concebida apenas como a Dourada, a Sorridente, como te chamavam os gregos, apenas a portadora das tentações doces que transgridem a ordem ética, pouco se importando com a justiça. Aqueles que te seguem e que transitam com teus dons – poetas, amantes, músicos, artesãos, e pintores de diversos gostos, e aqueles que fazem cada momento de seu dia brilhar com um sinal de Vênus nas maneiras e modos, aromas, decoração, vestimenta e discurso, aqueles que trazem charme, sensualidade, suavidade de toque, até mesmo frivolidade, e a loucura da paixão – por muito tempo em nossa civilização têm sido relegados a um lugar menor, trivial, nem sério, nem moral.

Não sem trepidação, invoco eu tua presença já de início, pois a história mostra que dirigir-se a ti diretamente quase sempre acaba em desastre. Pense em Páris que prefere a ti antes de Atena ou Hera: pense nas consequências – Troia em ruínas, os heróis mortos, todos os assassinatos, as tragédias. Pense em Anquises, que desfrutou de teus favores e foi atingido por um raio e tornado manco. Pense em Dido, uma de suas favoritas, Rainha de Cartago, e o sofrimento por que passou, mesmo no Mundo das Trevas, muito depois de sua vida na Terra, ainda atormentada pelo abandono de Eneias que partiu rumo ao Lácio; e Fedra, enlouquecida por seu amor ilícito a seu enteado Hipólito. Pense em nossas próprias vidas: cada um de nós levado à loucura quando visitado por uma inspiração afrodítica: todos nós levados a mentir, trapacear, loucos de ciúmes, vaidosos, inflados, maníacos e cruéis.

Grande Dama, sê gentil conosco no dia de hoje[41].

Dá para ver a beleza e o horror da loucura. A loucura cor-de-rosa.

Essa invocação é muito interessante, porque apresenta toda a questão da beleza, do amor, da sensualidade, das atrações, todos os

---

41 HILLMAN, J. *La Giustizia di Afrodite/Aphrodite's Justice*. Capri/Nápoles: La Conchiglia, 2008, p. 10-12.

brilhos do mundo, mas também toda a loucura, a loucura dos apaixonamentos e das ligações, do impulso da paixão, e daquilo que se faz cegamente quando se está incrivelmente envolvido, atraído ou apaixonado por alguma coisa. E aí entra Ares. Percebem Ares dentro de Afrodite? A loucura de Afrodite tem alguma coisa de ariano, de guerra, de assassinato, de morte, de combate, de crueldade e de destruição. Tudo aquilo que o amor destrói ou que por amor é destruído, arrasado, como num campo de guerra, de batalha, é também trabalho de Afrodite.

Então, a loucura de Afrodite tem a ver com Ares, por dentro. Da mesma maneira a loucura de Ares tem a ver com Afrodite, por dentro. Pois sendo a loucura de Ares a cólera, o desejo apaixonado pelo sangue, pela agressão, pela destruição, o impulso à destruição, ao combate, à agressão, esses impulsos arianos, em seu extremo enlouquecido, são cometidos apaixonadamente! São cometidos – porque estamos loucos de amor, amor pela guerra. São cometidos por uma loucura ariana, mas ela é evidentemente uma loucura de amor também – *O terrível amor pela guerra*[42] é o título do último livro que Hillman escreveu, em favor de Ares.

Onde houver Ares, haverá Afrodite!

* * *

Em *A justiça de Afrodite*, Hillman denuncia a total cisão entre psicologia e beleza. Beleza, aqui no sentido grego, onde o que é belo é bom. A cultura cristã separou o bom do belo, o ético do estético: se é bom não pode ser belo, e o que é belo, normalmente, é desconfiável – não se confia no belo, porque o belo é normalmente visto como traiçoeiro, ilusório. Numa cultura monoteísta cristã, há um medo da beleza. Então, a beleza, a deusa, foi banida, foi reprimida.

---

42 HILLMAN, J. *O terrível amor pela guerra*. Nova York: The Penguin, 2004.

O cristianismo, o judaísmo e o islamismo – todos os monoteísmos separam o bom do belo. Porém, na mentalidade grega o bom e o belo estão juntos. Só é bom o que também for belo. Belo no sentido de trazer uma ordem, um *kosmos*. O que é belo é o que está ordenado, o que tem um lugar, o que é estético – estético no sentido de estar desperto, não estar "an-estético", anestesiado. O estético é o que tem a força para nos despertar. O belo desperta. A alma se encaminha naturalmente em direção ao belo: é o que dizem os antigos filósofos neoplatônicos sobre a alma[43]. Aqui, não se referem ao que é "bonitinho", no sentido mesmo das belas-artes – pois essas noções incluem também, de alguma forma, o feio –, mas no sentido de despertar, de despertar a alma para o mundo – de tirar a alma de seu estado anestesiado, entorpecido, como diz Hillman –, mundo que a atinge em suas formas, cores, texturas, sons, e que também a atinge ao trazer ordem, ordem no sentido de quando tudo está no seu lugar, que é o significado de *cosmos*.

Hillman entende que é preciso fazer psicologia com beleza. Também o texto da psicologia tem que ser bonito, as ideias podem e devem ser belas, ou apresentadas de modo belo, não precisam ser abstratas, palavrões do tipo "complexo", "repressão", "sublimação", "ego", ou mesmo chamar essa grande e complexa deusa de "libido", chamar todo o campo da sensorialidade, da sensualidade, da beleza de todas as coisas, de tudo que mantém e suporta a beleza de "princípio de prazer", em oposição ao "princípio de realidade" – tudo isso denigre, afronta a deusa. Afrodite, como sabemos, é tratada na psicanálise como libido, princípio do prazer, transferência erótica – e está ali muito amalgamada com Eros, seu filho. Mitologicamente,

---

43 "Não erraria quem estabelecesse como princípio (*arkhê*) e causa desse estado de alma a tendência inata da Alma à Beleza em si, que se deve ao fato de originalmente a Alma conhecer a Beleza, ter afinidade com ela e ter consciência dessa afinidade" (PLOTINO. "Sobre o Amor". In: *Tratados das Enéadas*. Tradução, apresentação, notas e ensaio final de Américo Sommerman. São Paulo: Polar, 2002, p. 100).

no entanto, Eros é anterior a Afrodite; contudo, ele, como seu filho, segue em seu séquito; ou será que é Afrodite que segue Eros? Os gregos a chamavam de "a Sorridente", aquilo que nos sorri – ela é o sorriso do mundo. Veja a diferença. Os gregos antigos chamam a libido objetal psicanalítica de "O Sorriso do Mundo". Ou seja, aquilo que sorri para você e está constantemente lhe atraindo com esse sorriso. A linguagem da psicologia é, muitas vezes, uma agressão à deusa. Hillman procura fazer uma psicologia que contemple a deusa, que contemple a beleza, que recupere inclusive uma linguagem que honre essa deusa. É um filho de Vênus.

1.5 Ares

Agora, vamos mais diretamente a Ares, o amante preferido de Afrodite. O deus da guerra, o deus do combate: ele é Olímpico, sim, mas é um menino meio estúpido, desagradável como pessoa no seu jeito de ser, um briguento que só quer saber de lutas. Zeus, na *Ilíada*, diz sobre Ares: "O mais odioso dos deuses que habitam o Olimpo". Mas, quer se queira ou não se queira, ele existe. Invocado ou não, o deus está presente. Para a psicologia arquetípica, não olhar para sua existência é piorar as coisas. Isso, tanto no plano individual quanto no plano da cultura.

Ares é o deus ainda mais reprimido. Dele são os impulsos agressivos iniciais, ou seja, a força que precisamos para iniciar qualquer coisa. Ares é o impulso que inicia, o impulso agressivo necessário para dar início a qualquer coisa. Ares é Março, Marte, o início do ano astrológico; e Abril, o que abre o ano, também coincidente com o signo zodiacal de Áries. É o carneiro com chifres, aquele que abre caminho. Toda vez que temos de abrir o caminho, iniciar alguma coisa, entrar numa nova fase, precisamos dessa energia de caráter ariano. Todo despertar de consciência é violento, contém aquilo que Hillman chama de "intensidade extravagante". Só quando reprimida essa energia se torna violência cega e desprovida de sentido. É o que temos visto – uma violência que perdeu o seu deus.

A violência pode ser cega, mas mesmo quando cega, ela está com o deus. Ares inclui essa cegueira, assim como também Afrodite leva a uma cegueira. Essas cegueiras são apaixonamentos. Há um tipo de violência, a que assistimos no mundo de hoje, que não é cega, é na verdade sem sentido, pois é desprovida do deus, ela perdeu o deus e portanto perdeu sua base arquetípica: "os deuses tornaram-se doenças" – como sempre, lembramos o que disse Jung. Não encontramos, por aí, um Marte honrado. Vamos encontrá-lo "doentio". Temos um Marte doentio e é a situação de uma determinada violência sem sentido. Um Marte que não é belo, e podemos especular que tenha perdido sua conexão com Afrodite. Pois em Marte a agressividade tem rituais de hierarquia, de condecorações, música e vestimenta marcial militar, e tantas outras coisas que têm a ver com beleza, com Afrodite, como os soldados numa guerra – esse ponto Hillman esclarece bem para nós em seus ensaios sobre a guerra.

Se você está com o deus, você tem o *background* divino ou arquetípico – rito, ritual, ritualização, cerimônia, todos os sentidos que uma ligação com o transcendente traz e impõe. Então, estamos relativamente protegidos da radicalização dos poderes desse deus. Mesmo no campo de batalha. A ritualização "contém" o deus. Hillman fala dessa hierarquia que Ares parece precisar para delimitar seus impulsos que, de outra forma, nos levam à loucura. O campo de batalha tem uma ética. E uma estética. Vejam como Hillman coloca isso em seu ensaio "Cidade, esporte e violência", em *Cidade e alma*:

> Os rituais de hierarquia obsessivamente severos que requerem obediência instantânea, como no campo de batalha, ainda aparecem nos estádios de futebol, tanto no que diz respeito à inquestionável autoridade do técnico do time sobre os jogadores quanto na suprema autoridade do árbitro e dos bandeirinhas sobre todos os participantes[44].

---

44 HILLMAN, J. "Cidade, esporte e violência". In: HILLMAN, J. *Cidade e alma*. Op. cit., p. 69.

Ele chama isso de *"spiritus rector* na figura arquetípica de Marte" – no sentido de algo que o regula. Todo deus tem uma regulação, ele é um cosmo, tem princípios de regulação; quando o cosmo do deus fica sem o deus, ele fica sem princípios de regulação. Ele fica louco.

> [...] a figura arquetípica de Marte, cujo próprio espírito violento inventa a hierarquia para salvar o deus de sua cegueira e desperdício numa violência eruptiva sem sentido. Afinal, os deuses, como insistiam os neoplatônicos, são inteligências. Devemos supor que eles sabem o que estão fazendo ao criar suas próprias exigências[45].

Os próprios deuses, seja em que campo for – seja na beleza, no casamento, na violência, na comunicação, no sentido do doméstico, tanto faz –, têm uma "inteligência", eles são uma inteligência. Parte dessa inteligência é autorregulação. Inteligência é algo que se autorregula, que tem condições de regular os seus excessos.

Nesse ponto podemos fazer uma observação importante: o mito designa a Ares/Marte uma localização específica, um lugar arquetípico no mundo. Esse lugar está fora da *polis*. No mito grego, ele se chama Areópago, que literalmente quer dizer "colina de Ares". No mito romano, uma localização semelhante para o deus é referida por Campo de Marte. É lá que ele é mantido. Ambos dizem que o lugar do deus é fora da cidade, seus impulsos e suas paixões devem ser contidos e mantidos a distância. Ares não é um deus político. O ensinamento é que o militarismo não serve para administrar a cidade. Arquetipicamente, é o civil que deve controlar o militar, não o contrário: "Ele foi sempre considerado um perigo aos *civis*, e isso porque ele vive dentro da corrente sanguínea de cada cidadão, onde é chamado de 'testosterona'"[46].

* * *

---

45   Ibid.
46   Ibid., p. 70.

Walter Otto diz sobre Ares, fazendo um retrato da psicologia do deus:

> É o espírito do fragor das batalhas, sequioso de sangue, que penetra demoniacamente no homem e cuja violência irrompe no tremular das hastes das lanças. Nunca foi elevado à plena dignidade de um deus, por mais antiga que fosse a fé em sua terrível presença. Só raramente ele comparece em narrativas míticas com uma plena personalidade. [...] E se a família dos deuses olímpicos o acolhe entre os seus, faz isso contra a vontade, e com nenhuma outra figura tem tão pouca consideração quanto com a sua. [...] Ele é o espírito da praga, da fúria, da sanguinolência. [...] Seu elemento é a luta de morte... luta mortífera... cega ferocidade[47].

E Ginete Paris também nos ensina: "A repressão da expressão física das energias agressivas conduz a uma explosão desordenada de violência"[48] – então é preciso diferenciar. Hillman fala do processo de diferenciação desses impulsos:

> A psicologia, contudo, não nos ajuda aqui, pois ela muito frequentemente perde o valor específico da raiva ao agrupá-la com hostilidade, agressão, fúria e ódio. E, como mostram as diferentes palavras, esses estados da alma são, cada um, sentimentos diferentes, comportamentos diferentes, significados diferentes. Nossa falta de discriminação das emoções marciais resulta de uma longa história, cristã principalmente[49].

A energia fundamental desse deus é a raiva. E se há alguma agressão, é em função da raiva. E não há nada, em nossa cultura cristã, que mais sofra repressão do que a raiva. Não podemos ser raivosos. Não podemos aprender com a raiva. "*Ira* (raiva) e *cupiditas* (desejo) sempre foram considerados os dois grandes inimigos da vida cristã. *Ira* e *cupiditas* traduzem em conceitos escolásticos os poderes primais de Marte e Vênus, de forma que nos conceitos está escondido o

---

47 OTTO, W. *Os deuses da Grécia*. Op. cit., p. 223-224.
48 PARIS, G. *Meditações pagãs...* Op. cit., p. 112.
49 HILLMAN, J. *Cidade e alma*. Op. cit., p. 71.

medo cristão dos deuses pagãos"[50]. Então, a raiva é reprimida e volta pela porta dos fundos, como uma violência desmedida, desordenada, sem sentido, sem nada para ensinar. Mas a raiva é psicologicamente importante. Também Robert Sardello imagina a raiva ligada a Ares/Marte: "Marte não está com raiva de ninguém; é apenas como ele é. E quando sentimos raiva, a outra pessoa ou coisa não é a causa da raiva, mas sua ocasião". Além disso, "a raiva – sentida, mantida, não reprimida nem negada, nem representada – conduz à compaixão. A compaixão deve ser acalentada até o ponto em que se sofre com as coisas. A compaixão abre a alma"[51]. Esse é o valor psicológico da raiva, o caminho que ela pode fazer dentro de nós, segundo a intuição desse extraordinário psicoterapeuta.

Aqui, poderíamos também falar da cor vermelha. O cobre é o metal de Vênus – algo meio dourado, meio vermelho. Esses impulsos estão juntos: uma raiva sem Ares é também uma raiva sem Afrodite. É uma raiva solta, louca, não está apoiada por nada.

Em *Meditações pagãs*, Ginete Paris nos diz:

> Ao substituir o mito de Ares-Afrodite pela paz perpétua de Cristo, tornamos tabu de que a paz não exclui a agressão. A utopia cristã é tão atraente que não podemos admitir, sem ansiedade, que não se pode ter Afrodite sem Ares, paz sem luta, prazer sem sofrimento. A realidade, entretanto, contradiz constantemente este ideal de paz cristã[52].

> Lembremos que na Antiguidade havia essa ideia de *bellica pax*, uma "paz bélica", a paz que é trazida por meio da guerra. A harmonia não é desprovida de contenda; ela emerge da contenda. Harmonia é filha da união entre a Beleza ou o Amor com a Guerra, ou a Batalha. Ela é a expressão da antinomia amor/guerra. A palavra

---

50 Ibid., p. 71.
51 SARDELLO, R. *No mundo com alma*: repensando a vida moderna. Tradução de Pedro Maia Soares. São Paulo: Ágora, 1997, p. 10, 38.
52 PARIS, G. *Meditações pagãs...* Op. cit., p. 110.

"harmonia" em grego refere-se ao encaixe perfeito entre as coisas. Assim como também são seus filhos Terror e Temor, *Deîmos* e *Phóbos*. Ginete Paris: "O medo de amar é tão comum quanto o medo de lutar. [...] O medo faz parte tanto do amor quanto da luta. Alguém que nunca tenha sentido medo e terror, quando está apaixonado, não conhece a amplitude do poder de Afrodite nem o que é arriscar nossa vida afetiva"[53].

Os ensinamentos aqui são muito interessantes: assim como o contrário do amor não é o ódio (pois o ódio é uma forma ainda mais intensa de amar), mas o poder, o contrário da guerra não é a paz, mas a beleza.

* * *

Ares é o amor à guerra, simboliza o êxtase do guerreiro pela luta. Ares nos apresenta o impulso que nos conta do amor à batalha, especialmente no corpo a corpo. É físico, como o amor de Afrodite é também físico. Sexo, penetração, interpenetração, intercurso. O sexo é um intercurso. A guerra também é um intercurso. Com Ares não há preocupação com estratégia, nem mesmo com vitória. Quem vai guerrear? Não importa. Importa é fazer a guerra. É esse impulso em nós que nos faz agir. O impulso não está preocupado se vai ganhar ou se não vai ganhar, se vai se realizar alguma coisa ou se não vai se realizar coisa alguma, ou até de que lado estamos. Por isso que Ares era malvisto no Olimpo: porque ora ele estava de um lado, ora de outro. Não importa pelo quê se luta. Não tem programa. Para o impulso em si, não importa de que lado você está, importa que haja a guerra, que haja a ação, que ela se realize. Então, essa ideia de estratégia, que é uma ideia ligada à ideia de vitória, é do campo de Atena e seus domínios, o campo de uma deusa mais nobre, outro arquétipo,

---

53 Ibid., p. 115.

outra configuração arquetípica. "As características mais 'cerebrais' da guerra, como por exemplo a estratégia, a habilidade e a violência discriminada e eficaz, não eram representadas por Ares, mas pela deusa Atena, que simbolizava justamente a guerra 'organizada' e ordenada, empreendida apenas em defesa da *polis*"[54]. Atena é a cabeça, Ares é o corpo.

Ares é o deus da guerra, e o último livro escrito por James Hillman, publicado em 2004, é uma linda e difícil "canção" dedicada ao deus Ares. O livro *A Terrible Love of War [O terrível amor à guerra]*[55], é, para mim, como que o testamento espiritual de Hillman, sua homenagem e acerto de contas com o deus que tanto lhe pertencia. Com Hillman, podemos "entender o que Ares pode oferecer, onde ele ajuda. Ele defende a cidade, a própria civilização, como aquele que porta o escudo protetor nas muralhas. Ele representa e luta pela justiça, dá coragem, tem um coração valente, é incansável, e hábil com a lança, defendendo uma causa com força superior"[56].

* * *

Há um elemento aqui, que tanto Ginete Paris quanto James Hillman salientam: aquilo que ganhamos do deus ao levantarmos a repressão com relação a ele é a *coragem*. É com ele que aprendemos coragem. Pois ele não é só esse rapaz problemático, ele tem as suas virtudes. Hillman enumera essas virtudes: principalmente a coragem – a virtude que mais salta aos olhos, a que primeiro aparece – mas também "nobreza, honra, lealdade, tenacidade de princípios, amor pelo companheiro, de modo que a guerra ganha

---

54 RIBEIRO JR., W.A. "Ares". In. *Hinos homéricos*. Tradução, notas e estudo de Edvanda Bonavina da Rosa et al. Edição e organização Wilson Alves Ribeiro Jr. São Paulo: Unesp, 2010, p. 186.

55 HILLMAN, J. *A Terrible Love of War*. Op. cit.

56 Ibid., p. 204.

uma posição não apenas entre uma classe de pessoas, mas num nível da personalidade humana organicamente necessário à justiça do todo"[57]. Sem essas virtudes, você não faz guerra, você não faz amor. É preciso coragem para amar, para iniciar alguma coisa, para guerrear, para abrir caminho, e isto é da ordem desse deus – ele é o corajoso. "Alguém possuído por Ares usa o tremor do medo para encontrar a coragem de lutar"[58].

> Acessar a nossa coragem é acessar esse impulso, esse deus. À medida que nos aprofundamos nas imagens mitológicas vamos encontrando lições psicológicas. O que essa imagem de Ares está procurando nos dizer é a que a coragem tem alguma coisa a ver com a raiva, com a batalha. Tem proximidade com a morte, e com risco. Hillman: "Marte pede a batalha, não o extermínio, nem mesmo a vitória. [...] Marte é o instigador, o ativista primordial. [...] O signo do carneiro. O deus dos Começos"[59].

Todos os ativismos têm a ver com Marte/Ares, desde os públicos e políticos, até nossos ativismos pessoais e privados – quando precisamos estar *ativos* e agir. E não há ativismo que não desperte o Medo (*Phobos*) e o Terror (*Deîmos*).

Hillman fala do poder estimulante de Ares – como ele próprio é um filho de Marte, então o deus não permanece apenas com essa aparência do "menino problemático" e raivoso. Hillman vai muito além, e muito mais profundamente:

> Marte quer mais do que reflexão. O carneiro não se retira para refletir, e o ferro não recebe nenhum polimento no qual possa ver a si mesmo. Marte exige a penetração em direção à essência, impulsionando sempre para a frente no labirinto do perigo, e o perigo agora está no matagal esquecido de nossa mente entorpecida. As espa-

---

57 HILLMAN, J. "Guerras, armas, Áries, Marte". Op. cit., p. 83.
58 PARIS, G. *Meditações pagãs...* Op. cit., p. 114.
59 HILLMAN, J. "Guerras, armas, Áries, Marte". Op. cit., p. 92, 93.

das devem ser abatidas nas relhas de arado, marteladas, quebradas, batidas[60].

Precisamos dessa energia se quisermos nos mover no "labirinto do perigo" – todas as vezes que vamos encontrando na vida os desafios, as ameaças e as viradas. É esse impulso que nos carrega para a batalha, para o ativismo. Os perigos e riscos estão por todos os lados, como vencê-los? E mais, como enfrentá-los, sem a preocupação unilateral de vencer? Enfrentá-los, e correr o risco de ser morto, pois este é sempre o risco na guerra.

Vejam agora, com relação a isso, a inspiração profunda e definitiva dessas linhas de James Hillman: "Desconstruir a mente bloqueada, abrir o caminho na fé com nossa fúria e nosso medo, estimular os sentidos anestesiados: esse é o tipo mais intenso de ativismo psíquico"[61]. Ares é o deus desse ativismo, o deus para o combate. Essa ideia de um *ativismo psíquico* é, a meu ver, muito importante, e deve ser considerada. Para mim, trata-se de estimular os sentidos anestesiados, desconstruir a mente bloqueada, desde os assuntos mais triviais e importantes de nossas vidas privadas e seus desafios de mudanças, até nossa relação com o mundo e nosso amor pelo mundo, na esfera política. Estamos falando de um despertar psíquico, para dentro e para fora. Estar sob essa coragem de Marte desconstrói e rejeita toda segurança fixa, nos desbloqueia a mente a partir desse estado fixo de ser. A coragem desconstrói a segurança. Isso não se dá sem feiura, sem fúria e sem medo. Na guerra, *Phobos*, seu filho, ia antes de Marte, ia na frente. Marte ia depois dele. Isso é uma lição também. Vá com medo e tudo! Vá por causa do medo, levado por ele. A lição talvez seja: não há como amar, ou estar na vida e suas lutas, sem medo. Então é um delírio não querer sentir medo, vencer o medo. Não é o medo que você deve vencer. Você tem

---

60 Ibid., p. 96.
61 Ibid., p. 97.

de enfrentar o desafio que está ali, não vencer o medo. Precisamos do medo. Precisamos da coragem para ter medo – uma contradição em termos – e ter medo para reconhecer a coragem. As pessoas não querem ter medo, porque não têm coragem para senti-lo. O medo faz parte da batalha.

Desse ponto de vista, parece ser um erro grandioso das psicoterapias em geral querer fazer com que vençamos nossos próprios medos. Se há um discurso quase hegemônico nas terapias, pelo menos nas de autoajuda, é esse, "vencer os seus medos" – mas o que a mítica está nos dizendo é o contrário: você precisa do medo para amar, para lutar na vida, para estar nos "labirintos perigosos".

Na clínica você está para ajudar a pessoa a compreender qual o grau do medo que a paralisa, quando o medo virou o deus da coisa. Monoteísmo do medo. O medo te congela, então ficamos ali e não fazemos nada. Que medo é esse? É preciso ver que dentro do medo tem muita imaginação e fantasia, tem Afrodite. O medo que paralisa é o pânico, "toma tudo". Com isso, evidentemente estamos pensando em outra divindade, outro poder, Pã.

Devemos compreender que deus está em seu medo, qual a qualidade desse medo, se é Pã, se é o filho de Marte, quem é ele? A que deus pertence esse medo em particular? Pois aqui estamos entre o amor e a luta, a luta do amor e o amor da luta. Ares e Afrodite são um casal central em função da enorme carga de repressão que sofreram, principalmente na civilização cristã – precisamos estar atentos a isso, isso está sendo representado o tempo todo.

* * *

No Renascimento, reaparece a imagem de Afrodite, historicamente. Ela renasce e a repressão depois é total. Porque o Renascimento tem a ver com a recuperação das fontes sensuais, clássicas, romanas e gregas, mediterrâneas. As grandes imagens de Afrodite, na pintura, na escultura e mesmo na literatura, são do Renascimento. E os grandes retratos de Ares também: pensem nos quadros de batalhas de Giotto, por exemplo, onde vemos lanças, soldados de vermelho, quase representando balés, danças, os campos de batalhas.

Segundo Hillman, como mencionamos, os esportes aparecem como uma possibilidade de recuperação do deus Ares, lá onde o deus pode estar ritualizado e dignificado. No rúgbi isso está mais declarado. No futebol é um pouco mais velado. "Que os esportes competitivos constelam incursões de Marte há muito já se sabe. Até mesmo as corridas de cavalos!"[62] As práticas esportivas podem ser vistas também como uma maneira de propiciar o deus.

É importante que enxerguemos a repressão desses impulsos, e como os deuses, sendo imortais, continuam presentes neles, porém hoje sem ritualização, e reprimidos, entrando em nossas vidas de forma adoecida. Vejam como toda essa questão da raiva, da fúria, da batalha, do iniciar das coisas, perdeu seu deus e virou violência solta no campo do mundo, das cidades, e como a deusa da beleza, do amor, também reprimida, ficou sem seu campo, e mais, seu campo ficou sem sua deusa. É importante que vejamos isso primeiramente em nossas vidas, de que forma essas duas repressões estão em operação.

Outra indagação importante é como fica a questão de Marte no campo feminino. A guerra sempre foi uma questão masculina. Como fica o feminino nisso? Não tem feminino nisso. É primordialmente da ordem do masculino, esteja nos homens ou nas mulheres. Mas, no plano arquetípico, nos impulsos psíquicos, nas realidades psicológicas, são muitas vezes as mulheres que fazem as guerras acontecerem. O impulso da guerra é um impulso, a meu ver, arquetipicamente masculino, mas você pode ter mulheres muito violentas, que foram atingidas por esse impulso. A própria Afrodite tem um lado guerreiro, que acabou alijado de suas representações

---

62 Ibid., p. 67.

na literatura e na pintura[63]. São mulheres que batalham, guerreiam o tempo inteiro, que se enfurecem com facilidade, brigam e podem ser, até, violentas. Na China as mulheres empunham a espada. Entre nós, Maria Bonita, Anita Garibaldi – mas o importante, a meu ver, é entender que a energia é de tonalidade masculina, independente se é na mulher ou no homem que ela incide.

O feminismo, por exemplo, pode ser um ativismo combativo – os impulsos de Afrodite e de Ares ligados – o ativismo feminista pode atingir graus de agressividade, até mesmo de violência, muito interessantes. Mas a ideia é que com esses deuses podemos ser levados à loucura, podemos ser possuídos e ficar cegos com esses impulsos, tanto o impulso da atração e da beleza quanto o da batalha e do confronto. Do ponto de vista psicológico, é importante perceber que esses são os poderes dos deuses de temperamento quente, como já mencionei, ou seja, são os poderes que podem nos enlouquecer – pois esses deuses nos enlouquecem: Dioniso, Ares, Afrodite – são deuses que podem se apoderar de nossa consciência levando-a às loucuras quentes. Talvez o "feminazismo", como se diz agora, possa ser entendido como uma loucura do ativismo feminista, da paixão arquetípica gerada por Ares no coração do feminino, que leva a pontos cegos. Os deuses podem nos atingir poderosamente, e a consequência dessa loucura é a cegueira. "Cego de amor. Cego de raiva."

Que balanço existe nessa dupla? Para essa percepção, precisamos entender que o amor é uma batalha e que a batalha é amorosa, é estética. Mas a palavra *equilíbrio* traz para a psicologia um imaginário espiritual; no plano psicológico, não existe a ideia de equilíbrio. Melhor dizendo, talvez exista a ideia de "diálogo" – se é a mesma coisa, ainda não sei. Estamos no campo das possibilidades

---

63 "Não nos enganemos: Afrodite era, sim, íntima da guerra. Toda gana lhe pertencia, inclusive a da peleja. [...] o perfil guerreiro da deusa vê-se atenuado, por vezes eclipsado. O caráter sedutor prevalece, o aspecto belicoso resulta encoberto" (SERRA, O. *Cantando Afrodite...* Op. cit., p. 282-283).

dos excessos. O que a psicologia nos apresenta são os excessos, não os equilíbrios. Mas, por outro lado, um deus está dentro do outro. Temos a nítida noção de que o amor é uma guerra, é uma batalha. Claro, há momentos no amor com menos guerra, menos batalha, ou nenhuma batalha. Assim como na guerra existe um elemento estético, venusiano e, mesmo, amoroso, de fidelidade à causa e aos companheiros de batalha. Mas esses impulsos podem ser levados a seus extremos. E é aí que entra a psicologia. Se o amor vira apenas uma guerra, aí já não é mais o amor, e se a guerra é muito apaixonada, não é mais a guerra. O politeísmo nos diz que há lugar para tudo, que tudo tem o seu lugar:

> Precisamos rever o aspecto estético de Marte. Também aí existe um amor oculto. Do ponto de vista civil, a retórica e os ritos militares parecem *kitsch* e pomposos. Mas, em vez disso, veja essa linguagem, esses procedimentos como a sensibilização através do ritual da imaginação física. Considere quantos tipos diferentes de lâminas, armas, ferramentas, metais e temperamentos são moldados numa variedade de facas, espadas, lanças, sabres, achas, espadins, adagas, arpões, piques, alabardas que têm sido carinhosamente afiadas com a ideia de matar. Olhe para as recompensas por matar: Cruz de Ferro, Cruz da Vitória, Medalha de Honra, *Croix de Guerre*; os equipamentos: bastão de bambu, badine, dragonas, mangas condecoradas, pistolas com cabo de marfim. A música: toque de alvorada e toque de silêncio, baterias e cornetas, pífanos, trombetas, clarins, canções de marcha e bandas de marcha, instrumentos de metal, galões, divisas[64].

Aqui temos o aspecto do estético e do belo dentro da guerra. Onde entra inclusive um fetiche pela arma, um amor pela arma e uma preocupação estetizante manifesta nela. Se há uma preocupação estetizante e irresistível com relação ao armamento, isso é Afrodite dentro de Ares. Mas a arma também nos faz pensar em Hefesto.

---

64 HILLMAN, J. "Guerras, armas, Áries, Marte". Op. cit., p. 86.

1.6 Afrodite-Hefesto

Podemos também examinar rapidamente a relação de Afrodite e Hefesto. Nessa configuração, temos ferreiros e guerreiros ligados por uma única amante. O seu amante é Ares, o marido é Hefesto. Há Afrodite em Hefesto, como há Hefesto em Afrodite. Pode haver um pouco de Afrodite em Hefesto ao forjar os objetos com beleza e invenção, o que na tríade Ares-Afrodite-Hefesto seria a beleza da arma. Mas não só a arma. Hillman apresenta esse enlace de três deuses:

> Desfiladeiros rochosos e tempestades podem ter inventado a ideia moderna de sublime, mas hoje em dia podemos capturar uma beleza amedrontante que junta Ares, Afrodite e Hefesto numa peça fina de metal da sua loja de armas do bairro. Como a rede de aço que envolveu os amantes, as armas são instrumentos hefestianos juntando beleza e violência num abraço permanente. [...] Seres humanos amam suas armas, confeccionando-as com as habilidades de Hefesto e a beleza de Afrodite para os propósitos de Ares[65].

O entrelaçamento profundo desses três deuses de fato nos entrega a misteriosa união de beleza, violência e artesania. Essas são realidades arquetipicamente envolvidas.

Então, entramos nas relações de Hefesto com Afrodite. Esse é o casamento oficial, legal, reconhecido pela sociedade. Estamos explorando uma outra relação: o amor pela indústria, pelo instrumento, a preocupação estética na fabricação de instrumentos, de ferramentas, a manufatura, a forja, a beleza dos objetos forjados – forja já como uma atividade estética, como uma atividade que conclama a perfeição, a arte e a beleza:

> A deformidade de Hefesto, sempre enfatizada, não tem a ver com fraqueza: ele é um deus robusto, embora capenga dos dois pés. Sua espantosa habilidade lhe confere grandes vantagens. Ele cria autômatos, faz trípodes que se movem sozinhas, forja armas potentes, possui

---

65 HILLMAN, J. *A Terrible Love of War*. Op. cit., p. 124, 125.

fantástico talento em matéria de indústria, é senhor de uma arte soberba[66].

O ferreiro quer chegar numa coisa bonita, até mais do que numa coisa funcional: "olha que bonito que ficou essa tesoura, esse martelo!" Em algum momento, ele não está exatamente preocupado se a lança está cortando direito ou não, se o martelo vai funcionar. Nesse campo é mais comum encontrarmos a admiração pela beleza do que pela funcionalidade. Talvez isso seja Afrodite dentro de Hefesto. Também devemos pensar, por outro lado, Hefesto dentro de Afrodite, perguntando: o que é forjado no amor?

Há fogo em Afrodite e há fogo em Hefesto. Mas é sempre um triângulo amoroso: é o fogo que une Afrodite, Hefesto e Ares, eles compartilham o fogo. A cena em que Hefesto flagra Afrodite e Ares na cama (a cena que mostra esse entrelaçamento dos deuses), quando ele fica furioso (Ares em Hefesto): essa cena tem também uma certa beleza – a beleza da criação de Hefesto, do instrumento criado por ele com engenhosidade, quando cai a rede de metal que prende os amantes, é um truque genial[67]. Há uma beleza nessa invenção, no próprio objeto feito por Hefesto. Essa é Afrodite em Hefesto. Mais difícil é encontrar Hefesto em Afrodite. Seriam então os *sex toys*? Em um nível, pode ser isso, os brinquedos sexuais, mas deve haver outros mais sutis, mais psíquicos, mais interessantes. O que há de Hefesto em Afrodite – o que há de coxo nela? Isso é mais inconsciente para nós – portanto é um desafio interessante, enxergarmos o que há de Hefesto dentro de Afrodite. É um desafio de reflexão psicológica bastante interessante. Uma pergunta seria: o que há de manco num casamento forjado? É mais nítido ver-se Afrodite dentro de Hefesto.

---

66 SERRA, O. *Cantando Afrodite...* Op. cit., p. 87.
67 "A rede de Hefesto era de ouro, como convém aos objetos do Olimpo, mas sutil como uma teia de aranha e invisível até mesmo para os deuses, que riam observando o embaraço dos dois amantes aprisionados" (CALASSO, R. *As núpcias de Cadmo e Harmonia.* Op. cit., p. 71).

Então, essa cena é brilhante porque é feita do uso de um instrumento que é uma invenção sensacional – o próprio Zeus fica extasiado, os deuses todos ali presentes ficam extasiados com a engenhosidade. Hermes, como sabemos, fica extasiado com ela – Afrodite.

Na cena, como sabemos, Hefesto, enraivecido de apanhar os amantes em sua própria casa, em sua própria cama, grita alto chamando os deuses para ver. Só os deuses-homens vêm acudir. Ficam olhando, rindo, comentando: Apolo, Zeus, Hermes, Poseidon. Ficam extasiados com a cena. Mas as deusas-mulheres não veem; ficam em casa e não aparecem para ver os amantes. Se recusam a assistir. O que isto mostra? Talvez que as mulheres não gostam, ou mesmo rejeitam, atos de adultério, escandalosos, indecentes. Mas os homens não. Esta é a cena primordial, emblemática que mostra, expõe, apresenta o entrelaçamento de Ares e Afrodite, com tudo o que acontece à sua volta, aquilo que ela provoca, suas consequências e reações nos que entram em contato com ela. Ela nos expõe à imaginação dessa atração, a imagem desse enlace. Por que a guerra se deita com a beleza? A beleza entrelaça-se à guerra? Esse interesse desconcertado dos deuses pode ter a ver com observarem diretamente a intrigante atração entre Guerra e Amor, entre a batalha e o desejo, a fusão de beleza e violência. Estão, como nós ao ouvirmos a cena, diante de um mistério de difícil compreensão.

Ares e Afrodite dividem a loucura, uma intimidade e uma "prontidão para se submeterem à paixão"[68]. É mais do que o fogo (a paixão), é a loucura do excesso, da transgressão, aquilo que Hillman chama de "similaridade" entre a loucura do amor e a loucura da guerra.

---

68 HILLMAN, J. "Beauty and War: an Exploration". In: *Uniform Edition of the Writings of James Hillman, Philosophical Intimations*. Vol. 8. Putnam, CT: Spring Publications, 2016, p. 317.

1.7 Heráclito e a psicoterapia

Já falamos muitas coisas a respeito desse par – Afrodite e Ares: a maneira como eles estão entrelaçados, e esse entrelaçamento é o que mais nos interessa do ponto de vista da psicologia arquetípica, e da prática da psicoterapia; essa intuição esplêndida, extraordinária da mitologia grega para entender de modo tão profundo e multifacetado o entrelaçamento desses dois deuses, que é o entrelaçamento entre esses dois níveis do ser que são o amor e a guerra, a beleza e o conflito, a atração e a discórdia.

No contexto de um exame de Ares, podemos lembrar de um famoso Fragmento de Heráclito, onde ele diz que a discórdia é o pai de todas as coisas. O termo grego é *"polemos"*, a polêmica – é um fragmento que traz muitos ensinamentos psicológicos. Trata-se do fragmento 53: "A guerra é o pai de todas as coisas"[69].

James Hillman chamava Heráclito de "o primeiro psicólogo da história", pois muito mais do que um filósofo, ou além de ser filósofo, ele nos traz e pratica, por assim dizer, uma "psicologia" – já que seu principal conceito, ou ideia, em torno do qual gira sua filosofia, é uma ideia de alma, uma ideia de psique[70]. E é de Heráclito que vem essa noção da alma que temos na psicologia junguiana, uma noção de fluxo, como algo que flui, que está constantemente "em fluência", essa grande metáfora que recorda ainda outro dos mais famosos fragmentos de Heráclito: "Não se pode entrar duas vezes no mesmo rio" (Fragmento 91). Da maneira como entendemos, isso tem muito a ver com a realidade da psique.

---

69 A tradução dos Fragmentos de Heráclito aqui citados, quando não referidos a outra, são de SOUZA, J.C. *Os pré-socráticos*. Seleção de textos e supervisão de José Cavalcante de Souza. São Paulo: Nova Cultural, 2000.

70 "[...] a reivindicação mística de uma preeminência da interioridade em relação à ilusória corporeidade do mundo externo. Em muitos fragmentos Heráclito parece até mesmo colocar a alma como princípio supremo do mundo, e Aristóteles confirma essa interpretação" (COLLI, G. *A sabedoria grega III*: Heráclito. Tradução de Renato Ambrósio. São Paulo: Paulus, 2013, p. 182).

Nossa psicologia junguiana é herdeira da filosofia heraclítica: Jung sabia disso, Hillman encara isso de forma ainda mais aberta. Então, há muito que aprender por meio dos fragmentos de Heráclito. Heráclito é um filósofo pré-socrático, ele é o início da filosofia, um dos iniciadores da filosofia, daquilo que Heidegger chama de "o pensamento originário", o "primeiro pensar", que é o pensamento dos pensadores – o pensamento real sobre os grandes temas da existência: morte, vida, destino, caráter[71]. Ele viveu em Éfeso, onde havia o templo de Ártemis. Supõe-se que ele havia escrito um livro – *Sobre a natureza* – que não sobreviveu, perdeu-se, e Heráclito assim ficou esquecido. Os classicistas do século XIX, da academia inglesa e alemã, filólogos, helenistas, começaram então a perceber que outros filósofos, em seus livros – Platão, Aristóteles, Teofrasto, Sexto Empírico, por exemplo, e também os Padres da Igreja, como Orígenes, Clemente de Alexandria – faziam menção a passagens do livro de Heráclito ao discutir temas em seus textos, e a certa altura mencionavam, por exemplo: "Como dizia Heráclito..." E, outro, em outro livro dizia: "É que Heráclito costumava dizer... 'o caminho para cima ou o caminho para baixo é o mesmo'..." Citações. E assim por diante. Então, os filólogos foram recolhendo essas citações de Heráclito, que Heidegger chama de "destroços" (frases, às vezes nem frases inteiras, às vezes apenas palavras isoladas), que foram reunidas como "Os Fragmentos de Heráclito" pela primeira vez pelo filólogo Hermann Diels, em 1901 – aqui há também uma imagem interessante, pois há uma arqueologia do pensamento, uma arqueologia das ideias. Diels, ao recolher esses fragmentos, reuniu-os numa certa sequência numerada, que ele determinou, e que se tornou a referência. São 130 aforismos. Esses fragmentos, agrupados em mais ou menos sete páginas, não mais do que isso, trazem toda uma

---

71 Para Heidegger, os pensadores originários são três: Anaximandro, Parmênides e Heráclito.

filosofia, são um "edifício filosófico" que deu margem a estudos e análises muito diversos. Do próprio Heidegger, temos um seminário sobre Heráclito, um volume extenso, que é a análise de alguns fragmentos[72]. Apesar de seu viés antipsicológico, trata-se de um trabalho especial na compreensão da filosofia de Heráclito. Outro texto que julgo importante para a ampliação dessa compreensão é o ensaio "Heráclito", de Sri Aurobindo[73].

Sobre os fragmentos, existe uma grande disputa nas traduções, pois a partir das diversas possibilidades de tradução dos termos gregos de Heráclito compreende-se coisas diferentes, pode-se fazer leituras diversas dos ensinamentos. Além do mais, traduções envelhecem, como disse James Hillman, e Heidegger também salienta que "toda tradução é, porém, um recurso provisório"[74]. No Brasil, há uma excelente tradução para o português, que aqui também seguimos, de Gerd Bornhein (1929-2002) – tradutor dos fragmentos de Heráclito, filósofo, professor e crítico de teatro, gaúcho de Caxias do Sul[75]. O conjunto de fragmentos permite então muitas traduções, e cada tradução já é uma interpretação do próprio fragmento.

Esses fragmentos soam muito interessantes exatamente porque são enigmáticos. Costumo dizer que eles funcionam como *koans* para a mente ocidental. Você lê aquilo e medita sobre o seu sentido. E aquele sentido vai se desdobrando, e à medida que mais medita, mais descobre sentidos e amplia as compreensões. Por exemplo, alguns dos mais conhecidos: "O caminho para baixo e o caminho para cima é um e o mesmo" (Fragmento 60); "A natureza ama ocultar-se"

---

[72] HEIDEGGER, M. *Heráclito*: a origem do pensamento ocidental; *lógica*: a doutrina heraclítica do *logos*. Tradução de Marcia Sá Cavalcante Schuback. Rio de Janeiro: Relume Dumará, 1998.

[73] AUROBINDO, S. "Heraclitus". In: *The Complete Works of Sri Aurobindo* – Vol. 13: Essays on Philosophy and Yoga, Pondicherry. Sri Aurobindo Ashram Publication Department, 1998.

[74] HEIDEGGER, M. *Heráclito*: a origem do pensamento ocidental... Op. cit., p. 62.

[75] BORNHEIM, G. *Os filósofos pré-socráticos*. São Paulo: Cultrix, 1977.

(Fragmento 123); "A harmonia (conexão) invisível é mais forte do que a visível" (Fragmento 54). E há o Fragmento 45, que Hillman usa para sua indicação do que é a alma, e ao qual Wolfgang Giegerich dirigiu uma análise importante[76]. Hillman cita esse fragmento como uma das bases de sua psicologia, em *Re-vendo a psicologia*, e o fragmento diz o seguinte: "Mesmo percorrendo todos os caminhos, jamais encontrarás os limites da alma, tão profundo é o seu *logos*" (Ακόμα κι αν περνάτε από όλα τα μονοπάτια, ποτέ δεν θα βρείτε τα όρια της ψυχής, τόσο βαθύ είναι ο όγος σας).

Neste Fragmento 45, segundo Hillman, alinham-se, pela primeira vez na história da psicologia e do pensamento, três ideias importantes. Esse alinhamento "funda" para nós uma psicologia, que está nessas três palavras – psique, profundidade e *logos*: ψυχή, βαθύ, όγος. O fragmento diz: "Não encontrarás os limites da alma (psique, ψυχή) tão profundo (βαθύ) é seu *logos* (όγος)." *Logos* (όγος): o seu arranjo, como o seu discurso, como narrativa, no sentido inclusive de logística, de como alguma coisa está arranjada. Então, essas três ideias emitidas por essas três palavras são alinhadas na mesma frase: isto quer dizer que a psique é um *logos* profundo (ψυχή, βαθύ), ou seja, na interpretação de Hillman pode-se definir a alma pela *profundidade*; isto é, a dimensão específica da alma é a profundidade – não é a extensão, não é a altura, não é a largura, não é a densidade, não é nenhuma dessas coisas. Bem, isso dá margem para muitos desdobramentos e muitas reflexões: estar na alma é aprofundar-se. Todas as vezes em que me aprofundo em alguma coisa, estou na alma, "fazendo alma", ou "em busca da alma"; e "já estou almado"[77].

---

[76] GIEGERICH, W. "Is the Soul Deep? – Entering and Following the Logical Movement of Heraclitu's 'Fragment 45'". In: *Spring 64 – A Journal of Archetype and Culture*, Woodstock, Conn.: Spring Journal, 1998.

[77] Heidegger discute o Fragmento 45 e afirma que, por outro lado, "[...] o fragmento de Heráclito parece querer dizer que o conceito de alma é tão profundo que nenhuma investigação ulterior no campo da *psyche*, ou seja, da psicologia, pode alcançar êxito, pois jamais alcançará os confins da alma e dos que nela se delimita e 'define', devendo

Se estou numa briga com meu companheiro, minha mulher, meu pai, meu amigo, por exemplo, tenho uma questão com eles e de repente paro e me pergunto: "Por que esta briga ocorreu, será que eu estava bem naquele dia, será que foi ele (a pessoa) que me agrediu? Qual o sentido disso?" Se eu paro o "curso do tempo" e inicio uma reflexão, no sentido do instinto da *reflexio*, como dizia Jung[78], isso é aprofundar-se – você não está mais no automático, não está mais no inercial do fluxo dos eventos. Então, inicia-se um movimento de aprofundamento – é isso que define a alma: algo que me permite fazer isso, e que, ao fazê-lo, está fazendo alma. É isso que está sugerido, para nós, no fragmento de Heráclito.

Existe um verso muito interessante que entra bem aqui, de um poeta brasileiro, o gaúcho Mario Quintana (1906-1994), que se pergunta: "O que é a alma? A alma é essa coisa que nos pergunta se a alma existe". A alma é aquilo que nos leva à profundidade, para a descoberta de níveis mais profundos, menos aparentes dos eventos.

Podemos perceber isso do ponto de vista de um exemplo bastante banal: digamos que eu brigue com meu pai a respeito de uma vaga no estacionamento do prédio, pois combinamos que é uma vaga só e que então nas terças-feiras ele para, e nas quintas-feiras, eu paro. Chego na quinta-feira e o carro dele está lá. Subo e tenho então uma

---

manter-se, por isso, sempre indecisa. Toma-se, assim, o fragmento de Heráclito como o testemunho mais antigo das dificuldades assumidas pela psicologia e por toda auto-observação psicológica. [...] Mas este fragmento de Heráclito não diz nada a respeito dos limites e das dificuldades da pesquisa psicológica. Aliás, seria impossível, não somente porque os primeiros pensadores gregos, como a totalidade do mundo grego, jamais conheceram a 'psicologia'. [...] A concepção de homem como 'sujeito' e como subjetividade é inteiramente estranha para o mundo grego. Por isso, não apenas não ocorre, como não pode ocorrer uma 'psicologia' no mundo grego" (HEIDEGGER, M. Heráclito: a origem do pensamento occidental... Op. cit., p. 294-320).

78 JUNG, C.G. OC 8, § 241-243: "Reflexio é um voltar-se para dentro, como resultado de que, ao invés de uma ação instintiva, surja uma secessão de conteúdos derivados ou estados que podem ser intitulados como reflexão ou deliberação. [...] A riqueza da psique humana e seu caráter essencial são provavelmente determinados por esse instinto reflexivo".

briga com meu pai: "não tínhamos combinado que às quintas-feiras era eu, por que você colocou o carro lá?" Então, esse é um evento. E vou para a terapia e me queixo: "está insuportável a minha relação com o meu pai! Ele não obedece aos nossos acordos! É impossível lidar com um sujeito desses! Nós não temos diálogo!" A terapia pode morder essa isca, e tentar administrar essa relação. É o nível mais superficial, digamos, da história, mais egoico, por assim dizer. Mas, se estou na alma, faço um movimento de aprofundamento: é claro que não é pela vaga do estacionamento que essas duas pessoas estão brigando, é por uma "vaga" no mundo, na vida – é uma disputa entre pai e filho, velho e novo, é o pai não deixando o filho ter o seu lugar no mundo. Então, se você aprofunda uma discussão, a partir da metáfora, se você enxerga essa cena do ponto de vista metafórico, isso tudo é lançado num segundo plano, naquilo que Hillman chama de "sub-sentido", aquilo que está por trás das aparências, que está no mais fundo, que é a verdadeira discussão e que é a verdadeira meditação na prática de uma psicoterapia. Não adianta você ficar organizando a relação desses pai e filho – aí você chama o pai e faz uma sessão conjunta para separar bem as terças das quintas-feiras, para colocar a coisa funcionando direitinho, fazê-los dialogar e negociar e se entenderem nesse plano. Isso é a psicologia do ego; aconselhamento; ou, administração de empresas, administração de um empreendimento que é a relação entre essas duas pessoas. Mas não é análise, não é psicologia.

Voltando a Heráclito, esse Fragmento 45 tornou-se muito importante porque então uniu essas três ideias para nós pela primeira vez. E, desde Heráclito, pelo menos na linha de pensadores e de psicólogos que desemboca no século XX em C.G. Jung, vamos seguindo esse alinhamento: alma-*logos*-profundidade.

Nessa cena banal e simplória que estou usando como exemplo entra ainda, se quisermos, um outro fragmento de Heráclito, que é um outro ensinamento psicológico, quando ele diz: "A natureza ama ocultar-se" (Fragmento 123) – que também tem disputa de traduções para a palavra "natureza". Alguns tradutores, ou filólogos, preferem traduzi-la como "essência". O ensinamento seria: "A essência real das coisas ama esconder-se". Então, à luz dessa filosofia, que é uma psicologia, essas conexões visíveis que estamos acostumados a entender e a enxergar não são as essenciais. A essência das conexões reais está inconsciente – e não é isto o que Freud descobriu? É a descoberta da psicanálise, quanto à questão do trauma: não é o que a criança via, mas a fantasia inconsciente que está nela.

Assim, entendemos que em fragmentos como esses – "A natureza ama ocultar-se", ou "A essência real das coisas ama esconder-se" – o que está dito é que há uma tendência, um "amor", das coisas essenciais para não estarem explícitas. É por isso que vamos em busca do nível inconsciente. Não interessa o que a pessoa está falando, interessa a fantasia inconsciente que está por dentro do que a pessoa está falando. A primeira conexão não vale, geralmente não vale.

Isso é algo, também, delicado, pois pode levar a conclusões, a nosso ver, um pouco inadequadas. Entender, como queremos entender a partir do fragmento de Heráclito, que a primeira conexão não é a que vale – esse tipo de fantasia, pois isso também é uma fantasia psicológica – pode desembocar, na psicanálise por exemplo, numa postura bastante "paranoide": você me diz, "bom dia!", mas não é bom dia que você quer me dizer – o que você quer me dizer está "por trás" do bom dia. Somos levados a todo um empreendimento psicoterapêutico de desconfiança, de espionagem, de decifração – aquilo que está descrito na teoria como "conteúdo manifesto" e "conteúdo latente". Na psicologia junguiana, não trabalhamos nessa linha, não mordemos essa isca. A melhor maneira de se compreender o fragmento – "a natureza ama ocultar-se" – talvez seja que não há uma coisa "por trás" do que você está dizendo, mas de que há uma coisa "por dentro" do que você está dizendo. Isso não é uma simples troca de palavras, é uma troca de postura. O "há uma coisa por trás do que você está dizendo" incita um imaginário paranoide na psicoterapia: "não é isso, estou sendo enganado, preciso ir atrás do verdadeiro sentido da coisa".

Quando falamos, "há uma coisa *por dentro* do que você está dizendo", é diferente, incita um outro tipo de imaginário, aquele do mistério, do aprofundamento, de entendermos que há numa fantasia por dentro dos fatos que arma e estrutura os fatos que estão aparentes. Sim, a primeira conexão não é a que vale, mas não é que estou sendo enganado – a psique não engana, porque a psique se apresenta, se mostra. A psique se mostra o tempo inteiro. Mas há esta tensão – "a natureza ama ocultar-se" e a "psique se mostra o tempo inteiro". A psique, segundo essa concepção das coisas, e para usar um termo de James Hillman, é *display*, uma palavra difícil porque não há tradução adequada para o português, talvez "mostruário". É uma palavra forte, evocativa, interessante na língua inglesa – indica aquilo que está à mostra, que quer se mostrar. A psique funciona desse modo; tudo na psique está à mostra, mas ao mesmo tempo está escondido, ou seja, é preciso olhos para ver, como nos sonhos.

Temos um entendimento no qual não existe conteúdo oculto e nem manifesto, o que existe é *conteúdo*. O que está manifesto já é a coisa, mas ela precisa ser encontrada com olhos ou linguagem que a perceba: o escondido está à mostra, o fundo na superfície.

A superfície da alma – a alma está aparente. Isso é muito interessante: trabalhar com algo que entende-se estar *por dentro* do que está sendo dito e que está ao mesmo tempo sendo apresentado em sua aparência. E, mais importante, quando uma coisa está por dentro da outra, ela é sua sustentação. Então convocamos um outro imaginário para o trabalho. Faz toda a diferença. A "casca dura dos eventos" e o "miolo mole das fantasias" concomitantemente.

A casca dura, chamamos "problema": essa é uma ideia importante em psicoterapia, a nosso ver, pois aquilo que é a casca dos eventos está, na verdade, sustentada, por dentro, por uma *fantasia inconsciente* – uma ideia, uma imagem que tenho e que não sei que tenho, um arquétipo. É aí que temos de ir. Essa é a essência. O importante é encontrar a fantasia por dentro dos eventos.

Então, quando Heráclito diz "a natureza ama ocultar-se", trata-se de um jogo paradoxal, porque ao mesmo tempo que ela oculta, também mostra, esconde e também torna aparente para quem quiser ver. *Display* traz uma ideia interessante de alma: a alma quer se mostrar, ela quer refletir-se nas suas imagens. Ela está falando o tempo todo, nos sintomas, nas histórias, nos sonhos, nas fantasias, nos desejos, na roupa que visto, no jeito que me apresento, na escolha das palavras, na escolha da minha linguagem, do meu discurso – em tudo isso há a alma se mostrando, refletindo-se nas imagens que produz espontaneamente. Ela assim exige um trabalho que vai encontrá-la nesse nível em que tudo está à mostra.

Mas não é porque está à mostra que está visível. É preciso ter sentidos para ver. Paradoxo, não contradição.

A ideia, então, é que existe uma "casca das coisas", à qual chamamos de "problemas", e é isso que levo ao analista: "Doutor, estou com este problema". Mas aquilo que se me apresenta e que estou entendendo como um problema – que é uma compreensão bastante pobre, entender os fatos da vida como problemas e não como destino – os gregos entendiam como "tragédias", que é a inexorabilidade do destino. Simplificamos tudo isso e falamos que "estamos com um problema". Um problema convoca um imaginário matemático, de solução, de enigma. Percebem o imenso empobrecimento de nossa cultura psicológica?

Os gregos tinham uma cultura psicológica muito mais rica do que a nossa, por isso estudamos sua mitologia, seu imaginário, para escaparmos do enorme empobrecimento que é, por exemplo, chamar as "teias", os "nós", a "rede" e os "enlaces" que o destino dá às nossas vidas de "problemas": "É meu problema de inveja", "É meu problema de baixa autoestima" – percebem esta linguagem?

"Eu tenho um problema de autoestima" – mas o que é isto? São palavrões que não dizem nada, um insulto à alma. Os gregos chamam isso, como sabemos, de tragédias – *Fedra, Édipo, Antígona, Medeia, Hipólito, Bacantes* –, mas não no sentido contemporâneo, como um acontecimento lamentável. Tragédia no sentido da inexorabilidade do destino, daquilo que tinha que acontecer, pois os deuses querem que aconteça e que eu, com isso, me dê conta de algo.

Heidegger chama Heráclito de "o obscuro", que parece ser como ele era conhecido na Antiguidade[79] – e não é possível fazer psicologia numa luz que não seja obscura. Hillman também aponta que a psicologia é feita numa luz obscura – o que é um paradoxo novamente, uma contradição em termos: uma "luz obscura":

> O desejo da alma, aquele que guia seu trabalho, parece ser o de conhecer-se e refletir-se nas imagens que a constituem. Ela age ao modo de metáfora: transpõe o significado e liberta o sentido interior dos eventos. Movimento envolto em uma luz escura[80].

Em seu livro *Os sonhos e o mundo das trevas*[81], Hillman constrói um pensamento original com relação à realidade psíquica e ao trabalho com sonhos que está inteiramente montado num diálogo com Heráclito. Os fragmentos vão aparecendo ao longo do texto, e o pensamento de Hillman dialoga com eles. Quem ensina a Hillman como olhar para os sonhos é Heráclito: ou seja, mais de 2.500 anos depois, ele ainda está nos ensinando a olhar para os nossos sonhos.

---

79 "Heráclito não é o 'obscuro' porque se exprime intencionalmente de maneira confusa. Também não é o obscuro porque toda 'filosofia' parece 'obscura', isto é, ininteligível para o entendimento comum e seu âmbito de visão. Heráclito é o 'obscuro' porque *ele* pensa o ser enquanto o que se vela e tem que pronunciar a palavra de acordo com o que assim se pensa" (HEIDEGGER, M. *Heráclito*: a origem do pensamento ocidental... Op. cit., p. 47).

80 HILLMAN, J., apud DONFRANCESCO, F. *No espelho de psique*. São Paulo: Paulus, 2000, p. 50.

81 HILLMAN, J. *O sonho e o mundo das trevas*. Tradução de Gustavo Barcellos. Petrópolis: Vozes, 2013.

1.8 Pornografia: Afrodite-Príapo

Agora, vamos examinar brevemente a "Loucura cor-de-rosa", as linhas principais do que nos diz o famoso ensaio de James Hillman[82].

Primeiramente, há uma questão estilística muito interessante no texto. Não só ele começa dessa forma, mas em vários momentos ele é escrito na primeira pessoa. Então temos a própria deusa falando. É um jeito de fazer psicologia que personifica o assunto que está estudando. Há algo de teatral nisso também, porque remete ao diálogo, à encenação. Assim, no primeiro momento do ensaio, temos a "Queixa de Afrodite", onde ela expõe seu caso.

Ainda pensando dentro dessa égide do par Afrodite-Ares, e das suas respectivas loucuras/paixões, Hillman chama Afrodite de "a loucura cor-de-rosa" – do amor, da paixão e da beleza. Ares então seria, podemos dizer, "a loucura vermelha" – do sangue, da raiva, da guerra. Temos o entrelaçamento de duas loucuras, a loucura vermelha e a loucura cor-de-rosa.

Temos de compreender o que Hillman está chamando de loucura cor-de-rosa, e o que isso tem a ver com a pornografia. No primeiro momento, Hillman está fazendo a deusa dizer que, como ela foi banida, aviltada, afrontada e excluída da civilização, ou de uma ideia de civilização, ela então fica furiosa. E retorna, porque todo reprimido retorna, irada. A maneira que ela tem de dispensar a sua vingança, de enlouquecer os homens, é através daquilo que chamamos de pornografia – o que também precisa ser examinado corretamente. Ele, com isto, quer dizer que ela retorna "pornografando" todas as coisas. Esse é seu método, sua loucura e sua re-volta. Ela pornografa, isto é, traz para um ambiente excitado sexualmente os itens que estão no consumo, os produtos da sociedade de consumo. Então, ela

---

82 HILLMAN, J. "Loucura cor-de-rosa ou por que Afrodite leva os homens à loucura com pornografia?" *Cadernos Junguianos*, 3, nov./2007. São Paulo: Associação Junguiana do Brasil, 2007.

passa a enlouquecer os homens com pornografia, com excitações, não só a pornografia literal, de imagens sexuais obscenas, mas tornando obscena, por exemplo, nossa relação com o queijo cremoso, a viagem às praias baianas, o carro, o *jeans*, o anel, o sapato, a caneta, o copo de leite, o iogurte desnatado, os corpos – todas essas coisas que nos são apresentadas pela sociedade de consumo e que, segundo essa linha de pensamento, estão hoje "pornograficamente" apresentadas, pois estão apresentadas para a excitação que leva ao consumo de forma literalmente sensual, sedutora e bela – pornografia pura, feita na intenção de provocar "ereções", excitações na mente.

O mundo do consumo, a que chamamos de "sociedade de consumo", e que é uma forma moderna de nos entendermos, é algo muito recente na história da humanidade, e institui um tipo determinado de doença ao qual chamamos de *consumismo* – 'ismo', lembremos, é o sufixo para doença. Lembremos que onde houver esse sufixo ligado a alguma coisa, será a versão doente da coisa: narcisismo, por exemplo – Narciso não é doente, é uma figura mítica importante, um aspecto da alma, é uma maneira que a alma tem de se ver, de se amar. Aquele palavrão que a psicologia hoje em dia utiliza para se referir a um determinado tipo importante de amor, "autoestima", a mitologia chama de Narciso. Narciso é diferente de narcisismo. É o amor-próprio. Assim, a psicologia também chamou esta deusa, Afrodite, com os mais diversos palavrões: "*jouissance*", "libido", "transferência erótica", "trauma sexual" – esses termos horrorosos que não fazem justiça à deusa, que afrontam a deusa. Esses termos não honram, não dignificam aquilo que foi entendido por todas as civilizações como uma deusa – é Afrodite, Oxum, Ísis, Ishtar, Inanna, Astarte, Vênus. Essa deusa está em todas as culturas, com nomes e aspectos diferentes. (No entanto, aqui também é necessária uma observação importante: a meu ver, em última análise é perigoso e inadequado comparar ingenuamente divindades de diferentes tradições de modo direto, pois elas não cobrem exatamente, e de forma mecânica, a mesma área de experiências.) As diversas culturas honraram a deusa, sabem que estão diante de um poder extra-humano, extra-mundano, extra-ordinário, e assim há uma relação de respeito.

Pois bem, não há nenhum problema em consumir coisas; estamos, na verdade, sempre consumindo coisas. Mas existe uma "doença do consumo" – o consumismo – e, em nossa sociedade, essa experiência está completamente dominada pela ira dessa deusa, que opera sua grande vingança especificamente nessa área. Ela volta pornografando, sensualizando tudo – essa doença, para a psicologia arquetípica, chama-se "loucura cor-de-rosa".

Essa é uma discussão delicada, pois entende que Afrodite usa o recurso de enlouquecer os homens por meio daquilo que é seu atributo íntimo: o desejo. E o nome do desejo enlouquecido, em nossa cultura, é "pornografia", em qualquer campo. Então ela pornografa as coisas todas dos humanos. Mas a pornografia em si não é uma doença, ao contrário, tem a ver com imaginação, com o despertar das imagens, com fantasias e tudo dentro delas. Hillman move-se num terreno muito delicado aqui, porque não podemos cometer o erro de condenar a pornografia.

Hillman: "Devido às suas presenças, eu não posso apoiar qualquer censura que seja. Eu sou obrigado a validar toda a pornografia com base na sua importância para a ressurreição da imaginação arquetípica"[83]. Por que ele diz isso? Pornografia são imagens, e se imagem é alma, como afirma Jung – "psique é imagem" (*OC* 13, § 75) – também na pornografia estamos na alma.

Então, aprendemos que o que está por dentro da questão da pornografia é a imaginação: "uma ressurreição da imaginação". Há, em nossa cultura, um medo da imagem, um ataque à imaginação. A imaginação, dizem os filósofos, é "a louca da casa"; assim, ela é o que atrapalha, aquilo que não é confiável. O projeto iluminista,

---

[83] Ibid., p. 32.

iluminado, do racionalismo, dos últimos 200-300 anos, de um sujeito racional, adulto, lógico e coerente, não pode admitir a imaginação. A imaginação é o fracasso desse projeto. Assim, não devemos escutar a imaginação. Isso quer dizer que não devo escutar os sonhos, as fantasias, as intuições, a imaginação.

A própria história do cristianismo vai se afastando das imagens, até os protestantismos mais recentes, que são uma eliminação total das imagens. Há, portanto, em nossa cultura, um afastamento progressivo da imagem. A imagem e a imaginação são tidas como "perigosas", diabólicas.

O que está na pornografia é então uma ressurreição da imaginação, uma atividade que nos conecta com a alma. Porém, ela também é uma loucura, pois carrega a deusa irada. "Pornografar" o queijo cremoso é a vingança da deusa, sua "declaração de guerra": "Você vai desejar o queijo cremoso como nunca desejou nada em sua vida!" É a raiva, a ira, é guerra; miticamente falando, é Ares dentro de Afrodite. Ela declarou guerra. E está ganhando. Quanto mais s*hopping centers*, mais ela estará ganhando.

Ela cria o deus da imaginação pornográfica, que é filho dela, um de seus meninos, Príapo, filho de Afrodite e Hermes. E Príapo é o bizarro. Príapo é uma atividade do excesso. É o deus da fertilidade e das plantas. Ele é jardineiro – fazer as coisas "na moita". Karl Kerényi: "Afrodite dera à luz um filho tão monstruoso – com uma língua imensa e uma barriga portentosa, uma criatura excessivamente fálica e, na verdade, fálica por trás (coisa que se dizia também de Fanes) – que o lançou de si, abandonou-o e renegou-o"[84]. Ela renega o filho:

> A causa atribuída ao nascimento ilegítimo foi a inveja ou o ciúme de Hera (tema barato e, sem dúvida, nada antigo). Dizia-se que Hera aplicara ao corpo de Afrodite grávida um toque mágico, malfazejo. Um pastor encontrara o

---

84 KERÉNYI, K. *A mitologia dos gregos* – Vol. I: A história dos deuses e dos homens. Tradução de Octavio Mendes Cajado. Petrópolis: Vozes, 2015, p. 159.

monstro e compreendera que a posição peculiar do seu órgão fálico – em outras palavras, a característica que não era apenas fálica, senão também hermafrodita – aproveitaria à fertilidade das plantas e animais[85].

Hillman também explora como a sexualidade penetra mal no casamento. E os primeiros cristãos sabiam disso, sabiam que a melhor maneira de você abafar o instinto sexual, que era tido como demoníaco, é com a instituição do casamento. É só casar que as coisas esfriam, aí você vai para o *shopping center*. O ciúme entre Hera e Afrodite cria uma criatura bizarra, Príapo, que não entra dentro de casa, fica no jardim, fica fora – jardim como metáfora para os instintos. Ele não entra no recinto do casamento. A imaginação libidinosa, lasciva, sexualizada fica fora; não entra na sala de estar, na mesa de jantar, na família[86].

Jardim é a intersecção entre natureza e cultura, instinto e imaginação; é exatamente aí que está o reino de Príapo. Mas o jardim é, na verdade, natureza cultivada – natureza com cultura, controlada, domada. Pan fica na floresta, na natureza selvagem, psicologicamente é uma camada mais profunda, mais inconsciente. Pan refere-se a algo que está muito mais distante de nós, os instintos mais profundos, cegos e invisíveis. Pan é das cavernas, seu reino é cavernoso, são os instintos que estão dentro de cavernas dentro de nós. Portanto, muito mais poderosos por um lado, e muito mais escondidos, inaparentes, por outro[87]. No jardim de Príapo aparecem coisas que você plantou – você domina, há estilos, você desenha: jardim barroco, jardim renascentista, neoclássico, francês, o rigor do jardim japonês. É a cultura em sua intersecção com a natureza. Sim, pode nascer o que você não plantou, mas você vai decidir se aquilo compõe o jardim

---

85 Ibid., p. 159.
86 Cf. OLIVA NETO, J.A. *Falo no jardim*: priapeia grega, priapeia latina. Tradução do grego e do latim, ensaios introdutórios, notas, iconografia e índices de João Angelo Oliva Neto. Cotia/Campinas: Ateliê/Unicamp, 2006.
87 Cf. HILLMAN, J. *Pan e o pesadelo*. São Paulo: Paulus.

ou não. Na floresta é diferente. O jardim é imaginação. O poder da imagem que está em Príapo é, ao mesmo tempo, o poder do instinto.

> Contei a história de Príapo, do dedo de Hera na barriga de Afrodite, de sua exposição e marginalização, de forma a mostrar a maldição arquetípica no priápico, e consequentemente em toda a consciência imagética vigorosamente ereta, aquela excitação ou despertar da imaginação que a pornografia tenta realizar. Ela é culpada pela violência masculina, pelo espancamento de esposas, excessos sexuais e distorções não naturais, degradação de mulheres, molestação de crianças, estupros... toda esta argumentação é parte da maldição atribuída ao priápico por Hera e por seus agentes no domínio do doméstico, do comunitário, do social[88].

Há o "dedo de Hera" em cada estupro, há o dedo de Hera em cada violência contra a mulher. Este é um modo arquetípico de se entender a violência contra a mulher, e até mesmo o feminicídio: aqui, é mulher contra mulher.

Hillman está lendo a imagem mítica, não é interpretativo, do ponto de vista de uma hermenêutica psicanalítica, que tira conclusões para além das imagens. Ele só lê a imagem. É um exercício dificílimo, mas que ele está nos ensinando – é o que deveríamos fazer com os sonhos que ouvimos e com os discursos que escutamos: procurar a imagem. Mas não sabemos ler imagens, queremos interpretá-las e dar um sentido que, muitas vezes, não está lá, já é uma abstração, uma ideia longe da imagem. Hillman, nessa questão da mitologia, está nos ensinando a ler imagens – dentro da orientação geral de Rafael López-Pedraza: "fique com a imagem". Você olha um da Vinci, um Picasso, um Miró, um Basquiat e você não interpreta – apenas permite que aquilo lhe diga algumas coisas.

> De acordo com algumas narrativas, Príapo era um "irmão" de Hermafrodito. Diziam que ambos nasceram de Hermes e Afrodite. Mas outros dizem que Príapo foi

---

88 HILLMAN, J. "Loucura cor-de-rosa, ou por que Afrodite leva os homens à loucura com pornografia". Op. cit., p. 16.

gerado por Dioniso; outras narrativas falam que até por Zeus, diretamente. Achar o pai nunca é fácil, até mesmo entre os deuses[89].

"Achar o pai nunca é fácil": que afirmação contundente! Portanto, é muito mais fácil achar a origem do que você é, ou seja, a mãe, do que aquilo que te paternaliza ou orienta, que te dá contorno, forma, ou seja, o pai. A mãe, isto é, a maneira como nós nos cuidamos ou não nos cuidamos, é evidente, fácil de ver. Mas o que é o pai? O pai é aquilo que nos paternaliza, ou seja, os princípios, os valores, as ideias que nos constituem, nos formam, formam nossa filosofia de vida, os limites que colocamos para as coisas: "Isto eu não quero! Aquilo eu quero! Isso eu não aceito, isso eu aceito!" – toda essa jogada do que é aceitável e do que não é aceitável tem a ver com o pai, com princípios morais, regras, tem a ver com uma ética e uma moral que você tem, mas que, muitas vezes, não sabe que tem. Todos estamos fazendo escolhas o tempo todo, e as fazemos a partir de um *ethos*, de uma ética. Ética em psicologia, a meu ver, chama-se "pai".

Há um fragmento de Heráclito que coincide com isso, o fragmento 119: "O caráter é o destino de cada homem". Caráter, originalmente em grego, é *ethos*, que dá em nossa palavra "ética"; e o que está traduzido como "destino", em grego é *daimon*. Ou seja: sua ética, a maneira como você conduz sua vida, por que faz as escolhas que faz entre o que acha certo e errado, isso faz o seu destino. O seu destino é o resultado da sua ética. Isso não é mais filosofia, isto é psicologia junguiana. *Ethos* é *daimon*. As suas escolhas éticas, o que entra e o que não entra no seu baralho, resultam no seu destino.

Achar o pai nunca é fácil – achar o *ethos* nunca é fácil. De certa forma, estamos na terapia para achar nosso *ethos*:

> A localização da sexualidade priápica numa zona de meretrício é a literalização de um domínio mítico. O jardim de Príapo continua do lado de fora da casa, até mesmo

---
89 Ibid., p. 12.

se mudado para uma loja pornô urbana. A imaginação perversa – e vocês devem se lembrar que uma das marcas do priápico é o pênis entortado para trás, uma metáfora, é claro, e não simplesmente uma curiosidade física – não pertence a uma casa onde os trançados da imaginação são para serem endireitados. O domínio de Hera é o local onde o fogo é resfriado, seguindo o dito de São Paulo de que é melhor casar do que queimar. A pornografia pode acender as imagens que dormem no arrepio da tranquilidade doméstica. Quando a pornografia entra em casa, ela parece burra, novamente de acordo com o mito. Porque uma história conta que Príapo invade a casa para tomar Héstia, que descansa em frente da lareira, um asno relincha, acordando-a para que ela possa se defender. Príapo não é um ser doméstico. Pornografia não pode ser segura e sã; ela não pode conformar-se aos valores da família. No entanto, este mesmo asno é também o centro dos mistérios da psique para Ísis, conforme descrito por Apuleio em *O asno de ouro*[90].

Aqui temos a importância da pornografia para o despertar da imaginação. E, se a imaginação é a alma, a pornografia é um caminho para a alma. Afrodite usa a pornografia para nos enlouquecer, para pornografar tudo, como uma espécie de vingança. Ela usa suas armas. A pornografia está nela, é dela. No entanto, ela gera um ser priápico – que arquetipicamente tem a ver com a imaginação pornográfica. O priápico, o pornográfico está dentro dela também.

Mas uma coisa é pornografar a sexualidade, ou ter uma experiência com a sexualidade pornograficamente. Outra coisa é pornografar o queijo cremoso. Eu entendo que ele está fazendo essa distinção, está distinguindo esse nível de doença, que ele chama de "loucura cor-de-rosa" como um modo de enlouquecimento. A pornografia não é uma loucura, não é um enlouquecimento. Mas tratar o seu carro de modo sexualizado, ter um orgasmo porque você comprou aquele carro, isso é doentio. Ter um orgasmo porque comprou uma

---

90 Ibid., p. 15.

bolsa! E é diferente de apreciar a beleza da bolsa ou do carro – que é o nível que Afrodite traz, o prazer naquilo. Mas há uma "pornografização" disso tudo.

Sabemos que Afrodite é o nível atraente de todas as coisas, o "sorriso do mundo". É claro que uma bolsa linda sorri para você; o carro novo sorri para você; o queijo cremoso sorri. Há um "sorriso", há um convite ao prazer em tudo isso. Mas isso tudo pode entrar no nível pornográfico, e estar pornografado já significa que estamos numa loucura cor-de-rosa, estamos dentro de uma doença, que perde a própria experiência de beleza, significa que a deusa se tornou doença – "os deuses tornaram-se doenças", como diz Jung (*OC* 13, § 54). Aí perdemos essa relação prazerosa com a bolsa. Uma bolsa Chanel é uma conquista da civilização, é bela! É obra de uma mulher extraordinária. Desperta o prazer, a alegria. É o sorriso do mundo.

O que as pessoas, em sua maioria, fazem nos finais de semana? Elas vão para os *shopping centers*, aos milhares. É como ir a um templo, fazer um exercício religioso. Mas é um templo decaído. Comprar; e se não comprar, ao menos adorar, desejar, querer, masturbar-se mentalmente com o desejo de ter. Os americanos chamam isso de *window shopping*. A força dessa raiva da loucura cor-de-rosa é proporcional ao abandono da deusa. Esse é o exercício religioso de todos os finais de semana da maioria das pessoas, no mundo inteiro. Tecnicamente, é um ritual, mas não é um ritual dignificado. Tem todos os ingredientes de um ritual: regularidade, lugar fechado, sacerdotes, sacrifício – todos os ingredientes para se ter uma experiência de alteração de consciência estão presentes. Portanto, é religioso, no sentido estrito do termo.

Qual deusa está mais presente, que chama milhares de pessoas para o seu templo? Todos os deuses estão aí, sem dúvida alguma os deuses estão entre nós. Eles não foram embora. Mas alguns deuses estão mais presentes. Estamos acostumados a compreender que os deuses que estão mais presentes hoje em dia são estes: Ares, Afrodite e Hermes. Devemos imaginá-los.

2
Hermes e Héstia

comércio • informação • hipercomunicação • globalismo •
caminhos • lar e lareira • foco • identidade • lugar

> *Imaginar em pares e casais é pensar mitologicamente.*
> JAMES HILLMAN. *Anima, anatomia de uma noção personificada.*

2.1 Rede politeísta

Nossos estudos de psicologia da mitologia não são sobre mitologia num sentido estrito. Estamos estudando os *insights* que podemos ganhar ao observarmos as figuras míticas, ao considerarmos as histórias das relações entre os deuses, ao refletirmos sobre os seus movimentos, ao nos dedicarmos às suas imagens – porque são todas imagens, imagens arquetípicas. Olhamos para os deuses, pois eles nos apresentam, como James Hillman gostava de insistir, "estilos de consciência", ou ainda, na expressão de Jean-Pierre Vernant, "espaços mentais".

Os mitólogos falam dos deuses como potências, e com isso certamente querem dizer aquilo que gostamos de nos referir como "arquétipos", modos de ser e de funcionar. Os deuses presidem sobre áreas da existência, vamos dizer assim, áreas da experiência do ser e do não ser; mas isso ainda não é muito exato: os deuses não são pedaços da realidade, eles são, cada um, uma realidade inteira ou um cosmos. Então, um deus é um mundo todo, e estudamos e olhamos para essas imagens em busca do que elas podem nos dizer a respeito de nós mesmos e dos mistérios que nos envolvem. Eles são, e Hillman também sempre insistiu nisso, "metáforas".

Encaramos os deuses como imagens arquetípicas, não teologicamente, ou seja, como positividades metafísicas, como se fossem existências – eles são existências "como se"; são existências metafóricas, que nos entregam imagens, nas quais podemos nos ver refletidos. É claro que um deus é uma teia de relações, de histórias, de narrativas. Mas cada deus tem "núcleos de significado", "núcleos dramáticos", onde encontramos propriamente a psicologia que queremos. Esses núcleos se dão ou aparecem, normalmente, em pares ou em tríades, como já referimos várias vezes.

O politeísmo, tanto do ponto de vista religioso quanto do psicológico, que é o que mais nos interessa, é como uma teia, como venho insistindo, e se caracteriza justamente por exibir uma rede de relações. Para a nossa perspectiva, isso tem interesse psicológico maior. Estudar os deuses isoladamente como estátuas de mármore num museu é uma atitude antipoliteísta, antimítica. Estamos dentro de uma visão específica de psicologia, de psicoterapia, que é entender que as grandes questões aparecem de forma mais clara ou nítida nas relações. As pessoas quase sempre trazem, para o trabalho psicológico, histórias de relações. Tanto as relações externas quanto as internas.

Pois bem, se quisermos, de fato, assumir com James Hillman uma psicologia politeísta, uma psicologia descentralizada, ou multicentralizada, da diversidade, entendendo que nos movemos por diversos "centros temáticos" na vida, e se quisermos praticar uma psicologia politeísta a partir dessa visão, a ênfase recai sobre a rede, a rede politeísta. Portanto, a ênfase (re)cai nas relações[91].

O que é a mitologia politeísta de qualquer cultura senão uma coleção de histórias de entrelaçamentos? Não são histórias de "lobos solitários", histórias de personagens únicas na sua peregrinação desacompanhada; são histórias de relações, de implicações, onde aparecem todos os matizes dessas relações, que são os sentimentos e comportamentos humanos: ódio, disputa, competição, ciúme, alegria, amor, atração, decepção – aquilo que é, para nós, a matéria-prima do trabalho psicológico, do fazer alma.

E um deus é também um espaço mítico: há deuses da cidade, há deuses do campo, deuses da floresta, deuses da caverna, deuses dos picos, deuses do mar, e assim por diante. Isso é muito rico psicologicamente; são coleções de metáforas que nos entregam informações psicológicas bastante complexas, de uma forma muito nítida, por meio de imagens. A grande vantagem de uma "psicologia mítica", falemos assim, é que é uma psicologia feita por imagens, não por conceitos. Então, para nós, essa é uma grande vantagem, na medida em que entendemos, com C.G. Jung, que "psique é imagem". Os deuses não são conceitos, não são abstrações, processos abstratos, como normalmente encontramos nas psicologias profundas, nas psicanálises, conceitos difíceis como energia psíquica, libido, regressão, progressão, sublimação, transferência, contratransferência – toda uma linguagem conceitual que pretende nos entregar uma psicologia e que acaba sendo, comparativamente, bastante limitada.

Assim, um deus é também uma geografia mítica/imaginal: o mar, a caverna, o pico da montanha, a cidade, a rua, a encruzilhada,

---

[91] "Conceitos, imagens e ações articulam-se e formam por suas ligações uma espécie de rede na qual, de direito, toda a matéria da experiência humana deve se prender e se distribuir" (George Dumézil, comentando sobre mito, figuração e ritual. Apud VERNANT, J.-P. *Mito e religião na Grécia antiga*. Tradução de Joana Angélica D'Avila Melo. São Paulo: WMF Martins Fontes, 2006, p. 28).

a porta, a casa – tudo isso são imagens das quais extraímos sentidos psicológicos, imagens que localizam experiências.

Agora iniciamos a apreciação de um novo par, que é Hermes-Héstia. É claro que Hermes pareia com muitos outros deuses, com Apolo, Afrodite, Dioniso, Hades, Zeus. Esses todos são pares bastante significativos. E Héstia também pareia com Poseidon, com Apolo, tem uma relação com Hera, num pareamento também muito significativo. Mas é Jean-Pierre Vernant, o grande mitólogo francês, quem afirma, num ensaio famoso, que uma das melhores maneiras de se entender Hermes é olhando para Héstia, e vice-versa[92]. Portanto, esse pareamento entre Héstia e Hermes, que é muito significativo, muito celebrado, oferece muita reflexão psicológica.

Eles guardam uma relação de pareamento, são um *casal* – mas um casal que tem uma relação muito especial, não marital, porque não é da ordem do casamento, nem da ordem da irmandade, ou da oposição. É da ordem da complementaridade – eles formam, de fato, um "casal complementar". Na expressão de Marcel Detienne, "uma dualidade operatória".

Estamos iniciando um estudo sobre esse par e sobre aquilo que ele pode nos dizer a respeito das psicologias sobre as quais preside.

2.2 Hermes e Héstia

Walter Otto tem, é sabido, a melhor evocação jamais escrita sobre Hermes, em seu monumental *Os deuses da Grécia*, de 1929[93]. E há também o grande *Hino homérico a Hermes*, especialmente na bela tradução para o português de Ordep Serra[94]. Essas são, junto ao ensaio de Vernant em *Mito e pensamento entre os gregos* ("Hés-

---

92 VERNANT, J.-P. "Héstia-Hermes: sobre a expressão religiosa do espaço e do movimento entre os gregos". In: *Mito e pensamento entre os gregos*. Rio de Janeiro: Paz e Terra, 1990, p. 189-241.

93 OTTO, W. *Os deuses da Grécia*. Op. cit.

94 HOMERO. *Hino homérico a Hermes*. Op. cit.

tia-Hermes: sobre a expressão religiosa do espaço e do movimento entre os gregos") e à importante monografia de Karl Kerényi sobre o deus[95], as fontes que utilizaremos.

Primeiramente, algumas palavras sobre os *Hinos homéricos*: eles são uma coleção de poemas, de autor desconhecido, que são, pelo estilo, atribuídos a Homero. Essa hinódia funcionava como orações, e apenas 33 desses poemas sobreviveram. São hinos dedicados a 22 divindades: Afrodite, Hera, Deméter, Apolo, Hermes, Hera, Héracles, Asclépio, Ares, Atena, Deméter, Musas, Pã, Gaia, Hélio, Dióscuros, Hefesto, Dioniso, Poseidon, Reia, Selene e Zeus[96]. Em muitos casos, o que restou são apenas fragmentos; o *Hino homérico a Héstia*, por exemplo, que vamos comentar, é composto apenas de duas estrofes. Eles tinham um caráter encantatório, de evocação do deus. Eram textos religiosos, é a própria "literatura religiosa" grega, por assim dizer. Contam sobre o caráter, a história e os feitos dos deuses, com invocações, relatos míticos e preces. O *Hino homérico a Hermes* conta a história do deus, e mostra-nos sua personalidade, sua psicologia, seu modo de ser.

Vamos procurar por uma caracterização desses deuses, tanto de Hermes quanto de Héstia, e da sua relação, o que será feito entrelaçando os dois, a fim de chegarmos com mais instrumentos, com mais ferramentas, para apreciarmos as observações de James Hillman sobre eles.

Tentaremos um caminho que possa ser um pouco diferente do que temos de referência no nosso campo – que é o trabalho inigua-

---

95 KERÉNYI, K. "Hermes, o guia das almas". In: *Arquétipos da religião grega*. Tradução de Milton Camargo Motta. Petrópolis: Vozes, 2015.

96 "De acordo com as evidências atualmente disponíveis, esses poemas anônimos eram parte dos festivais públicos promovidos regularmente pelas póleis gregas e eram declamados pelos rapsodos – declamadores/cantores profissionais – e não cantados, como o termo 'hino' sugere à primeira vista" (RIBEIRO Jr., W.A. *Hinos homéricos*: tradução, notas e estudo. Tradução de Edvanda Bonavina da Rosa et al.. Edição e organização Wilson Alves Ribeiro Jr. São Paulo: Unesp, 2010, p. 40).

lável, inestimável, sobre Hermes, o livro de Rafael López-Pedraza (1920-2011), *Hermes e seus filhos*[97]. Originalmente, esse é um texto de 1977, que depois saiu em edição ampliada; um clássico da literatura junguiana e um dos pilares da literatura de psicologia arquetípica. Aqui vamos tentar uma outra estrada, já para usar termos herméticos, a fim de acessarmos Hermes. Vamos de início usar a referência de Karl Kerényi – seu texto *Hermes, guia das almas*.

Dentro da nossa tradição filosófica e psicológica, é comum fazer um pareamento, após Nietzsche e com grande impacto, entre Apolo e Dioniso – a consciência apolínea e a consciência dionisíaca – como duas principais maneiras de se proceder, que guardam uma certa complementaridade mas, principalmente, uma oposição. Depois de Nietzsche, de seu *O nascimento da tragédia*, entrou na psicologia o hábito de entendermos os fenômenos, e acessá-los, por esses dois caminhos, o dionisíaco e o apolíneo – como se eles fossem excludentes, embora sejam irmãos, e assim se interpenetram de alguma forma. No entanto, com Karl Kerényi há a indicação de um terceiro caminho, o de Hermes, o caminho hermético. Esse deus se interpõe entre aqueles dois, e nos oferece uma terceira possibilidade para compreendermos os fenômenos da existência e os fenômenos psicológicos. Essa é uma via que está mais próxima da psicologia. Kerényi trouxe a sugestão dessa "terceira via", essa terceira alternativa em que se vive a vida, hermética e malandra, que enfatiza a astúcia, e que quebra o dualismo tão importante entre a racional apolínea e a irracional dionisíaca – mas, ainda mais que quebrá-lo, religa esses extremos, cumprindo sua vocação intermediária.

A psicologia junguiana é dita uma psicologia hermética, está sob o signo de Hermes. O deus na psicologia de Jung – como presença espiritual, de estilo, de proeminência, de perspectiva, em

---

[97] LÓPEZ-PEDRAZA, R. *Hermes e seus filhos*. Tradução de Maria Silvia Mourão Netto. São Paulo: Paulus, 1999.

seus livros, em sua escrita e seu trabalho – é Hermes, que esconde e revela ao mesmo tempo. Também as principais fontes de Jung estão sob o signo de Hermes: todo o esoterismo, a alquimia, a astrologia, enfim, um conjunto de saberes tradicionais, que servem inegavelmente de fonte para o pensamento psicológico junguiano, também se dão sob o signo de Hermes, compondo aquilo a que chamamos *a hermética*.

Depois dele, temos evidentemente o referido trabalho de López-Pedraza, que traz isso ainda mais perto: não há como se praticar psicoterapia junguiana se não tivermos um acesso irrestrito a Hermes, diz ele em seu livro. Hermes é o deus, a energia predominante, preponderante na prática da psicoterapia levada a cabo num viés analítico junguiano. Se não tivermos um bom acesso a essa energia, uma boa relação com esse arquétipo, com esse modo de proceder, rigorosamente não se faz psicoterapia junguiana. Trata-se do deus dos caminhos, do deus da transposição possível entre dois reinos, entre a consciência e a inconsciência. Se entendemos a psicoterapia junguiana como um empreendimento no qual devemos fazer as pontes entre consciência e inconsciente, precisamos de uma energia que nos guie, que nos ensine a fazer isso. Essa energia é, tradicionalmente, referida como Hermes/Mercúrio. Está personificada na mítica grega como o deus Hermes que, depois, será o Mercúrio da alquimia.

Tentaremos caracterizar Hermes, o que não é nada fácil por vários motivos: primeiro, porque ele é muito amplo, sua complexidade escapa a toda imaginação que queira defini-lo. Ele escapa, pois é complexo; entretanto, também porque é da sua natureza "escapar", não se deixar prender. Ele é o "livre", "o liberto", não se prende a nada, ele é a própria personificação da liberdade. E mais: liberdade associada à velocidade. Ninguém o pega! É impossível. Alie-se liberdade à velocidade e temos algo muito poderoso e que não se vê: ele é "o invisível"; é tão invisível quanto Hades, divide com Hades aquele capuz da invisibilidade. E aqui temos uma metáfora para dizer que é um deus muito rápido, veloz. Hermes está nos mostrando que velocidade e invisibilidade guardam uma relação misteriosa. Estamos falando dos deuses, mas devemos ouvir com ouvidos psicológicos.

Por outro lado, paradoxalmente, além de ele ser essa energia que é inapreensível e invisível, pois é veloz e escapa, dele é dito, ao mesmo tempo na própria mítica, que é "o deus mais amigo dos homens", o mais próximo dos homens. Walter Otto diz sobre Hermes: sendo o mais amigo dos homens entre todos os divinos, "parece haver nele certa falta de majestade"[98]. Não tem a majestade de um Apolo, de uma Atena, que são considerados deuses que resumem ou encarnam perfeitamente o espírito grego. Ele é aquele que está sempre com você, que vai lhe ajudar. Jean-Pierre Vernant também se refere a isso: "Ao contrário dos deuses longínquos que residem em um além, Hermes é um deus próximo, que frequenta esse mundo. Vivendo em meio aos mortais, em familiaridade com eles, é no próprio coração do mundo humano que se insere a sua presença divina"[99].

Então ele, mais do que todos os outros deuses, está entre nós, nos ajudando. Isso é relativamente fácil de compreender, se considerarmos algumas das principais atividades sobre as quais ele preside: o comércio, a comunicação e a viagem. Não existe vida humana que não envolva uma ou todas essas três dimensões: estamos sempre envolvidos com algum tipo de comércio, ou seja, de relação, de relacionamento; nós, humanos, meros mortais, também sofremos o imperativo de nos comunicar, pois é impossível uma vida sem comunicação; e também é impossível uma vida humana sem a viagem – viagem no seu sentido mais literal mas, também, metafórico, pois a própria vida é uma viagem entre o nascimento e a morte.

---

98 OTTO, W. *Os deuses da Grécia*. Op. cit., p. 93.
99 VERNANT, J.-P. *Mito e pensamento entre os gregos*. Op. cit., p. 191.

Ele preside, fundamentalmente, sobre essas áreas – e, claro, seus derivativos, ou seja, dentro do comércio temos a mentira, a ladroagem, o embuste, o logro, o lucro, o ganho, a perda, todas as coisas que estão embutidas na palavra "comércio". Na comunicação, a mesma coisa – comunicação no sentido de contato, troca, troca de informações, troca de demandas – também aqui há o logro, a sedução, a manipulação e *fake news*. E na viagem, as questões do percurso, da pressa, da banalização do espaço, da não presença.

Então, como ele é justamente aquela energia que preside sobre essas atividades, dele é dito que é o "deus mais próximo, mais amigo dos homens". Ele é como o nosso amigo invisível, o nosso melhor amigo, embora ele não se deixe ver. E, como todo bom amigo, ele pode ser o pior amigo também, porque é truqueiro, enganador. Ele é o comércio bem-feito e o truque também. Ele é a compra e a venda feita com honestidade mas, também, com ladroagem, embuste, logro, tentativa de enganação.

O *trickster* é uma "perna" de Hermes, é um aspecto de Hermes, mas Hermes não é um aspecto do *trickster*[100]. Hermes é maior do que o *trickster*. Ele é bem maior, mas há muito de "*tricksteriano*" em Hermes, como há em figuras divinas análogas a Hermes, em outras mitologias, como Exu, por exemplo, na mitologia iorubá, se assim quisermos considerar. Mas aquilo que os gregos entenderam como Hermes é muito mais complexo. Na primeira frase da famosa monografia de Karl Kerényi sobre Hermes, no primeiro capítulo chamado "A ideia 'Hermes'", ele faz a pergunta: "O que aparecia aos gregos como Hermes?"[101] Essa pergunta já dá noção da complexidade

---

100 O termo *trickster* significa "pregador de peças". Na mitologia, no folclore das nações e na história das religiões, um *trickster* é um deus, deusa, ou um espírito, homem, mulher, ou animal que é um trapaceiro típico. Prega peças, é brincalhão, e zomba das intenções e posturas sérias, graves ou ingênuas que lhe cruzam o caminho. Jung identifica nesta figura um arquétipo do inconsciente coletivo.

101 KERÉNYI, K. "Hermes, o guia das almas". Op. cit., p. 113.

daquilo que é chamado "Hermes" na religiosidade grega. E porque é um arquétipo – um estilo de consciência que está dentro de nós, ou nós estamos nele, a ponto de chegar a apoderar-se de nós – o possível rompimento com essa energia tem um custo psicológico relativamente sério.

Portanto, para deixar o deus contente e atendido, vamos ler os primeiros dezesseis versos do *Hino homérico a Hermes*. O hino já caracteriza Hermes de pronto. Diferentemente de muitos outros hinos, a primeira palavra deste já é o nome do deus. E no nome está o nume[102], o axé do deus. Então, já é uma invocação do deus propriamente dita. Vamos ouvi-la na tradução de Ordep Serra:

> Hermes, ó Musa, hineia, filho de Zeus e de Maia
> Senhor de Cilene e da Arcádia de ovelhas rica,
> Dos imortais o expedito núncio que Maia gerou,
> A ninfa de belas tranças, a Zeus, em amor unida –
> A venerável, que à parte das assembleias dos deuses
> Num antro escuro quedava – e lá o filho de Crono
> Ia com as belas tranças unir-se, calada da noite,
> Enquanto um suave sono tinha Hera de cândidos braços.
> Ia oculto dos deuses eternos, oculto dos homens mortais.
> Quando o tempo chegou de cumprir-se o intento do magno Zeus,
> (Quando a décima lua de Maia fixou-se no céu), ele fez
> Surgir à luz, consumadas, as suas obras ilustres:
> Maia pariu-lhe um menino embusteiro, multiardiloso,
> Meliante, ladrão de gado, guia da tropa dos sonhos,
> O ronda-portas esperto e noite-aceso que havia de
> Aos imortais dar a ver belas façanhas, bem cedo[103].

Qual é a concepção desse deus? Ele é fruto de uma traição, uma das inúmeras traições de Zeus a Hera. Do que trata essa cena que acabei de ler? Ora, a esposa está dormindo em casa, em um sono esplêndido, o marido sai na surdina, na calada da noite, e vai

---

102 O vocábulo *nume*, ou *númen*, refere-se a um ser divino, uma deidade mitológica e sua inspiração.

103 HOMERO. *Hino homérico a Hermes*. Op. cit., p. 125.

para uma caverna. Maia vivia numa caverna, num "antro escuro". Então ele já é o filho do embuste e da noite. Os *Hinos homéricos* são impressionantes nesse sentido evocativo: "o hino homérico é uma epifania. Desde o anúncio que o introduz, já 'verifica' a presença da divindade"[104]. São peças extraordinárias, tanto em termos de literatura como de psicologia. Em 16 linhas, temos toda a genealogia do deus, e seu caráter.

Estamos tentando caracterizar uma energia psíquica que está em nós, que está na vida, que perpassa as coisas todas. Hermes é filho de um ato ilícito, e a origem de um deus diz muito sobre o deus, os nascimentos dos deuses são importantes na mítica – então ele já é "o ilícito". É concebido à noite, dentro de uma caverna, na profundeza da terra, por uma deusa ninfa cavernosa. Então a mãe é cavernosa, é da noite e é escura, e o pai é do céu, a luz branca, o raio, a claridade urânica, elevação. Veja que já há uma junção de opostos – dia e noite, alto e baixo, fora e dentro, o raio e a escuridão – é nesse contexto que o menino é gerado.

A língua grega é muito poética, o grego antigo é muito sintético, sucinto. Aquilo que em outras línguas, de origem também indo-europeia, precisa ser quebrado em locuções de várias palavras, em grego é uma palavra só. Em nosso caso, o tradutor chama a atenção para epítetos do deus[105], que em termos gregos seriam, por exemplo: o "noite-aceso"; "multiardiloso"; o "ronda-portas esperto" – e esperto aqui também precisa ser entendido como "o que está desperto"; de

---

104 SERRA, O. "Vestíbulo". In: HOMERO. *Hino homérico a Hermes.* Op. cit., p. 24.

105 William Doty fez o levantamento de todos os epítetos de Hermes e chegou a centenas de nomes. No estudo de Doty, "Heterônimos de Hermes", que se encontra no volume *Encarando os deuses*, organizado por James Hillman, eles estão divididos em 22 categorias de acordo com a incidência do deus: aparência, atletismo, jogos, habilidades manuais, guia, fertilidade, servo, comércio, ladroagem, comunicação, ctônico, mensageiro, e cada um desses epítetos é um Hermes, é um deus quase que por si mesmo. Hermes não é apenas um deus, são vários "deuses" (HILLMAN, J. (org.). *Encarando os deuses*. Tradução de Cláudio Giordano. São Paulo: Cultrix, 1992).

acordo com a etimologia da palavra, aponta aquele que está "acordado", "está consciente", "não está dormindo". Ele é um "ronda-portas esperto", no sentido de que ele está "superconsciente", está sempre olhando, espreitando, sabe o que está fazendo. E é o "noite-aceso" – ele passa a noite inteira sem dormir. No livro de Walter Otto, veremos mais adiante a relação de Hermes com a noite: é uma relação muito direta, pois ele é um deus da noite, um deus noturno; a noite é o seu *habitat* natural. Tanto é assim que ele está presente, inclusive, naqueles momentos em que a noite aparece no dia. Quais são esses momentos? Aqueles em que, em plena luz do dia, vivemos as premonições, os presságios, as intuições e as irracionalidades, como lembrar de um sonho, por exemplo. Isso é Hermes, a noite no dia. A relação de Hermes com a noite é muito direta, e isso se dá pelo próprio nascimento. Falaremos disso mais tarde.

Nesse ponto, lembrando Otto, ao falar de Hermes: "A esperteza é a sua força"[106]. E esperteza aqui precisa ser encarada deste ponto de vista: a esperteza permite o embuste, mas ela não é o embuste. É que estamos muito acostumados a dizer de alguém, "ele é muito esperto" – negativamente; mas, a rigor, o termo quer dizer "ele está de olhos abertos, ninguém o engana". Ninguém o engana. É ele quem engana. Isso ganhou, em nossa cultura, uma certa moralidade, e uma apreciação negativa. A esperteza aqui pode promover o embuste, o logro, a mentira. Deveríamos estar atentos, ao contrário, para sermos espertos no sentido de despertos, e não naquele sentido de "levar a melhor". Otto diz: "[...] é ele o patrono dos bandidos, dos ladrões e de todos os que procuram tirar vantagem por meio do logro. [...] O mestre do oportuno"[107]. Portanto, sem uma ligação psicológica com essa energia de Hermes, não temos condições de aproveitar as oportunidades. Elas passam por nós, e não as percebemos, pois não

---

106 OTTO, W. *Os deuses da Grécia*. Op. cit., p. 93.
107 Ibid.

estamos despertos. Uma pessoa muito apolínea, por exemplo, pronta para o distanciamento, a racionalidade, as distinções mais claras, geralmente tem dificuldade de enxergar oportunidades. Só uma consciência hermética estará mais apta a perceber as oportunidades, que são frestas no real, apenas perceptíveis por uma consciência não muito solar. Aproveitar as oportunidades tem a ver com malícia, é verdade. Mas também com esperteza, com aquele que enxerga bem de noite, no escuro, Hermes.

"Multiardiloso", o que é isso? É ardiloso muitas vezes, simultaneamente. O estilo de consciência de Hermes é um estilo onde se está consciente de muitas coisas ao mesmo tempo, de forma veloz. "Multiardilosidade" quer dizer uma "superconsciência", uma consciência ou um pensamento rápido, que considera muitas coisas ao mesmo tempo, como um computador. Por isso ele é o deus da comunicação, está por trás da informática, e não é à toa que entendemos que o fenômeno da informática e da computação está sob a égide de Hermes: não só porque ele é o deus da comunicação e, portanto, da transmissão da informação, mas também porque ele é o deus da consciência rápida e múltipla, multiprocessadora. Marca aqueles momentos em que estamos considerando muitas coisas ao mesmo tempo, ou nos quais precisamos desse estilo de consciência para vivê-los.

No computador, Hermes é o software, não o hardware. É o que roda a informação, que a faz circular. Hoje, temos acesso a Hermes pela doença – o excesso de informação –, mas por enquanto vamos primeiro considerar a beleza, a grandiosidade, a profundidade e a complexidade disso que apareceu para os gregos como Hermes.

Aqui temos então alguns dados sobre esse estilo de consciência: é uma consciência rápida, veloz e múltipla, considera muitas coisas simultaneamente, consegue processar muitas coisas ao mesmo tempo.

"Guia da tropa dos sonhos" – como ele é da noite, é também aquele que está por trás dos sonhos, o guia-sonhos. Ordep Serra faz um comentário interessante sobre esse verso: "Hermes toca, conduz os bois... E do mesmo jeito 'guia' (conduz ou 'toca') os sonhos. É o vaqueiro desse espantoso rebanho. Conta a *Odisseia* (VII, 138) que os feácios dedicavam a Hermes a última libação, antes de recolher-se para dormir. Alguns intérpretes relacionam essa oferenda com o domínio de Hermes sobre os sonhos: na oferenda feácia, tratava-se de propiciar o deus que os pastoreia"[108]. À Héstia, ao contrário, se dá a primeira libação, antes de começar alguma coisa, pois ela é o começo. Ela tem que receber a primeira libação, para que as coisas possam acontecer. Ele, Hermes, recebe a última, como uma passagem para o mundo do sono e dos sonhos – é a última e já a primeira do outro lado, porque ele faz essa passagem para o outro lado.

Ele é, certamente, o "mensageiro dos deuses" – mensageiro porque ele é veloz e nada o prende; ele é quem faz essas passagens entre mundos, vigília e sono, por isso ele é chamado *psychopompos*, que rigorosamente quer dizer "guia de almas". É natural que ele receba a última libação, porque ele vai nos tocar, nos guiar, nos levar para o outro mundo, que é o mundo do sono onde podemos encontrar o "rebanho dos sonhos".

"Ronda-portas" – isso também caracteriza muito esse estilo de consciência. Aí entra a *porta* propriamente dita: a porta é o lugar onde se encontram e se definem esses dois estilos de consciência, aos quais damos os nomes de Hermes e Héstia; é o local, por excelência, considerado metaforicamente, onde você pode entender essas duas energias psíquicas, é onde eles se encontram. Por quê? A porta marca um ponto a partir do qual há um mundo para fora e outro para dentro; o mundo dali para fora é regido por Hermes, o mundo dali para dentro é regido por Héstia.

Héstia é a regência do interior, da interioridade, do interno, daquilo que consideramos *lar*, daquilo que chamamos de casa. Ela

---

108 SERRA, O. "Breve estudo: Hermes e a tartaruga". In: HOMERO. *Hino homérico a Hermes*. Op. cit., p. 190.

preside ao que é para dentro. Hermes preside ao que é para fora: ele é a viagem, o comércio, o guia, o líder, o que vai explorar o mundo, e deste ponto de vista ele é uma energia masculina. Héstia preside àquilo que nos interioriza, que nos leva para dentro, que organiza a nossa experiência de interioridade, que faz com que nossa experiência de interioridade possa ter ou ser um *foco*, possa ter um fogo, pois ela é "a lareira". Ela não é tão somente simbolizada pela lareira; ela *é* a própria lareira. Para a mentalidade grega, a lareira não é, digamos, um símbolo ou atributo de Héstia, não representa Héstia. A lareira já é a deusa. E toda casa grega inicia-se pela lareira. É a primeira coisa a ser construída. A casa se constrói e se organiza a partir da lareira e, portanto, a partir do fogo, de um foco. Onde houver uma lareira, há um foco de luz e calor, um foco de energia psíquica concentrada, e onde houver foco há uma experiência de interioridade. A própria possibilidade de fazermos isso devemos a esse estilo de consciência a que chamamos Héstia.

A porta é exatamente isso – a porta e, claro, os atributos da porta, que somente têm sentido dentro desse raciocínio: soleira, maçanetas, fechaduras, gonzos e dobradiças. Karl Kerényi menciona mais este epíteto de Hermes, quando também é chamado "o dobradiça", pois ele é quem faz a porta poder abrir ou fechar. Kerényi lembra dois epítetos do deus: στροφαῖος (*strophaios*) – "aquele que se coloca de pé como porteiro nas dobradiças da porta", também "sinuoso" – e στροφεύς (*stropheus*) – "o soquete ou pivô que faz a porta se mover". Portanto, ele está absolutamente relacionado às dobradiças das portas e, assim, às entradas e saídas[109].

Então, quem é o "deus das dobradiças"? É aquele chamado, em outro de seus epítetos, "o versátil". Versatilidade é outra característica dessa energia. E a melhor maneira que a versatilidade tem de se apresentar a nós é por uma porta – e pela dobradiça da porta!

---

109 KERÉNYI, K. "Hermes, o guia das almas". Op. cit., p. 179-180.

Então ele é o deus da porta, tanto quanto Héstia também é a deusa da porta, só que ela é a deusa da entrada, e ele o deus da saída, no sentido específico que ele aponta para fora, e ela para dentro. Há uma complementaridade; estamos falando de um casal, de um pareamento. Não há dentro sem fora. Não há fora sem dentro. A porta tem dois lados: ela abre para fora, ela abre para dentro; fecha para fora, fecha para dentro. São duas energias que trabalham em parceria: o que se organiza dentro pode ser levado para fora; o que é trazido de fora precisa ser organizado dentro; o que entra precisa ser organizado e o que está organizado precisa ir para fora. É como uma porta giratória: está constantemente girando.

Examinemos agora quais as presenças que estão nas portas. Há duas presenças de caráter arquetípico nas portas, que são energias subsidiárias desse tipo de consciência, subsidiárias a Hermes: o guarda e o ladrão. Hermes é guarda, mas ele é também ladrão. E não existe melhor guarda do que um ladrão. Kerényi diz: "O ladrão é o melhor guardião das portas"[110]. A melhor maneira de você guardar algo é colocar um ladrão para cuidar, porque ele sabe como entrar e sair, e como arrombar portas. Hermes também é ladrão, mas ladrão em que sentido? Desde que ele é o deus das portas, ele é o deus dos limites, dos limiares, das bordas – as nossas limitações, os limites entre as coisas – ele rege esses limites, rege as cercas, os muros e as fronteiras. Ele rege esses espaços existenciais. Mas, ao mesmo tempo em que ele os rege, como aquilo que faz com que os limites possam existir, ele é também o que anula esses mesmos limites, porque ele atravessa as fronteiras. Ele é a energia que nos permite burlar as fronteiras; ele nos apresenta a possibilidade ou mesmo a necessidade de furarmos as barreiras, de atravessarmos as portas, os muros, os limites. E como ele atravessa as fronteiras, ele é justamente aquele

---

110 Ibid., p. 179.

que pode ir de um lado para outro – então ele é, afinal, *mensageiro*, e é chamado também "o arauto".

Então ele é audacioso, tem alguma coisa de audaz. Não há audácia em nós que não seja hermética; não haverá audácia se não tivermos uma ligação com esse deus. Audácia é outra dessas qualidades que os mitos gregos nos apresentam e que precisam ser acessadas e compreendidas a partir dos níveis pagãos em nós, níveis não cristianizados, não moralizados. Do contrário, perdemos a apreciação de suas lições psicológicas.

Hermes, portanto, nesse ponto da consideração é líder, mensageiro, guia, arauto e psicopompo. Também ladrão. Walter Otto: "Hermes protege os ladrões e os bandidos que assaltam nas estradas..." – portanto ele protege uma gente complicadíssima, desprovida de moralidade; pense nela como figuras dentro de nós

> [...] e, se guia também o viajor piedoso, prefere aqueles, mais próximos de seu ser e do seu coração. Isso implica uma tremenda ampliação da esfera de sua atividade. Seu alcance não é mais limitado pelos desejos humanos, e sim por uma forma particular da existência, em sua forte totalidade. Resulta que essa esfera abarca o bom e o mal, o desejo e a decepção, o sublime e o trivial. De Hermes se espera a graça de escapar com sorte dos perigos; seria ele o primeiro a "limpar os caminhos", e disso os montes de pedras erigidos em sua honra dão testemunho.
>
> Hermes não é um poder que socorre os homens em determinados momentos da vida; é o espírito de uma forma de existência recorrente sob certas condições, que junto com o ganho concede a perda, a malícia junto com a bondade. Embora muitos desses elementos pareçam moralmente duvidosos, manifesta-se aí um aspecto da existência que, com todos os seus problemas, corresponde às formas básicas da realidade da vida e, portanto, de acordo com o sentir dos gregos, exige respeito, se não

para com todas as suas expressões particulares, para com o universo do sentido, de seu ser[111].

A ideia aqui é caracterizar esse tipo de consciência, de energia psíquica, para observarmos em nós mesmos como estamos em relação a essas figuras míticas.

Karl Kerényi afirma que há nele, Hermes, "a dissolução dos opostos fatais, as violações clandestinas dos limites e das leis"[112]. Rebeldia e criatividade. Não há criatividade em nós se não houver uma violação clandestina de alguma fronteira ou de alguma lei. Você não consegue ser criativo, não cria nada, se não houver, em algum nível, uma violação; a violação de uma fronteira, de algo estabelecido, de um limite. Se você respeita os limites, não estará criando nada.

Então, há aqui esse paradoxo constante, com o qual precisamos nos reconciliar: considerar os limites e quebrar os limites ao mesmo tempo. Porque só quebrar os limites pode significar apenas anarquia – sem *arché*, falta de princípios básicos.

Como ele é o arauto, o guia, Hermes é o "deus das estradas, dos caminhos, das passagens" e, portanto, "deus da viagem". Hermes é aquele que nos ajuda a viajar, mas vamos pensar em viajem metaforicamente. Ele não é o deus da viagem quando viagem é compreendida como o percurso que vai de A a B, com todas as preocupações de como podemos ir de A a B, preocupações com o percurso. Isso também é uma viagem. Mas a viagem hermética não é exatamente uma viagem no sentido do translado apenas, mas sim da jornada, ou seja, a viagem como um espaço em si. Vista sob o ângulo de Hermes, a viagem não é aquilo que une dois pontos – é uma experiência, um *lugar* para se estar.

Se estou "viajando", no que quer que seja, é Hermes que está me concedendo essa graça. Se não estou simplesmente indo de um

---

111 OTTO, W. *Os deuses da Grécia*. Op. cit., p. 109-110.
112 KERÉNYI, K. *Hermes, guide of souls*. Tradução de Murray Stein. Putnam, Conn.: Spring Publications, 2008, p. 26.

lugar a outro, do ponto A ao ponto B, mas se estou "indo", se estou inteiramente nesse espaço, é Hermes que me concede essa graça. Ele é o tipo de energia em nós que rege essa experiência da viagem, a experiência da viagem como um espaço-tempo. Trata-se de estar em casa na viagem, como Kerényi diz, "em casa no próprio caminho"[113]. Isso é um dom de Hermes, é um presente de Hermes. E é um estilo de consciência. A viagem é a casa de Hermes.

Se não temos muita relação com esse deus, não estamos "em casa" na viagem; só estamos indo de um lugar para outro, chegando e partindo, isso que fazemos todos os dias. Aqui temos uma noção da ideia de transição no sentido de ser um lugar onde podemos estar.

Isso é de muito difícil acesso para nós, porque estamos muito distantes dessa possibilidade, muito distantes do deus. Hermes está muito adoecido na nossa cultura, como Hillman tão bem nos mostra. Há um excesso de viagem no mundo, um excesso de transporte, de transportação; as pessoas viajam o tempo todo, 50.000 voos decolando ao mesmo tempo no planeta, mas ninguém está, de fato, *viajando*. É uma literalização da experiência de Hermes.

Agora "transportem" isso para outros tipos de viagens, não só as literais no espaço – por exemplo, ler um livro é uma viagem. Estamos explorando uma metáfora, e metáfora quer dizer, justamente, transporte. Se ao lermos um livro queremos terminá-lo, entendê-lo para passar logo para outro, então estamos querendo apenas ir de um ponto a outro. É uma compreensão de viagem do ponto de vista literal, ir de A a B, e não de *estar* em movimento entre A e B.

A casa de Hermes é a rua, o caminho, o caminhar – andar, ganhar o mundo, levar as coisas de um lugar para outro. Ele nunca para num lugar, e está sempre levando uma mensagem de um lugar para outro, a casa dele é a rua. Hermes pode nos ensinar como estar em casa na viagem. A viagem é um lugar, uma espécie de ambiente – um ambiente difuso.

---

[113] Ibid., p. 32.

Héstia, por outro lado, é a lareira, a residência, a casa – uma espécie de ambiente concentrado. Héstia *é* a casa; Hermes *leva* a casa consigo. Isso é muito interessante: como levar a casa consigo? Como se sentir em casa, indo? Normalmente, nessa situação de viagem, não nos sentimos em casa, estamos fora de casa e, portanto, de alguma maneira vulneráveis, ameaçados ou, pelo menos, em algum estado provisório.

Hermes é neto de Cronos. Há nele alguma coisa a ver com o tempo, o tempo está na sua genealogia, ele é dessa família. Lembremos que espaço e tempo, na mítica grega, não são definidos contraditoriamente: nela, Espaço é Tempo; Tempo é Espaço. E, portanto, na psique profunda também. É a viagem do passado para o futuro, do presente para o passado, pois essa também é uma viagem.

Pois bem, fixação e movimento referem-se a esse par; com Hermes e Héstia estamos nesse pareamento. Eles nos ensinam muito sobre mobilidade e permanência no espaço.

López-Pedraza, em seu livro sobre Hermes, fala sobre o terapeuta estar atento se a psique está em movimento. Diante de uma pessoa com a qual você está trabalhando, há que se estar sempre atento se está tudo parado, estagnado; e o seu trabalho é, fundamentalmente, antes de qualquer coisa, promover o movimento psíquico. Precisamos aprender sobre isso com Hermes e Héstia. López-Pedraza é um hermético, nesse sentido, porque ele preza o movimento. Todo aquele que preza o movimento, que entende de movimento, da importância das coisas estarem se movendo, é um filho de Hermes, aprendeu com o deus; sabe e pode nos ensinar que o lugar mais seguro é "em movimento".

* * *

Vernant nos fala de Hermes e Héstia como uma "*philía* mútua", ou como uma "afinidade de função". Segundo ele, eles são um casal que não estão pareados nem pelo amor, nem pela amizade, nem pelo casamento, mas sua paridade, ou *philia* (φιλία) – aquilo que une dois elementos de forma íntima e cooperativa – se dá por uma "afinidade de função": "as duas forças divinas presentes nos mesmos lugares, desenvolvem lado a lado atividades complementares"[114]. Sua atividade complementar, como vimos, tem a ver com espaço.

Héstia é o símbolo e a garantia da fixação, da imutabilidade, da imobilidade, da permanência porque ela é a lareira, o lar, ela é aquele ponto fixo, sem o qual, também, não existe um mundo. Não é que ela seja apenas a imobilidade, como algo estagnado; é mais sutil do que isso, ela é a permanência. Se algo permanece em nós, e se conseguimos fazer com que algo permaneça em nossas vidas, devemos isso a Héstia. Por exemplo, nossa identidade.

Em termos alquímicos, Hermes é o mercúrio, Héstia é o sal; o sal que dá a densidade, a fixação, a imutabilidade, portanto, a permanência. Ela complementa o movimento de Hermes, que é o mercúrio nas suas propriedades de volatibilidade, dissolução, indefinição, fusibilidade e ligação. Nesse par, Hermes e Héstia, há movimento e imobilidade: *solve et coagula*, volátil e fixo[115]. Portanto, essas energias se autorregulam. Hermes e Héstia se regulam,

---

114 VERNANT, J.-P. *Mito e pensamento entre os gregos*. Op. cit., p. 190.

115 *Solve et coagula*, dissolver e coagular, é uma fórmula que representa um dos principais segredos da alquimia europeia medieval, e um dos mais antigos e recorrentes axiomas da arte hermética. Revela a concepção de que o processo alquímico repete os processos da natureza, onde se alternam constantemente um movimento que envolve a conversão de um corpo sólido numa substância fluida (*solutio*), e outro a seguir que envolve a coagulação desse elemento fluido numa substância sólida (*coagulatio*). A *opus alchymicum* consiste numa série de repetidas dissoluções e coagulações. Como uma potente metáfora, também podemos nos referir a esse processo de *solve et coagula* como a necessidade que tudo o que é volátil encontra de tornar-se fixo, e de tudo o que é fixo de tornar-se volátil. Em outras palavras, podemos dizer que nossos sonhos aspiram tornar-se concretamente reais, e nossas convicções e certezas que sentimos inquestionáveis precisam encontrar asas e

ela fixa e ele volatiza; há uma dança entre esses dois deuses que faz deles um par. Entendemos o movimento pela fixação, e a fixação pelo movimento.

* * *

Outra caracterização de Walter Otto, que me parece muito importante para entendermos essa energia de Hermes: "Dele provêm os ganhos, quer os calculados com tino, quer os inesperados – principalmente, esses últimos"[116]. Ele é o deus do ganho. Ora, se ele é o deus do ganho, é o deus da perda também. "Ganhar e perder têm a mesma origem. Onde sem mais nem menos um homem fica rico, outro fica pobre sem mais nem menos. O deus misterioso que guia o indigente no rumo de um tesouro faz a propriedade sumir com a mesma rapidez"[117].

Ele dá e tira; e, portanto, isso nos traz outra lição psicológica: toda vez que houver um ganho, há uma perda; toda vez que houver uma perda, há um ganho; essas coisas acontecem simultaneamente. A lição do deus Hermes é que não há ganho somente; como não há perda somente; essas coisas têm a mesma origem, é o mesmo deus, a mesma origem psíquica, arquetípica, mítica. Muito difícil entendermos essa simultaneidade. Não podemos separá-las; é um erro psicológico, de compreensão fundamental, tentar separar essas coisas: fazemos sempre tudo voltados só para ganhar, com medo de perder. Fomos ensinados a ter medo de perder. Achamos que perder é vergonhoso, que nos rebaixa e não traz nada dignificado, nenhuma lição. Esse jogo de ganho e perda também perdemos se

---

decolar. Do contrário, os sonhos se pulverizam sem nada alterar nossa realidade, e as certezas se enrijecem tornando-se dogmas autoritários.

116 OTTO, W. *Os deuses da Grécia*. Op. cit., p. 96.
117 Ibid., p. 98.

estivermos distantes de Hermes. Aí não entendemos profundamente essa dialética viva.

Ganhar e perder também significa estar em risco. Arriscar-se é uma energia de audacidade: aceitar o risco, correr o risco. Ao contrário, temos medo do risco. E psicoterapia, lembremos, é risco: quando você abre sua boca e seu coração, está arriscando sua vida; ou não é terapia – é só uma conversa razoavelmente inteligente.

> Não há nele nada fixo, permanente, estável, circunscrito, nem fechado. [Estes, lembremos, são os atributos da deusa Héstia.] Ele representa no espaço e no mundo humano, o movimento, a passagem, a mudança de estado, as transições, os contatos entre elementos estranhos. Na casa, o seu lugar é junto da porta, protegendo a soleira, afastando os ladrões porque ele próprio é o ladrão. [...] Aquele para quem não existem nem fechadura, nem cerca, nem fronteira: o Passa-Muros, que o *Hino a Hermes* nos mostra "resvalando obliquamente através da fechadura, semelhante a brisa do outono como o nevoeiro"[118].

Depois de nascer e já sair ao mundo, quando ele volta para casa, que é a caverna da mãe – depois de roubar o gado do irmão Apolo, depois de encontrar e matar a tartaruga, antecipando fabricar com seu casco a lira[119] –, o hino descreve-o entrando na casa da mãe, de volta para o berço, para ficar como um bebezinho que não fez nada de errado, passando pela fechadura da porta. (É uma imagem linda, algo sorrateira.) E quando a mãe o interpela, já de volta deitado no berço apenas com as mãozinhas e os pezinhos de fora, ele os recolhe[120]; ou seja, procede como uma tartaruga: entra para dentro da

---

118 VERNANT, J.-P. *Mito e pensamento entre os gregos*. Op. cit., p. 192.

119 "A tartaruga é um troglodita natural. Mais ainda: ela mesma é sua caverna – bisonha e rústica, velada e silenciosa. Desde o primeiro momento, porém, o olhar agudo de Hermes descobriu seu encanto, adivinhou seu valor, captou sua música" (SERRA, O. "Breve estudo: Hermes e a tartaruga". In: HOMERO. *Hino homérico a Hermes*. Op. cit., p. 47.

120 "Ao ver que chegava Apolo furioso pelas vacas, o filho de Maia afundou nos seus lençóis perfumados, escondendo-se" (SERRA, O. "Breve estudo: Hermes e a tartaruga". Op. cit., p. 70).

"casa", ou seja, faz casa – já é o pareamento com Héstia. A tartaruga marca a capacidade de se proteger dentro daquilo que é você. É a busca pelo centro.

O animal-talismã de Hermes é a tartaruga, que carrega a própria casa. Hermes tem Héstia nele, comporta-se como uma tartaruga, fazendo-se casa. A tartaruga é o animal-casa. E ele a engana exatamente com a sedução da casa; ele diz, "estar em casa é melhor, pois fora só encontras dano!" Ele a engana com uma sedução/promessa de casa, de proteção – um apelo que ela "entende".

Nesse ponto, que ecoa a tartaruga, e com relação a outro aspecto associado à figura de Hermes, o hermetismo, e à tão celebrada expressão "hermeticamente fechado", Ordep Serra faz a seguinte observação:

> Uma das acepções da palavra [hermético] – aquela que descreve a condição de um recipiente bem fechado, sem entrada para o ar – deriva de forma direta de práticas alquímicas inspiradas na obra atribuída a Hermes Trimegisto: o Hermes Três vezes Grande, mítico autor, a quem se atribui o referido *Corpus*. Como se sabe, a figura de Hermes Trimegisto vem a ser um resultado de um grande sincretismo: em forma helenizada, corresponde ao deus egípcio Thot, considerado o inventor da escrita e de todas as artes que envolvem esta técnica. [...] O hermetismo foi amplamente cultivado pelos árabes e alcançou o Ocidente também por intermédio destes, influenciando-o muito na Idade Média tardia e na Renascença[121].

O "hermeticamente fechado" deriva da acepção do hermético em alquimia, ou seja, na alquimia se tem a ideia de trabalhar com o vaso, e este tem de estar fechado. Na alquimia o vaso está fechado hermeticamente, fechado sob o signo de Hermes. Ela é uma prática hermética. Tudo que acontece na alquimia está sob a égide de Hermes/Mercúrio. Então, fechar o vaso também está sob sua égide. O vaso fechado à maneira dos alquimistas.

---

121 Ibid., p. 40.

A energia de Hermes é a velocidade, o que contrasta com a tartaruga. Ele é muito veloz. Mal nasce, já sai da caverna, já apronta muitas coisas, e já está de volta. Ele olha para a tartaruga e, imediatamente, ao conversar com ela, já está vendo-a transformada em lira. Então, ele é o multiardiloso, sim, mas é principalmente o multipensante, o de dupla visão, com um pensamento veloz. É como aqueles nossos momentos em que estamos fazendo uma coisa, mas já pensando noutra. Esse tipo de multipensamento – essa agilidade de pensar cinco coisas ao mesmo tempo – precisa de velocidade, e isso é da ordem de Hermes.

Para Ordep Serra, Hermes tem a dupla visão e o multipensar. São essas características que fazem com que López-Pedraza entenda que essa é a principal energia a conduzir a psicoterapia do ponto de vista junguiano, como já mencionamos. A visão dupla e o multipensar – sem essas capacidades não se consegue praticar a psicoterapia.

> Como se vê por aí, Hermes é o deus veloz em todos os sentidos. Desde o nascimento. No berço, não demora nada; cedo transpõe o limiar, movido por um projeto que de pronto concebeu, mal tinha nascido. Ora, na tartaruga encontrada por acaso, ele também inscreve um projeto inovador que já vê realizado com a imaginação, que o delicia[122].

* * *

Agora, a questão do "guia", que é também muito importante. Walter Otto registra: "O guia pode também extraviar, o guardador pode dar sumiço ao bem valioso. [...] o misterioso agente que faz perder e faz achar"[123]. Aqui, verdadeiramente, temos Hermes como psicopompo, e o que isso quer dizer exatamente? Psicopompo: *pompós* é a palavra que está em "pompas fúnebres". Pompas fúnebres

---

122 Ibid., p. 98-99.
123 Ibid., p. 99.

são os encaminhamentos fúnebres, significa encaminhar o morto. Ele é psicopompo, ele encaminha, guia as almas.

Mas como é essa guiança? Temos que entendê-la: ela não é algo unilateral ou linear; ele guia, na verdade, desguiando, desnorteando. Desde que ele é embusteiro, é do logro, então mostra o caminho e não mostra o caminho ao mesmo tempo. A maneira que Hermes tem de guiar as almas é desviando-as, jogando-as nos "erros". Nossos piores momentos, aqueles momentos em que achamos que estamos perdidos – essa é a maneira de Hermes nos guiar ao nosso destino. Diz Hermes: é aí que é possível encontrar o caminho que me leva a mim mesmo. A metáfora do psicopompo, "guia das almas", diz que ele leva as almas de volta ao Hades, leva as *psychés* de volta à morte, de volta à sua finalidade, de volta ao seu destino. A maneira que ele tem de fazer isso é hermética, ou seja, é a maneira do embusteiro, do enganador, desviando-nos daquilo que acreditamos ser nosso caminho – na verdade, para encontrarmos o real caminho. Isso dá uma outra perspectiva a tudo aquilo que, em nossas vidas, chamamos de erro, problema, fase ruim.

Pompós também quer dizer liderar, levar, conduzir; aquele que conduz o rebanho, o que faz você andar. Movimento. Se ele é *psico*pompo, ele faz a alma (*psyché*) andar.

Então, a pergunta: como ele faz a alma andar? Enganando-a, mentindo, desviando. Esse é o jeito que ele tem de nos ensinar a voltar para o caminho "certo". Você só se acha se você se perder. Essa é a lição de Hermes, por isso ele coloca tantas ilusões no meio do caminho, engana, logra, desvia. Tudo isso não é por um prazer mórbido ou psicopático do deus; é um jeito de guiar a alma – isso aprendemos por meio da intuição da mente grega: é um jeito que essa energia tem de nos levar aonde temos de ser levados. Nunca o caminho é reto; não é direto, não pode ser uma linha reta, achar-se não é simples. Em muito daquilo que chamamos de problemas, sofrimentos, erros, faltas, provavelmente está uma energia de Hermes querendo nos levar para onde temos de ir. Ele guia ao enganar.

    Ele é guia: mas, como já vimos, os momentos em que nos perdemos é, para Hermes, os momentos em que podemos nos achar. Ele é líder e guia nesse sentido. Esse é um aspecto bastante importante que nos interessa, e a guiança psicológica de Hermes é estarmos sempre diante de uma energia de ambiguidade: guiança e desnorteamento ao mesmo tempo. "Quem acha... vive se perdendo..." – como na canção de Noel Rosa. A figura de Hermes pode nos ensinar a termos uma noção mais complexa, mais sofisticada, mais psicológica dessa questão que é "se achar". "Achar-se" não é uma coisa linear. O que o mito está nos dizendo é que perder-se é achar-se. Do ponto de vista da guiança de Hermes, você só se acha quando se perde.

    E essa guiança é mais do que uma orientação. É um "levar", um "tocar". Ele é líder, ele lidera, faz a coisa andar. E faz isso pelos modos mais tortuosos possíveis, porque ele é a própria curva. Hermes são as curvas e os desvios do caminho, que encurtam o caminho, veloz. Hermes é o pensamento-atalho.

    Seu primeiro ato foi enganar a consciência apolínea – Apolo se refere a um estilo de consciência que privilegia a racionalidade, o distanciamento, o equilíbrio e a clareza. Ele rouba, sorrateiramente, parte do rebanho de Apolo. Então, o primeiro ato de que precisamos talvez seja enganar essa consciência apolínea para podermos encontrar o caminho que temos de trilhar, que não sabemos exatamente qual é.

    Essa é a ideia muito difícil que parece estar nos ensinamentos da imaginação mítica grega: se Hermes é o nosso guia, aquele que guia as almas para o seu destino, isso acontece por meio do engano. Porque ele é um engodo. É algo difícil de compreendermos: que os nossos enganos estão nos ensinando, nos levando para onde temos de ir, muito mais do que os nossos acertos, nossos momentos brilhantes, lindos e edificantes. Parece haver uma importante lição psicológica aqui: os nossos enganos nos acertam, de alguma forma.

Hermes, guia de almas, o leva ao encontro daquilo que você precisa fazendo com que você se perca, se engane. Essa guiança não é nada confortável. Nisso há uma dimensão psicológica: onde você está mais perdido, talvez seja onde você está mais próximo de si. Pois essa guiança, assim entendemos, pretende lhe aproximar de si mesmo. Essa guiança hermética é como ele faz você errar; ele nos mente e caímos na sua mentira. É o momento em que mentimos para nós mesmos.

2.3 Os deuses do espaço

Os deuses também se aglomeram em núcleos temáticos, ou núcleos de influência. Há deuses do tempo, deuses da atração, do amor, da maternidade, do poder.

Há uma coleção de deuses que estão presidindo ou regendo as questões do tempo: Cronos, Kairós, Urano, Eros (de uma certa forma), Zeus. Eles nos trazem informações sobre a questão do tempo: o mistério do tempo; como se relacionar com o tempo; as diversas faces do tempo; as várias maneiras de se experimentar o tempo, de compreender o tempo, de entrar em acordo com o tempo. Como com Saturno, por exemplo, que, como o tempo, a tudo devora. São divindades que nos trazem um equipamento emocional e reflexivo para abordarmos a questão da incomensurabilidade que é o tempo.

Com Hermes e Héstia estamos diante de uma outra incomensurabilidade misteriosa que é o espaço. São divindades do espaço.

Héstia é tudo aquilo que está fixo e que se coloca como um centro, um ponto imutável e permanente, e a esse ponto seguro, pacífico e acolhedor, chamamos *lar*. Hermes nos conta das coisas que acontecem da porta para fora, ou seja, toda a poética dos caminhos e do que acontece nos caminhos do mundo, as trocas, as comunicações, as conquistas, as fronteiras, tudo que está para fora.

O mito evidentemente se coloca diante dos grandes mistérios da existência, diante dos "incomensuráveis da existência". Pretende dar respostas, ou já são eles mesmos respostas, diante das grandes questões da existência; o tempo é uma delas. Quem sabe o que é o tempo? Isso precisa ser pensado, abordado. Uma outra incomensurabilidade certamente é o espaço – que é tão misterioso quanto o tempo. Com Hermes e Héstia, estamos diante de deuses do espaço; eles regem as nossas relações com o espaço; seu exame ensina muito como são as nossas relações com esse mistério.

Como entendermos que somos criaturas que vivemos numa dimensão a que chamamos de *espaço*? Além de uma dimensão temporal, há uma dimensão espacial, que se refere, num plano mais primário, àquilo que é *dentro* e ao que é *fora*. Fora e dentro são as últimas dimensões do espaço. Essas indagações e perplexidades são subsidiárias à questão do espaço: o que é dentro? O que é fora? O que é em cima? O que é embaixo? O que é andar? O que é ocupar um espaço com o corpo? O que é caminhar no espaço? O que é ir de um lugar para outro? O que é um lugar, exatamente? O que caracteriza um lugar como um espaço pleno de significado? Como estar?

Se as questões do tempo nos entregam as respostas à pergunta "como ser?", as questões do espaço nos entregam as respostas à pergunta "como estar?" Não basta ser. "O ser", justamente, traz as questões do devir, do tornar-se, da individuação do ponto de vista do "tornar-se", do que de fato sou, do que de fato não sou, o que posso ser, o que temo ser, o que temo não ser, ou deixar de ser. Todas essas são questões do tempo.

Esses deuses que estamos examinando – Hermes e Héstia – nos entregam, a meu ver, as questões do espaço, questões que têm a ver com o "estar". Para ser é preciso estar. Agora estamos um pouco filosóficos, mas essas perguntas estão embutidas aqui nas lições de

Hermes e de Héstia, e devemos psicologizá-las. O ser se dá num lugar; e o lugar afirma ou nega o ser. Na psicologia, estamos acostumados a dar muita ênfase às questões do ser: quem sou eu? Esta é a pergunta, a má pergunta, que traz uma pessoa para a psicoterapia. Ela é má porque rigorosamente não há resposta para ela. Ela é feita como se houvesse uma resposta única. A tentativa de resposta é ainda pior. É uma pergunta feita, pelo menos num ambiente monoteísta como o nosso, em busca de uma única resposta: eu sou esta pessoa! Isso é psicologicamente enganoso; não há uma resposta única.

No fundo, do nosso ponto de vista, a pergunta seria: "Quem *somos* eu?"

De qualquer forma, a psicologia, as psicanálises em geral, têm dado muita ênfase às questões do tempo, às questões do devir, às questões do ser, e pouca reflexão sobre as questões do estar. A individuação é um projeto para eu encontrar a mim mesmo, se é que isso é possível. E há pessoas que acreditam que seja possível, literalmente. As questões subsidiárias à indagação do ser – Quem eu sou? Quem eu posso ser? O que *não* devo ser? O que esperam que eu seja? O que querem que eu seja, em oposição ao que sou?

Mas *ser* é sempre num *lugar*; e o lugar influencia o *estar*. Quais são as relações que posso estabelecer com o lugar, com aquilo que chamamos de *espaço*? Espaço também não é uma palavra muito boa, pois é uma palavra muito abstrata, que na verdade não *localiza* nada. E este é o ponto: as questões do estar são as questões da localização. Não é possível ser, no plano humano, sem localizar-se. Estamos sempre procurando nos localizar, perceber onde estamos numa relação, na vida, num momento, de onde falamos. As pessoas falam isso na terapia: "Não sei onde estou..."; "Eu estou perdido..." Quando uma pessoa fala, "Eu estou perdido!", "Eu não estou sabendo me posicionar!" – são todas questões do espaço que caminham paralelamente às questões do tempo, às questões do ser. É um anseio da alma – muitas coisas dependem de saber me localizar. As pessoas sabem disso, porque elas se perguntam: "Onde eu estou?"

Até nos sonhos: onde o sonho se passa, sua localização, faz toda a diferença à compreensão da imagem do sonho. "Sonhei que estou na casa da minha mãe e estou tomando café da manhã": é muito importante saber onde estou. Trata-se de uma localização ontológica, e psicológica. O sonho está dizendo que, do ponto de vista da sua interioridade mais profunda, você está naquilo que é chamado pela alma de "a casa da minha mãe". Só essa informação já *localiza* a pessoa. E, localizar-se, a meu ver, responde a um anseio profundo da alma.

Nos sonhos, às vezes, é mais importante saber onde estou do que aquilo que estou fazendo. Os analistas dão pouca ênfase a isso. Querem dizer: está tomando café da manhã com a mamãe, então, está "comendo a mãe"; é o complexo materno, o Édipo... – coisas desse tipo. Mas não estão considerando a informação que é primordial, que é a primeira elocução do sonho: "estou na casa de minha mãe". Essa informação não é retida, não é pensada, não é considerada em tudo que ela pode entregar. Às vezes, é muito mais importante uma pessoa entender que ainda está na "casa da mãe", do que exatamente o que está fazendo lá. Estou na oficina; estou na beira do mar; estou na cozinha; estou no carro; estou dentro do mar; estou me afogando: localizações.

Então, essas são as questões do espaço, como temos visto com Hermes e Héstia, esses deuses gregos que nos entregam as nossas respostas ao espaço. É mais importante do que normalmente imaginamos ter uma boa noção do que é dentro e do que é fora, uma das lições predominantes desse par. A grande imagem nesse par é, repito, a porta: Hermes é da porta para fora, e Héstia é da porta para dentro. Muitas aflições da alma chegam ao trabalho psicológico entregando distúrbios que na verdade têm sua fonte numa confusão, relativa às interações desses deuses, entre as noções de dentro e fora, interno e externo, público e privado, interioridade e exterioridade. Muitas vezes, é aí que se localiza a origem de um sofrimento psíquico.

2.4 Centro

Os centros: um dos grandes presentes de Héstia é nos ensinar a ideia de centro. E nada pode se estruturar, como uma experiência psicologicamente válida, se não houver uma ideia de centro, se não soubermos *focar*. De Héstia, da lareira, recebemos a ideia de um centro verdadeiro, centro como o foco de uma experiência.

Vejamos um lindo trecho de Vernant, referente ao centro como um eixo vertical – porque ao mesmo tempo em que a lareira aterra, ela também faz uma conexão com o céu, pela fumaça que sobe. Héstia fala de um eixo vertical, que marca um ponto:

> Dois termos designam o centro no pensamento religioso dos gregos. Um é *Omphalós* que significa o umbigo, o outro é *Héstia*, a lareira. Por que Héstia é um centro? A casa forma um espaço doméstico bem delimitado, fechado em si mesmo, uma extensão diferente da das outras casas: ela pertence como propriedade de um grupo familiar, ela lhe confere uma qualidade religiosa particular. Assim, é preciso, quando um estrangeiro penetra na casa, conduzi-lo de início à lareira. Ele toca a lareira; acha-se desse modo integrado ao espaço da casa da qual é hóspede. A lareira, estabelecida no centro do espaço doméstico é, na Grécia, uma lareira fixa, implantada no solo. Constitui como o *omphalós* da casa, o umbigo que enraíza a morada humana nas profundezas da terra. Mas é, ao mesmo tempo, de uma certa maneira, um ponto de contato entre o céu e a superfície do solo em que vivem os mortais. Ao redor da lareira circular, na sala que os gregos denominam *mégaron* (Μέγαρον), quatro colunas pequenas sustentam no teto uma abertura, uma clarabóia por onde escapa a fumaça. Quando se acende o fogo na lareira, a chama estabelece, ao elevar-se, a comunicação entre a casa terrestre e o mundo dos deuses. O "centro" da lareira é, pois, o ponto do solo em que se realiza, para uma família, um contato entre os três níveis cósmicos

do universo. Opera a passagem deste mundo aos outros mundos. Tal é a imagem mítica do centro que representa Héstia. E cada centro doméstico, cada lareira de cada casa, é diferente das outras. Entre lareiras há como que uma espécie de incompatibilidade. As diversas lareiras não podem se "misturar"[124].

Aqui, Vernant está apontando principalmente o aspecto de *comunicação* (Hermes) entre os três níveis cósmicos da existência a partir da lareira (Héstia). É um centro, um umbigo (Ὀμφαλός), aquilo enraíza *para baixo*, no sentido da ancestralidade terrena, do aterramento, e que enraíza *para cima*, no sentido do divino, do espiritual, da ancestralidade aérea. É a lareira, é Héstia quem faz essa comunicação entre os mundos. Ora, se estamos falando de comunicação entre mundos, Hermes já está presente. Vejam então Hermes dentro de Héstia. Assim como há Héstia dentro de Hermes.

Héstia dentro de Hermes: isso entendemos com os mitólogos – Hermes é o caminho, o viajante, o que está em eterna circulação, ele é o veloz, com asas nos pés, sempre circulando nos caminhos, então ele é a viagem. Mas ele não é a viagem no sentido de que vou sair deste ponto e chegar naquele – ele é a viagem porque ele é o *percurso*, como já apontamos. Ele está em casa no percurso. Hermes tem o seu lar na viagem. Ele não é exatamente a chegada e nem a partida. Ele é o movimento. Então, o movimento é o seu lar. Ele carrega Héstia consigo. Isso significa que não existe um foco, uma experiência focada, centrada, se não levarmos a lareira, se não levarmos o fogo conosco.

Aquilo a que a teoria da psicologia arquetípica se opõe é a ideia de um único centro. Isso já é uma apropriação da ideia de centro, a partir de configurações arquetípicas determinadas. A ideia do politeísmo é que temos vários centros. Cada deus é um centro, o

---

124 VERNANT, J.-P. *Mito e pensamento entre os gregos*. Rio de Janeiro: Paz e Terra, 1990, p. 257.

centro de um cosmos. Zeus, por exemplo, em sua "arquetipalidade" como deus soberano, pai dos deuses e dos homens, apresenta uma ideia de centro, ou de autoridade e regência, que é apenas uma entre outras ideias de centro[125]. Zeus, e também de certa forma Cronos, como são deuses para os quais a ideia de centro é muito importante, tendem a colocar sua ideia como única e principal. É com isso que a psicologia arquetípica se debate, com a ideia de que tudo convergiria para um único centro.

Mas ninguém nos apresenta mais a ideia de centro do que Héstia; centro é o seu atributo, como o amor é o de Afrodite e o grão é o de Deméter – e essa é uma das mais importantes lições que podemos tirar da deusa, ou seja, entender como se estrutura um centro e sua importância. Mas é preciso entender que Héstia está inserida na *polis*, a cidade (πόλις), e temos várias lareiras que compõem as *poleis*. Não é uma lareira só, são várias casas, vários *oikos* (οἶκος), portanto são vários "centramentos". *Poli*, nesse ponto, quer dizer múltiplo. O interessante na ideia de Héstia é justamente a possibilidade da circulação entre as casas, os fogos, as lareiras.

Ela não é mãe, ela é *virgem*. Com relação a Afrodite, lembremos que os mitos dizem que seu poder alcança homens, mulheres, animais e até mesmo vegetais. Nada escapa ao poder de Afrodite. No entanto, lembremos agora que só há três seres em todo o universo que estão imunes ao poder de Afrodite: Ártemis, Atena e Héstia. Héstia mantém-se uma deusa virgem. Ela não está vulnerável ao poder de Afrodite. O que o mito está dizendo? Uma ideia de centro não pode ser vulnerável, porque apaixonar-se, ficar louco de paixão

---

[125] "O reinado de Zeus é o mandálico centro da totalidade cósmica porque ele é o único cujo centro se dá como a mais plena manifestação do espírito. [...] Zeus se caracteriza pela vontade centrada no espírito" (TORRANO, J. "O mundo como função de musas". In: HESÍODO. *Teogonia*: a origem dos deuses. Estudo e tradução de Jaa Torrano. São Paulo: Iluminuras, 2007, p. 65).

pela beleza, pelo amor, pela sexualidade, pelo outro, é sair do próprio centro. É perder o foco.

Héstia não quer um lugar de destaque, porque ela é a representação da intimidade, da domesticidade, do que é interno e interior. Héstia não se casa, não se apaixona, do contrário não seria a representação de um centro. Um centro é algo imóvel, permanente e puro. Se não tiver essas qualidades não é um centro. Centro é um ponto fixo. Ginette Paris fala sobre Héstia: "Héstia é o centro da terra, o âmago do lar, e nosso próprio centro pessoal. Ela não deixa o seu lugar; é preciso ir até ela"[126]. Um centro não deixa o seu lugar, não se move, é você que vai até ele. Quando precisamos nos centrar, temos que entender que essa é a psicodinâmica da ideia de centro: não se mover, permanência.

Vernant: "No *Fedro*, Platão evoca a procissão cósmica dos Doze Deuses: dez divindades caminham, seguindo Zeus, que os conduz através da extensão do céu. Somente Héstia permanece imóvel na casa, sem nunca deixar o seu lugar. Ponto fixo, centro, a partir do qual o espaço humano se orienta e se organiza, Héstia pode, para os poetas e filósofos, identificar-se com a terra imóvel no centro do cosmo"[127]. Ela é o planeta.

E agora Vernant também evoca Hermes: "Hermes, também, mas de uma outra maneira, está ligado ao habitat dos homens e, de modo mais geral, à extensão terrestre". Hermes também é o planeta.

* * *

Nessa discussão, precisamos fazer uma distinção entre fogo e lareira. Héstia não é o fogo, Héstia é a lareira. Ela é a possibilidade de um fogo concentrado, de um fogo que não se espalha. Há, claro,

---

[126] PARIS, G. *Meditações pagãs...* Op. cit., p. 217.
[127] VERNANT, J.-P. *Mito e pensamento entre os gregos.* Op. cit., p. 191.

uma "sedução do fogo", a sedução pelo próprio desejo. O desejo, em si, é sedutor. Há algo em nós que deseja desejar. Queremos ter o desejo. Antes de desejar alguma coisa, nós desejamos desejar. Queremos ser seres libidinosos. Queremos ter tesão, antes de saber pelo quê. Isso é o fascínio do fogo. Estamos falando do elemento fogo, que é um elemento que se espalha. O fogo é um elemento que pode se espalhar. O alquimista sabia muito bem disso, sabia que tinha de concentrar a energia do fogo para poder haver alguma transformação. Ele trabalha com fogões, com o atanor, o forno. A ideia de forno e fogão é justamente conter o fogo, para que o fogo possa gerar alguma coisa, para que ele possa exercer sua capacidade de transformação. O desejo é transformador, também. O desejo, se for contido, se ele estiver delimitado, pode ser transformador. Se não for delimitado, ele se espalha, e quando se espalha, é destrutivo. O fogo precisa de continente para ser transformador. Ele precisa de um lugar, um foco.

Héstia delimita o fogo. O mito não diz que Héstia é o fogo, diz que Héstia é a lareira. Há muitos tipos de fogo: há o fogo de Hades, o fogo de Afrodite, o fogo de Zeus – o fogo como elemento está presente em diversas configurações míticas. Há muitas qualidades no fogo. Teríamos de estudar o fogo como um elemento, fazer, com Gaston Bachelard, uma *psicanálise do fogo*. Há vários tipos de fogo. Héstia é o fogo da lareira, do foco, do centro afetivo. Há um fogo em Ares, que é o fogo da ira, da guerra, da raiva; este pode se espalhar, ou pode estar concentrado. Na guerra ele está concentrado. A guerra é uma maneira de concentrar o fogo; a guerra, desse ponto de vista, é um "fogão", no sentido de que ela concentra uma energia de ira, de raiva, de combate. Do ponto de vista do fogo, a guerra é um continente. Há também o fogo de Afrodite, que é o desejo, a atração pela beleza. O fogo de Hefesto, do raio de Zeus. Hefesto é um fogo transformador também, mas está ligado ao trabalho, à realização de uma obra.

Lareira é fogo contido. Quando você contém, concentra o seu afeto, a isso a psicologia chama de foco, atenção. Foco é concentração do afeto. Dizemos: "Presta atenção!" – isso é para focar, põe o seu afeto ali. É muito mais o afeto do que a razão. Focar é fogo, afeto, libido contida, precisamente direcionada para um lugar.

Héstia não transforma, ela aquece. O mito é muito claro: Héstia não é um fogo, é a lareira. Lareira é o lugar do fogo, *fireplace* em inglês. A questão da localização em Héstia está na lareira. De novo, uma questão do espaço. Se o fogo tem um lugar, isso se chama lareira. Se o interesse tem um foco, isso se chama "atenção concentrada". O fogo da lareira não é um fogo transformador, nem um fogo de ira, de raiva ou de desejo. É um fogo que aquece; tem a qualidade afetiva da aproximação. "O interesse que aquece tudo aquilo que está em seu raio"[128]. Então, ele é um fogo redondo, circular. Essa lareira da casa grega é sempre um círculo, e está no centro na casa. O lugar do fogo é um ponto central, circular da casa, que faz a casa circular em torno de si mesma, e a partir dali a casa se realiza. Ouçam isso metaforicamente: se você põe um fogo redondo num ponto, já que ele aquece aquilo que está em seu raio, a partir dele pode-se construir uma casa. Mas, o que é uma casa? Uma casa é um abrigo. Institui a intimidade. Uma casa, metaforicamente, é uma estrutura que contém alguma coisa, onde alguma coisa vive. Do ponto de vista psicológico: se você põe em foco, concentra um foco em algo – um interesse, um estudo, uma ideia, uma relação, a construção de um projeto –, ele pode acontecer, pode ganhar uma estrutura, uma casa, já tem um abrigo.

Paola Coppola Pignatelli, uma arquiteta da Universidade de Roma, escreveu sobre Hermes e Héstia. Para ela, Héstia é a deusa da intimidade, da vida familiar. Se você tem uma casa, tem acesso à

---

[128] HILLMAN, J. *Uniform Edition of the Writings of James Hillman, Mythic Figures* – Vol. 6, "Hermetic Intoxication". Putnam, CT: Spring Publications, 2007, p. 268.

"domesticidade". Domesticidade é uma vida em família, uma vida com o que é familiar. Seja a família aquilo que for: pode ser a sua coleção de livros, seu cachorro, seus filhos, seu companheiro, seu jardim, qualquer coisa. O que é familiar vem de Héstia. Pignatelli diz: "Héstia preside sobre o famoso progresso do cru para o cozido, transformando natureza em comida"[129]. "Do cru para o cozido", essa grande metáfora de Claude Lévi-Strauss, determina dois estágios do processo civilizatório, dentro de uma antropologia imaginal. Na psicologia, também há dois estágios psicológicos: o que é cru e o que é cozido, o que é natureza e o que é alma. Natureza que virou alma, então passou do cru para o cozido. O que acontece nesse processo? O elemento da natureza que passou pelo fogo, vira comida.

Na verdade, Lévi-Strauss trabalha sobre um tripé: cru, cozido e podre. É uma lente para entender as culturas tradicionais, mas acredito que também podemos usá-la como uma lente metafórica para compreender processos psicológicos: o elemento que passou pelo fogo (afeto concentrado) vira comida (experiência vivida, refletida); o elemento natural que passa pelo desejo ou pelo fogo, vira alma, vira cultura. Paola Pignatelli diz que esse é um processo presidido por Héstia. Como Jean-Pierre Vernant, ela contrasta Hermes e Héstia, justamente para nos dizer que "Héstia é aquilo que é firme, constante, centrado, doméstico, puro e introvertido. Já Hermes é o móvel, o vetorial, o público, o ambíguo e o extrovertido"[130].

Ela fala sobre essas polaridades que são, para dizer novamente, instâncias do espaço: a polaridade entre Hermes e Héstia tem a ver com o que é público e privado, móvel e fixo. Esses são pontos psicologicamente muito importantes. É preciso distinguir: muitas das confusões psicológicas, e muitos dos sofrimentos psicológicos

---

129 PIGNATELLI, P.C. "The Dialectics of Urban Architecture: Hestia and Hermes". In: *Spring 1985* – An Annual of Archetypal Psychology and Jungian Thought. Dallas, Tx.: Spring Journal, 1985, p. 43.

130 Ibid., p. 44.

que encontramos, têm a ver com uma confusão que incide nesses pontos: o que é dentro e o que é fora, o que é público e o que é privado, o que é fixo e o que é móvel. Devo repeti-lo: essas são questões do estar, não questões do ser – confundir o público e o privado, o dentro e o fora, o que é conteúdo e o que é continente, o que é a viagem para fora e o que é a viagem para dentro, o que é o fixo e o que é o móvel, o que é preciso manter fixo, o que é preciso cuidar para que se mantenha fixo, que tem que ser vivido como fixo, e o que precisa ser entendido como móvel em nós. Essas confusões são muito dolorosas e são, psicologicamente, muito perturbadoras, muito desorganizadoras.

As questões do espaço estão distribuídas entre Hermes e Héstia, entre o que é fixo e o que é móvel. Espaço não é só algo fixo, espaço é também o que se move, aquilo que é móvel: minha capacidade de transitar, de mover-me de um lugar para outro. Considerar o espaço como algo estático é uma literalização da experiência de espaço.

Hermes e Héstia nos ensinam a lidar melhor com isso tudo: precisamos distinguir o que pertence a essas duas instâncias e, muitas vezes, essa distinção está prejudicada, estagnada, parada, inconsciente, ou confusa. Héstia implica o espaço doméstico, enquanto Hermes implica o espaço público do viajante, daquilo que viaja, que sai para fora, que vai para fora para exercer uma das funções da vida que é o comércio, a troca, a comunicação, o próprio relacionar-se no nível da troca.

2.5 Héstia e Hermes

A maneira que a mente grega teve de imaginar Héstia é como uma lareira, portanto, um foco. Eles imaginam que Héstia é a primeira a receber as libações, a primeira deusa a receber reverência. Isso está nos dizendo que, sem um foco, nada pode começar. Hillman diz disso em seu texto:

Antes de começarmos a falar sobre Héstia, devemos brindá-la. Antes de qualquer evento, os antigos romanos diziam: *Vesta!* Como nós, levantando nossas taças, dizemos: *salud, kampei, cheers, prost, santé, l'chaim...* Ela vinha primeiro, antes de Zeus, antes de Hera, Gaia, Deméter.

Em outras palavras, antes de tudo precisamos estar focados, em casa conosco mesmos, presentes aqui e agora. *Foco*, nossa palavra em português para a atenção concentrada, o interesse que aquece de vida tudo aquilo que está em seu raio, tem a mesma origem da palavra latina para *lareira*. E a lareira era Héstia. O lugar onde o fogo do lar ardia era Héstia. Esse *foco* não era seu símbolo; era a própria Héstia[131].

Hillman lê a imagem mítica. O fato de ela ser a primeira a ser lembrada, isso justamente quer dizer que o foco é absolutamente primordial.

Focar é uma questão de espaço. Focar significa estar com uma "atenção concentrada, o interesse que aquece de vida tudo aquilo que está em seu raio", como uma lareira. A imagem da lareira é muito importante, porque ela aquece, põe fogo, no sentido do calor em torno de um ponto. Para focar é preciso eleger um ponto, e esse ponto precisa estar cercado, circularmente, e precisa de fogo, ou seja, de "atenção concentrada". "Atenção concentrada" significa que a libido está ali, que há um afeto, está cercada de afeto; se você não faz isso, não consegue focar.

Mas aqui também está, paralelamente, a questão do tempo: se Héstia é o fogo – *focus*, fogo em latim, *vesta* em romano, em grego lareira se diz pela palavra *héstia* (Εστιά) – em linguagem psicológica, fogo é a "atenção concentrada", aquela que aquece de vida tudo que vem para dentro do seu raio. Para isso é preciso tempo. Se você foca

---

131 HILLMAN, J. *Uniform Edition of the Writings of James Hillman, Mythic Figures.* Op. cit., p. 268.

numa ideia, num livro, num relacionamento, num projeto, está aquecendo aquilo, levando fogo àquilo. O fato de se levar fogo para algo aquece e dá vida. E, embora ela não seja mãe, pois é virgem, isso é da ordem arquetípica do maternal – dar vida. "Atenção concentrada" é um modo de dar vida. Atenção concentrada, em psicologia, significa consciência atenta, estar consciente de algo. ("Fique com a imagem", o mais famoso *motto* da psicologia arquetípica, é um comentário hestiano. Quer dizer: concentre-se na imagem, não disperse, foque; porque, ao focar, damos calor, fogo, e isso dá vida.)

Héstia é filha de Cronos e Reia, ela é uma das doze divindades do Olimpo. Ela é a primeira a nascer de Reia, então é primogênita. É a mais velha entre os deuses, Zeus, Deméter, Hera, Hades, Poseidon etc. Mas, pela narrativa mítica, sabemos que Cronos engolia os filhos porque havia aquela questão de que um deles o destronaria. Cronos os engole e depois os regurgita. A questão interessante com relação a Héstia é que ela é a primeira a nascer de Reia e a última a ser regurgitada de Cronos; ou seja, a nascer de novo. Assim, ela é "primogênita" e "último-gênita". Aqui temos os paradoxos aos quais devemos ouvir com uma escuta metafórica e psicológica. É a primeira e a última: os primeiros serão os últimos. Sendo a primeira a ser engolida e a última a ser expelida, é a que fica mais tempo dentro do pai, de Cronos. Ela é a que fica mais tempo dentro do tempo. Héstia, para nós, é a apresentação de uma divindade que conhece o tempo. Ela é, dentre os deuses, sendo uma entidade do espaço, talvez a que mais conhece o tempo, pois conhece o tempo por dentro. Permanece mais tempo dentro de Cronos.

Assim, a relação de foco com o tempo também passa a ser importante, porque Héstia é uma deusa que saiu do tempo, saiu de Cronos. Para ter foco é preciso ter tempo. Estamos esquecendo disso em nossa sociedade de hoje. Queremos muitas coisas ao mesmo tempo. "Não há tempo para nada." É como se o mito estivesse dizendo que há uma relação entre foco e tempo. Não sei dizer exatamente qual é essa relação, pois é de uma ordem muito misteriosa, ainda precisamos traduzir isso psicologicamente. Mas o mito, inegavelmente, está entregando a ideia de que há um mistério entre foco e tempo: não entenderemos o que é foco se não nos aproximarmos de alguma compreensão do que é o tempo, e vice-versa.

* * *

Hermes tem vários níveis de atuação. Ele é um líder, um guia, um mensageiro. É também um arauto. Vejamos.

É um líder porque lidera, sai na frente, é veloz. Hermes em nós tem tudo a ver com velocidade, com movimento veloz. Com "asinhas" nos pés, ele age velozmente. Toda vez que estamos agindo velozmente, estamos sob a influência de Hermes; quando devemos, ou é preciso, pensar duas, três coisas ao mesmo tempo. Quem consegue fazer isso em nós é Hermes. Conseguir fazer isso com alguma desenvoltura, ou adequação, depende de nossa relação com essa energia psíquica.

O arauto tem bastante a ver com a questão do espaço. Ele é o arauto, o comunicador, o mensageiro dos deuses. Ele leva as mensagens. Ele é o responsável por levar uma mensagem de um lugar para outro, percorre o espaço.

E, ainda num outro aspecto dos percursos, ele é também aquele que preside àquilo que chamamos "tradução". Ele é a energia da tradução – transporta uma coisa de uma língua para outra, de um "lugar" para outro.

Isso tem a ver com o trabalho da psicoterapia, evidentemente. Ele é o tradutor e aquele que interpreta. Não existe tradução que não seja uma interpretação. Portanto, essas artes são chamadas de hermenêuticas, pois estão sob o signo de Hermes. Ele é trânsito, o que transita. De novo a questão do espaço – ele nos ensina a transitar, entre uma realidade e outra, entre uma lingua(gem) e outra.

Conhecemos a importância da ideia de interpretação na psicanálise, na psicologia junguiana, no trabalho analítico. Hermes não filtra nada, não julga nada. Ele é comunicador, intérprete, tradutor. Ele não mexe com a mensagem, não julga a mensagem. Ele quase não se interessa pela mensagem. Então é interpretação no sentido da tradução, de levar uma coisa de uma língua para outra. Veja essa linguagem como metáfora para o nosso trabalho de psicoterapeutas: do inconsciente para o consciente, trabalho de intérprete, de tradução, e não de julgamento da mensagem. A mensagem precisa ser levada de uma língua para outra.

O intérprete como tradutor na descrição de Oderp Serra:

> Hermes vem a ser ainda o *intérprete* por excelência. O domínio da linguagem lhe corresponde bem: é espaço de intercâmbios, palco de consensos e arena de dissensos, circo das diferenças, onde sempre recomeça a busca de acordos, onde se comparam significados e valores. É terreno aberto a constantes travessias e deslocamentos, onde todos andam a errar. Não há nada de impróprio em relacioná-lo com o deus vagabundo[132].

Hermes, que vem do nome grego *hermeneús*, que designa o intérprete de uma língua estrangeira:

> O nome *hermeneús* designa o intérprete de uma língua estrangeira. O verbo cognato *hermeneúo* significa "interpretar", "explicar", "exprimir". Não há duvida que essas atividades são próprias do arauto, do mensageiro – em especial daquele que se move como intermediário entre mundos distantes, até opostos...[133]

Hermes, segundo Heidegger, em última análise, traz a mensagem do destino[134]. Ordep Serra:

---

132 SERRA, O. "Breve estudo: Hermes e a tartaruga". Op. cit., p. 117.
133 Ibid., p. 100.
134 HEIDEGGER, M. "De uma conversa sobre a linguagem entre um japonês e um pensador". In: *A caminho da linguagem*. Tradução de Marcia Sá Cavalcante Schuback. Petrópolis: Vozes, 2012, p. 96.

Mas evidentemente *hermeneúein* é também traduzir, conforme atestam os dicionários. Palmer explana-o bem: "Tal como o deus Hermes, o tradutor é um mediador entre um mundo e outro..." Avançando mais, pode-se dizer que todas as operações simbólicas envolvidas em esquemas de produção e recepção, construção e desconstrução de mensagens, têm a ver com o campo hermenêutico, em particular aquelas que se relacionam com cifras e com a leitura de sinais, incluindo a consideração de sintomas e índices não voluntários[135].

A questão de Hermes e Héstia, do fora e do dentro, do alienígena e do íntimo, do estrangeiro e do familiar: Hermes nos apresenta as possibilidades, a riqueza e as necessidades de estarmos nos relacionando com o estrangeiro, com o que é diferente, com o que está no mundo; e Héstia nos apresenta a importância e a necessidade de criar uma experiência de intimidade, de família, de hospitalidade, de ter uma casa, uma experiência com aquilo que posso chamar de familiar, da criação de um espaço interno, que se torna uma "casa", que abriga aquilo que é íntimo. O que é íntimo é familiar, familiar no sentido daquilo que me é conhecido. Isso cria um sentido de família.

E, voltando a Hermes e sua guiança desnorteadora, talvez a melhor maneira de encontrar o que é familiar seja mesmo o momento em que você está perdido, porque esta se torna então uma questão urgente. Ele nos desvia para nos encontrarmos, e nos encontrarmos significa reconhecer o que é familiar.

O lugar para onde voltar é um tema mitológico: a volta ao lar. É um tema arquetípico, um mitema presente em muitas histórias. Mas, se considerarmos Héstia em si, em suas lições, eu diria o contrário, que Héstia, de um ponto de vista arquetípico, não é um lar para voltar, é um lar de onde sair, como um ponto de partida. É um lar para carregar consigo, um foco.

*   *   *

---
135 SERRA, O. "Breve estudo: Hermes e a tartaruga". Op. cit., p. 101.

Outro aspecto importante de Hermes tem a ver com a noite. Ele tem a ver com o noturno, com o que não é muito claro: é "o noite-acesa". É uma configuração que tem a ver com enxergar no escuro. A noite em si é um mundo, o mundo de Hermes. O mundo de Hermes tem mais a ver com a noite do que com o dia, com aquele aspecto fortuito do ladrão, daquele que rouba sem ser visto, o esperto. Ele nasce à noite. Ao mesmo tempo em que tem a ver com a noite, ele também é chamado "o esperto". O esperto, como mencionamos, é o desperto. Então ele é o desperto na noite, aquele que não dorme. Temos uma dificuldade muito grande com essas palavras, esperto e esperteza; elas têm uma conotação extremamente negativa em nosso ambiente cultural, especialmente o brasileiro. Mas, esperto, rigorosamente, quer dizer desperto, pessoa que está com o olho aberto, atento, vigilante, acordado, uma pessoa que pode enxergar oportunidades.

Viver a esperteza na sua polaridade de astúcia é um aspecto de Hermes. A negociata, o ilícito, o embuste, a corrupção, o caminho cortado. Desde que essas coisas todas estejam regidas por Hermes, elas têm um um lugar. A difícil questão que a mitologia nos coloca é exatamente esta: aquilo que López-Pedraza dizia, que precisamos olhar para o mito pagão a partir dos níveis pagãos em nós. Precisamos retirar a moralização. Essas questões foram todas moralizadas pelo cristianismo. Mas no mito isso tudo tem lugar. É fato psicológico, não está aí para ser moralizado, para ser avaliado como ruim ou bom. Não há o mito sem a patologia. É um pacote completo.

Sobre a noite, no sentido de Hermes, ouçamos Walter Otto, em sua esplêndida evocação da noite:

> Quem está só, de noite, em campo aberto ou caminhando por ruas silentes, vê o mundo de outra maneira que durante o dia. O próximo desaparece e, com ele, também, o longínquo. Tudo está longe e perto ao mesmo tempo; junto de nós e, misteriosamente, afastado. O espaço perdeu suas dimensões. Ressoa, sussurra não se sabe o

quê, nem onde. De jeito insólito, o sentimento também é incerto. Por dentro da mais amável confidência surge o estranho; o terrível atrai e fascina, já não há mais separação entre os seres vivos e os desprovidos de vida. Tudo é animado e inanimado; desperto e adormecido, ao mesmo tempo. [...] O próprio espírito da noite, o gênio de sua benevolência, de seu encanto, de sua inventiva de sua profunda sabedoria, pois ela é a mãe de todos os segredos, cobre de sono os fadigados, tira-lhes as preocupações, encena sonhos em suas almas. Desfrutam de sua proteção, tanto o infeliz e o perseguido, como o ardiloso, a quem a sua ambígua escuridão propicia mil truques e malefícios[136].

Assim, Hermes é mais enigmático do que Héstia, mais ambíguo. Se ele é ligado à energia da noite, há nele uma ambiguidade, própria do invisível, ele afinal transita entre a vida e a morte, faz o trânsito entre reinos. Já Héstia é menos enigmática. Parece que aquilo que é fixo é menos enigmático do que aquilo que é móvel. Podemos entrever aqui mais um *mistério do espaço*.

* * *

O comércio com o estrangeiro, o contato com o diferente: a dialética de Hermes e Héstia tem a ver com o "familiar" e com o "outro"; aquilo que é familiar e o que é estranho. Toda civilização, todo ser humano, defronta-se com o problema da alteridade. Pois bem, do ponto de vista da mítica, o Outro recai em quatro categorias distintas: o estrangeiro, o inimigo, o morto ou deus. A extrema alteridade é, evidentemente, a Morte, o Absolutamente Outro. O relacionamento com o Outro é o relacionamento com alguma dessas instâncias. É sempre bastante perigoso. Mas Hermes é o mediador com o Outro, é aquele que nos dá a possibilidade de fazermos essa mediação, sempre tão importante, com o Outro. A energia do comércio, da

---

136 Ibid., p. 107.

tradução, da mediação, da mensagem, da comunicação – quando não temos Hermes em nós, ou quando essa energia é fraca, esse tipo de coisa fica comprometido. Há hoje uma profunda dificuldade com o outro, com a diversidade, com o que é diferente. Queremos ficar só com o familiar. Há um recrudescimento de uma Héstia patologizada. Pois qual é a doença de Héstia? Xenofobia, quando se vê o outro como ameaça, o rechaço paranoico do Outro, do estrangeiro (*xénos*), a recusa de se misturar ao outro. Os extremos de Héstia são as diversas modalidades de xenofobia, da rejeição do diferente (limpeza étnica, extermínio de populações nativas, nacionalismo, fundamentalismo político e religioso) – isso, pela perda da ideia de lugar, da sacralidade da ideia de lugar. Então, todas as lições de Héstia, no sentido da hospitalidade, da recepção, do acolhimento, estão comprometidas. Mas podemos acrescentar alguma sofisticação a essa percepção: não é só a xenofobia, é também a homofobia e a transfobia, o racismo, a misoginia, todos os literalismos do rechaço ao outro, todo o medo do diferente, do não familiar, a impossibilidade de uma mediação com o estrangeiro. Fechar-se para o estrangeiro. É o fracasso da compreensão de que é à partir do Outro que se institui o Mesmo. A dialética entre alteridade e ipseidade está comprometida. Desde que são um par, o problema de Héstia e Hermes adoecidos é o bloqueio de qualquer possibilidade de entrar em contato com essa ameaça de intercâmbio, ou do intercâmbio como ameaça. Já que são um par, se um está doente, o outro está doente também. Se Héstia é xenófoba, Hermes não consegue dialogar. Um está dentro do outro. Onde há Hermes há Héstia; onde há o dentro, há o fora. Essas coisas acontecem simultaneamente. A xenofobia é, certamente, o fracasso de algum tipo de diálogo, de qualquer tipo de comércio, de mediação, de comunicação entre diferentes.

Do ponto de vista psicológico mais individual, se não há uma noção clara do que é dentro, também não há uma noção clara do que é fora. Então, essas duas instâncias estão comprometidas. Se não há uma noção de fora, o dentro vira uma ameaça, e vice-versa. Se não tenho casa, não existe a rua. Aqui, novamente, falamos da confusão entre o que é público e o que é privado, o familiar e o estrangeiro. O importante para o estrangeiro é permanecer estrangeiro, e de poder ser recebido. Essa é uma capacidade de Héstia, a hospitalidade: receber junto ao fogo, junto à lareira, dentro de casa, no círculo aquecido do afeto. A ideia de hospitalidade (Héstia), com suas leis, que traz em si também a ideia da troca (Hermes), é uma experiência que aprendemos com essa deusa.

* * *

Hermes e Héstia formam uma parelha, uma dupla, que tem uma relação íntima, de cooperação, mas que não é de conjugalidade. Eles são um casal "estranho" porque, do ponto de vista cronológico, eles não são nem contemporâneos. Héstia seria uma deusa mais antiga do que Hermes, numa certa "cronologia" que pudéssemos entender haver na genealogia dos deuses. Mas estão pareados, inclusive no *Hino homérico à Héstia*. Vernant entende que o agrupamento dessas duas divindades, que são muito diferentes no tempo – Héstia é filha de Reia, é a segunda geração; Hermes é filho de Zeus, ela então é, digamos, tia dele – esse acasalamento se dá por conta de uma "afeição recíproca" que não se baseia nos laços de sangue, nem do casamento nem da dependência pessoal. Hermes e Héstia são "vizinhos".

Os dois regem a casa. A referência é a casa – aquilo que os gregos chamam de *oikos* (οἶκος), e que está na raiz da nossa palavra "economia". A economia são os *nomos* (Νόμος), leis, do *oikos* – portanto, as leis da casa.

Mas *oikos*, para os gregos, não é a casa somente do ponto de vista físico; é o lar, e tudo aquilo que pertence a uma habitação. E o que pertence a uma habitação é uma família, que faz com que aquela habitação seja um lar. A noção de família para os gregos é diferente de nossa noção burguesa. Refere-se a tudo que pertence a casa, a um *oikos* – as pessoas, os animais, os utensílios, os mantimentos, a despensa, os objetos e, principalmente, a lareira.

Esses dois deuses têm a afinidade de função: tanto Hermes quanto Héstia presidem ao *oikos* (οἶκος) – presidem à "casa", ou seja, a possibilidade de termos uma noção de casa, de lar e, portanto, uma noção do que é familiar, noção que nos é dada tanto por aquilo que está dentro (Héstia) quanto por aquilo que está fora (Hermes). Esse é o contraste que indica a conjunção desses deuses. Os dois concorrem para a construção da ideia de um lar, ou de família.

Temos de ouvir essas palavras, lar e família, sem a conotação cristã, burguesa, contemporânea. A mentalidade grega parece muito mais próxima do sentido arquetípico dessas ideias. A *polis* (πόλις) é justamente a "coleção de lares", a coleção de *oikos*; a coleção de lareiras, de fogos. Quando você tem uma pluralidade de lareiras, de casas, de fogos, você tem uma pluralidade de centros, e uma pluralidade de centros é uma *polis* – πόλις.

Sem uma ideia de lar, não vivemos. Isso não precisa ser compreendido literalizado numa família concreta, ou mesmo numa casa de fato. Vivemos isso internamente das maneiras mais polivalentes e múltiplas possíveis. Mas a existência psicológica, nesse sentido, é impossível sem uma ideia de lar, sem uma ideia de família. E as energias psíquicas, ou as potências divinas, para usar a metáfora grega, que nos ajudam a formar essa ideia de lar são Hermes e Héstia – um olhando para fora, outra para dentro. Há esse "jogo" entre dentro e fora que propriamente define uma "morada". E todos temos uma morada. Se não tivermos uma morada, não conseguimos constituir uma identidade, um ponto de vista sobre as coisas, a partir do qual se relacionar com o mundo e com as pessoas.

E se os dois são deuses *do* e *no* espaço – pois podem nos ajudar a entender o espaço –, eles o são no sentido da possibilidade de me localizar, onde me *localizo*, psicologicamente falando. Localizar-me vem da interação desses dois deuses. Portanto, a nossa relação com eles determina, em muito, a nossa possibilidade de estarmos localizados, de saber onde estamos nas situações que vivemos. Gente pouco localizada, clinicamente falando, tem uma dificuldade com essas duas energias – com as duas, ou ao menos com uma delas. E localizar-se é fundamental para uma noção de identidade.

Héstia é tida como a inventora da arquitetura doméstica. A ideia de arquitetura, que começa com a arquitetura doméstica, é atribuída a ela. A partir da lareira se constrói uma casa, o doméstico. A lareira é uma *arché* (ἀρχή) do *domus* – *domus* é a casa, o lar, o mais íntimo, aquilo que é o mais familiar e o que abriga a sua família, aquilo a que você pertence, qualquer coisa que tenha um sentido familiar para você. O que estiver abrigado dentro de um *domus*, aquilo é a sua domesticidade, sua família.

A ideia do que é familiar, do que é o mais íntimo, constrói a experiência de pertencimento, que precisa estar abrigada. A noção de pertencimento, que vem de reconhecermos o que é familiar, não pode estar des-coberta. A noção de pertencimento constrói casas dentro de nós.

A lareira de Héstia, necessariamente, é redonda, e fica no centro da casa. É redonda porque é um símbolo feminino. Tudo que é feminino é da ordem do redondo. É redonda, também, porque imita o umbigo. É aquilo que é chamado, na Grécia, o *omphalos* – Ὀμφαλός – o umbigo. Ou seja, é aquilo que enraíza, como o cordão umbilical que liga o bebê à mãe, como o caule que liga uma planta à terra, ao seu enraizamento.

Para os gregos antigos, a ideia de umbigo – Ὀμφαλός – é absolutamente necessária para se constituir qualquer coisa, para se realizar qualquer coisa, pois é a ideia de que as coisas têm raízes. A raiz de uma casa é a sua lareira – essa funciona como o *omphalos*, o umbigo, pois é justamente aquilo que assenta o lar na terra, que enraíza aquela familiaridade. Vernant:

> Que Héstia reside na casa é evidente: no meio do *mégaron* (Μέγαρον) quadrangular, a lareira micênica, de forma arredondada, marca o centro do habitat humano. [...] Mas Héstia não constitui apenas o centro do espaço doméstico. Fixada no solo, a lareira circular é como que o umbigo que enraíza a casa na terra. Ela é símbolo e garantia de fixidez, de imutabilidade, de permanência[137].

Como nós precisamos disso! Os deuses são estilos de consciência, estamos examinando, com Héstia, um certo estilo de consciência. Devemos ouvir essas observações como metáforas psicológicas, evidentemente. De novo: não estamos estudando a Grécia antiga, e nem sua mitologia; estamos estudando metáforas interessantes para entendermos o funcionamento da psique.

2.6 Héstia e a hospitalidade

Para receber o hóspede em sua casa, receber o estrangeiro, esse centro, que forma uma casa em torno de uma lareira, não pode estar literalmente fechado. Ele tem que poder receber o outro, poder colocar o outro sentado à sua mesa, comendo a sua comida, bebendo a sua bebida, convivendo próximo ao seu fogo – isso aprendemos com Héstia. Pois Héstia, ao mesmo tempo em que fecha – pois é preciso fechar o círculo para poder constelar uma família, uma "casa" só se constela à medida que estiver protegida, fechada – também abre, também indica que é preciso haver uma porta de entrada e saída, ou seja, é preciso disponibilidade para a hospitalidade, do contrário não será um centro verdadeiro. Temos esses centros dentro de nós. E os que não se abrem, esses não são centros verdadeiros. Na ideia de centro que Héstia nos ensina, o estranho e o estrangeiro não são ameaçadores, eles podem desfrutar de nosso acolhimento. Se temos ideias que não permitem o acolhimento de outras ideias diferentes, então não temos ideias, temos dogmas. Um centro é esse paradoxo:

---

137 VERNANT, J.-P. *Mito e pensamento entre os gregos*. Op. cit., p. 191.

algo fechado e não fechado ao mesmo tempo. A prova de fogo de um fechamento é ele poder abrir. Algo que está só fechado e que não se abre é rígido.

Héstia tem a ver com algo relativamente poroso. Se a casa estiver completamente fechada, como um círculo fechado, então não é a casa no sentido de Héstia, não é o foco no sentido de Héstia. Aí há mais uma lição do mito: só é foco de verdade – num projeto, num estudo, num relacionamento, numa carreira, num casamento, o que quer que seja – aquele foco que pode receber elementos estrangeiros, alienígenas, estranhos, sem que isso o des-foque. Permeabilidade. Se for um foco fechado, então temos algo dogmático, fundamentalista, fanático.

Héstia é hospedeira porque entende que o estrangeiro, o viajante, aquela pessoa que passa, que bate na porta, está em estado de vulnerabilidade. Todo viajante está em estado de vulnerabilidade. Qualquer pé para fora de casa, e estamos vulneráveis. Héstia entende profundamente isso. Então, ela acolhe. Essa é a psicodinâmica entre anfitrião e hóspede, que é uma dinâmica entre Hermes e Héstia, extremamente importante para a mentalidade grega. Hoje não temos uma relação sagrada com a hospedagem; a hospitalidade não é mais sagrada para nós[138].

* * *

Em termos geométricos, Héstia é o redondo – o feminino, a lareira que é sempre redonda, que não tem arestas, no centro da casa.

---

138 Vejo o fenômeno moderno de hospedagem via *Airbnb* (uma modalidade nova de hospedagem em que uma pessoa recebe temporariamente em sua casa um hóspede desconhecido, mediante pagamento) como uma tentativa de reunir essas instâncias que estiveram desunidas. Se a hospitalidade tem um caráter sagrado, como os gregos antigos achavam, ela forçará sempre um caminho de volta. Talvez o *Airbnb* seja uma forma de recuperar um pouco dessa sacralidade. Os arquétipos são forças permanentes e pedem sempre uma ressignificação.

As formas redondas têm a ver com aconchego. Então, o foco deve ser redondo também, deve ser circular, ou não é foco, no sentido arquetípico do termo, ou seja, no sentido de poder organizar uma experiência. Qualquer coisa que seja um foco, no sentido de organizar uma experiência, tem que ser redondo, não pode ter arestas.

Héstia é o círculo. Hermes é a linha, que é a flecha, a rapidez. Nesse ponto, existem dois símbolos fundamentais para esses deuses: Héstia é o círculo e Hermes é a flecha. O círculo, que expressa o feminino, e a flecha, que expressa o masculino. Com esses dois deuses, estamos dentro de uma poética do espaço. No âmbito da arquitetura, Paola Coppola, numa visão mais ampliada apoiada em Héstia e Hermes, afirma em relação à cidade:

> Os símbolos mais antigos expressam dois signos fundamentais: o círculo para expressar o feminino (ovo, vulva, seio etc.) e a flecha para expressar o masculino (o pênis, ou terceira perna, no macho).
> Duas expressões recorrentes, arquétipos espaciais verdadeiros, correspondem em arquitetura a esses dois símbolos elementares, isto é, o domo, a caverna, a tenda, o labirinto, a espiral, a *casbah* autocontida, por um lado; o obelisco, o minarete, a torre, o arranha-céu, a pirâmide, a cidade linear, racional e indefinida por outro[139].

* * *

É hora agora de ouvir e pensar um pouco sobre o *Hino homérico a Héstia*. Sabemos que a hinódia homérica são propiciações para a invocação dos deuses, cânticos religiosos, para que acontecesse a epifania, a manifestação dos deuses. Eles contam a história dos deuses e os invocam. O poema relativo a Héstia compõe-se apenas de catorze linhas. As seis primeiras linhas são sobre Héstia, e as

---

[139] PIGNATELLI, P.C. "The Dialectics of Urban Architecture: Hestia and Hermes". Op. cit., p. 45-46.

oito segundas são sobre Hermes. Assim, também e principalmente o próprio *Hino* já os entrelaça:

> Héstia, que nas altas moradas entre todos
> os deuses imortais e os mortais que caminham sobre a terra
> recebeste assento eterno, um sinal de deferência,
> tens admirável prerrogativa e honra; sem ti
> não há festins para os mortais, onde o iniciante não verta
> a oferenda inicial e final de vinho doce como o mel à Héstia.
> E, também a ti, Argeifonte, filho de Zeus e de Maia,
> mensageiro dos bem-aventurados, deus do caduceu de ouro, doador dos bens,
> sê-me propício e me protege com Héstia venerável que te é cara.
> Ambos habitais as belas moradas dos homens da terra,
> com sentimentos de amizade mútua. Quando agem bem,
> vós lhes dais por companhia a inteligência e a juventude.
> Salve, filha de Crono, e também tu, Hermes do caduceu de ouro!
> Lembrar-me-ei de vós em meu próximo canto[140].

Héstia é a que recebe a primeira e a última libação, ou seja, tem uma posição especial. Ela é fixa. Ela recebe a primeira libação em qualquer cerimônia. Tudo começa com Héstia.

"Sem ti não há festins para os mortais" – esse verso é importante, pois diz que ela é a deusa, a energia, que permite que haja festa, convívio, refeição, troca de alegrias. Ela permite que entre os mortais haja festim. O que significa isso? Eu leio da seguinte maneira: não há lar, propriamente dito, que não seja festivo. A ideia de lar para os gregos antigos tem muito a ver com festividade, no sentido de troca, comemoração, comer e beber junto, estar alegre. Ginette Paris: "O que interessa a Héstia é o grupo, o 'nós', a familiaridade daqueles

---

140 RIBEIRO JR., W.A. "Ares". In. *Hinos homéricos*. Op. cit., p. 478.

que a cercam e a arquitetura deveria refletir essa coletividade [...] o aspecto comunal das reuniões familiares em volta de cada mesa"[141].

Todos os deuses têm rituais. Mas Héstia não tem uma celebração, porque não tem templo. Ela não tem representação. É um pouco invisível, como a consciência é invisível. Foco não tem visibilidade, é da ordem do invisível. Foco, consciência, atenção concentrada são coisas invisíveis. A deusa que nos apresenta isso tudo é invisível também. O seu templo é a casa, a lareira dentro da casa. E qual o único ritual de Héstia? É a refeição compartilhada. Isso é o que fazem os familiares. Família é repartir uma refeição. Os gregos honravam a Héstia repartindo uma refeição dentro da casa. "O único rito de fato realizado em sua honra era a refeição familiar"[142].

O que é então o rito de Héstia? O que ela proporciona? O que só com ela é possível ter? Festins – festa, recepção, comer junto, felicidade, alegria. Família é algo para ser alegre! Só é família de fato se houver festim, celebração, comida e bebida. Como Héstia é a "primogênita" e a "último-gênita", ela recebe a primeira libação e a última, e isso significa que Héstia preside às refeições. Ela tem a ver com a comida, mas não como Deméter que é a instância que nos apresenta a necessidade em si de nos alimentarmos. Deméter é o grão; ela nos entrega o grão. Héstia já é o grão cozido, é a refeição. Héstia nos apresenta o caminho do cru para o cozido, ou seja, do selvagem para o civilizado, e o compartilhado. Do ponto de vista de Héstia, compartilhar uma refeição, uma comida cozida em família e para a família, é o ato civilizatório por excelência. Entendido isso, você chegou a um certo nível de civilização. Tudo, antes disso, é selvageria. Almoçar no carro, ou a pé caminhando para o trabalho, é selvagem, não é civilizado; machuca a deusa. Comer em pé, apressado, indo para o compromisso, *fast-food*, comida no metrô – tudo isso,

---

141 PARIS, G. *Meditações pagãs...* Op. cit., p. 221-222.
142 HILLMAN, J. *Uniform Edition of the Writings of James Hillman, Mythic Figures.* Op. cit., p. 269.

do ponto de vista de Héstia, é selvageria, é bestialidade. É encher a barriga como um bicho. Não está na ordem do humano civilizado.

Um aspecto importante para a ideia de lar é a *segurança*: "O lar do grego médio, na Antiguidade, dispunha, em primeiro lugar, de uma lareira em torno da qual se constrói a casa. O espaço doméstico é organizado diante de uma lareira, e Héstia *era* essa lareira. [...] É o coração da casa, o lugar da intimidade familiar, o abrigo do tumulto, pois Héstia protege, recebe e dá segurança"[143]. Estamos falando dos níveis de centro dentro de nós que nos trazem paz e segurança – é isso que significa um lar, uma casa, um ambiente protegido: proteção, paz, segurança. Esses são presentes da deusa. Hermes, ao contrário, traz o que é de fora para dentro. Assim, Hermes sempre traz a ameaça.

A deusa nos ajuda a poder perceber e reconhecer o que é familiar, onde está a "minha família". Isso não é de todo fácil, quem trabalha com psicoterapia sabe disso. As pessoas, de uma maneira ou de outra, estão bastante envolvidas com essa questão – buscando *pertencimento*. Exatamente o que está por trás disso é a questão do pertencimento. E essa é uma questão muito básica, umbilical, primordial. A partir dela é que pode acontecer qualquer viagem.

Vejo muitas pessoas lutando com isso. Quando alguém se pergunta: quem sou eu? – na verdade, está perguntando: aonde eu pertenço? Qual é o meu lugar? O que é familiar para mim? Onde estou inserido? O que está perdido é a ideia de família, no sentido arquetípico, essencial, do termo: pertencimento.

Héstia nos conta o quanto é importante a ideia de família. Ginette Paris: "Héstia é encontrada onde a família descobre o seu centro. O centro de uma casa não é objetivamente determinado pela autoridade"[144]. Isso nos interessa: o foco de alguma coisa não tem a ver com autoridade, talvez tenha a ver com afeto, com aquilo que

---

143 PARIS, G. *Meditações pagãs...* Op. cit., p. 218.
144 Ibid., p. 221.

afeta. É uma observação psicológica importante. Trata-se de algo mais sutil – é o calor, o fogo, que faz um centro, uma família. Não é a autoridade.

Paris:

> Héstia e Hermes formam, juntos, uma associação de opostos, a primeira recusando-se a deixar o centro, e o segundo sendo o deus da comunicação e das viagens. Não são um casal, no sentido de marido-mulher, pois o território de Hermes termina precisamente onde começa o de Héstia (quer dizer, na porta da casa). [...] Pelo fato de Hermes mover-se e deslocar-se continuamente, faz apelo à novidade e à mudança, ao passo que Héstia privilegia tudo o que preserva a continuidade e a identidade. Embora seja verdade que a mudança é importante, Héstia existe para lembrar-nos que, muitas vezes, importante é permanecer igual[145].

Hermes tem a ver com novidade, mudança, o surpreendente. Héstia com ipseidade, permanecer o mesmo. É um *contraste cooperativo*, de complementaridade, entre o fixo, o permanente e o móvel, o impermanente. Há um jogo entre essas duas coisas, um jogo possível e absolutamente necessário. O mito apresenta esse jogo personificado nessas duas figuras. Vernant: "Se Héstia é suscetível de 'centrar' o espaço, Hermes pode 'mobilizá-lo'"[146]. O jogo aqui é entre centramento e mobilização, que faz parte desses dois movimentos; é como se não pudéssemos ter um sem ter o outro – o que é uma lição psicológica impressionante.

Como somos monoteístas, estamos acostumados a pensar sobre a ideia de centramento e de mobilidade, ou de movimento, muito isoladamente, sempre como se estivessem separados, indicando momentos sempre bem distantes um do outro, isto ou aquilo. Temos dificuldades de perceber de fato que há uma relação entre essas duas coisas, que uma institui a outra.

---

145 Ibid., p. 234.
146 VERNANT, J.-P. *Mito e pensamento entre os gregos.* Op. cit., p. 194.

Héstia é a que não se move e, portanto, é a lição que podemos tirar da *imobilidade* – em contraste com o seu par, Hermes, que é a *mobilidade*. Pois Hermes, por seu lado, nos ensina as lições da mobilidade: o que é mover-se, qual é a importância do movimento. Esse é o valor da mitologia, ela nos faz ver qual o valor de cada coisa. A imobilidade tem um valor. Há uma compreensão de determinados níveis da existência que só podem vir a partir da experiência da imobilidade. Então, estar imóvel é também uma arte, tanto quanto saber mover-se é também uma arte. E isso são presentes dos deuses.

O presente de Héstia, por meio do qual podemos entrever uma série de coisas, é o mistério da imobilidade, da fixação, do que é imutável – a "casa" é sempre a mesma, deve ser sempre a mesma. Só é casa, só é um lar – e, de novo, entendam isso metaforicamente, não literalmente – quando é imóvel, quando estiver sempre ali.

Nossa relação pessoal desimpedida, simpática, sintonizada com o nume de Héstia inicia-nos nos presentes que ela encarna e que têm a ver diretamente com o fato de ela ter passado mais tempo dentro do tempo, dentro de Cronos: paciência, permanência, imobilidade, tolerância, foco, interesse, atenção, continuidade das relações, aprofundamento dos laços afetivos – os atributos do sal, na alquimia. Tudo isso se dá a partir de uma instância que é imóvel, fixa, de uma instância psíquica que é a instância da fixação, da permanência, daquilo que está imóvel, centrado.

As imagens míticas são muito complexas, enlaçam essas noções: imobilidade, fixação, permanência – atributos do espaço que só podem vir a partir de uma experiência específica com o tempo, um conhecimento do tempo. Héstia é este conhecimento, conhece o tempo por dentro, não por fora. Aqui temos mais um paradoxo: esses deuses são os deuses do espaço, regem em primeiro lugar os mistérios do espaço, a poética do espaço; realmente, se quisermos mergulhar e compreender melhor a psique do espaço, esses dois deuses nos mostram. Mas uma das principais deusas do espaço também conhece o tempo, o "avesso do tempo".

Filha de Cronos, ela conhece o tempo; é o antídoto da ansiedade. Mas nada nela indica um conhecimento mais específico ou especial do paterno; ao contrário, e paradoxalmente, ela tem um quê de materno, embora não seja mãe – porque ela também é a receptividade, a continência. Essa instância psíquica desdobra-se em analogias simbólicas com imagens muito femininas: continência, vaso, o fechado – são símbolos maternos. A casa, a lareira, a receptividade – e essas outras imagens: o vaso alquímico, o continente (não o conteúdo), aquilo que abarca. Todas essas coisas – a casa, o ninho, a gaveta, o túmulo, os armários – são símbolos de valência feminina, estão alinhados com Héstia. São desdobramentos dos símbolos da casa. E são as coisas do guardar: ela é nossa possibilidade de *guardar*, nossa habilidade de guardar coisas, segredos, memórias, e isso implica nossa profissão de analista: o secreto.

* * *

Héstia é uma deusa complexa. Se ela é a hospitaleira, se é a deusa da receptividade – indicando nossa capacidade de receber alguma coisa –, é preciso também refinar nossa ideia de receptividade e entender que ela vai até certo ponto: o Outro não se torna diretamente íntimo, ele está de passagem, vem e vai com Hermes. Essa hospitalidade não significa tornar o estrangeiro em íntimo, porque íntimo é a *família*, o que é familiar – e ela é a deusa da família, do que é familiar, o círculo íntimo em que estamos inseridos. Há uma habilidade em receber o outro e fazer com que ele se sinta em casa, ainda que se possa e se deva guardar essa fronteira, esse limite entre hóspede e íntimo. Aqui, novamente, temos Hermes dentro de Héstia: as fronteiras. Porque se a fronteira estiver borrada, perdemos as distinções que Héstia pode nos oferecer. A casa então não é mais casa, é uma hospedaria. Não é mais a casa no sentido do lar, da família; é um lugar público, um hotel, um albergue, uma pousada – lugares públicos, que não têm a ver com Héstia, embora possa haver uma Héstia aí também, mas não é mais essa experiência sobre a qual estamos falando. A experiência de Héstia é a experiência da família, família no sentido amplo do termo – de novo, pode ser os seus móveis, os seus cachorros, seus livros, seus discos, pessoas humanas, o seu pai ou não, enfim, aquilo que lhe é familiar.

Portanto, de Héstia também vem essa lição: a nossa capacidade de fazermos família, o que significa essa experiência de tornarmos ou de fazermos de um certo universo, um universo familiar, de criarmos um mundo, uma "casa" para nós. Não há cultivo de alma sem esse item. A ideia aqui é que Héstia está muito ligada a uma ideia de cultivo de alma. A meu ver, não há cultivo de alma se não soubermos o que é familiar, se não tivermos uma relação de intimidade com alguns itens que elejo, ou que me elegeram, aos quais eu chamo de família.

Héstia é um nume, uma luminosidade, que tem muito a ver com os processos de cultivo de alma, com uma ideia de alma. Pois a ideia de alma é a ideia da profundidade, ou seja, *"dentro* da casa". Uma qualidade, em nossa tradição de psicologia arquetípica, caracteriza de forma importante para nós o que seja alma: profundidade, interioridade. A profundidade de todas as coisas, a alma como a possibilidade de nos aprofundarmos na interioridade de todas as coisas. Isso vem de Héstia, está diretamente relacionado com ela. O cultivo de alma então *depende* de Héstia – claro que depende de muitas outras instâncias também, e não queremos fazer aqui um "monoteísmo de Héstia" –, mas a incidência desse padrão arquetípico na ideia de cultivo de alma me parece importante.

Há um texto de James Hillman, no volume *Figuras míticas – "In: Hestias Preposition"* ["A preposição de Héstia] – onde ele diz que a preposição da psicologia, da psicoterapia, é *"in"* – em português, "em". Mas, em português, temos ainda uma palavra melhor para também traduzir *"in"*, que é "dentro". A palavra da psicologia é "dentro", ou "em" – como em interioridade (*interiority*), introversão (*introversion*), em análise (*in analysis*), em terapia (*in therapy*) – há uma série de locuções próprias do trabalho da psicoterapia e da psicologia que envolve essa preposição "em", ou "dentro".

Como Hillman faz uma psicologia arquetípica, faz a pergunta arquetípica. Ele diz que sofremos um impulso para dentro, à interioridade, que vamos para a terapia porque queremos olhar para dentro, queremos nos aprofundar em nós mesmos, em nossas questões, e que este é um impulso arquetípico. Se é um impulso arquetípico, há alguém aí. A pergunta de Hillman então é: "Quem? Quem nos puxa para o 'em' e o 'dentro'? Que pessoa mítica encontra-se nesse impulso?" Resposta: Héstia! Héstia é a deusa da interioridade – é a força arquetípica em nossos impulsos para a interioridade. A palavra de Héstia é "dentro", o que para mim tem a ver com cultivo de alma.

Hillman faz então um alinhamento da atividade psicoterapêutica com Héstia: sempre o mesmo local (consultório), o ritual, a permanência no mesmo lugar, no mesmo horário. A mítica nos diz que Héstia não sai do lugar. Ela é imóvel. Todos os deuses se movem, ela não. Temos de ir até Héstia. Os outros deuses, e os humanos, vão até Héstia. Ela não tem altar, não tem templo – o seu templo e altar é dentro da casa, como já vimos, é a lareira dentro da casa, que é imóvel. Hillman faz uma analogia muito interessante com a questão da psicoterapia. Você tem que ir até lá, porque o fogo está ali, o fogo da reflexão, o ritual de interiorização, da interioridade. O psicoterapeuta assim é um sacerdote de Héstia[147].

No entanto, com tantas psicoterapias sendo hoje conduzidas por sessões em vídeo, a distância, talvez tenhamos que repensar essas questões. O consultório, afinal de contas, é um pedaço da nossa

---

147 "Os psicanalistas são os preservadores dos mitos em nossa cultura" (HILLMAN, J. *Uniform Edition of the Writings of James Hillman*, Mythic Figures. Op. cit., p. 161).

casa. Talvez seja uma terapia mais hermética, nesse caso, focada mais na comunicação, e não na presença. Há, então, a meu ver, duas maneiras de se entender isso: conforme o texto de Hillman, "Intoxicação hermética"[148] nos faz pensar, ou indica, um rompimento dessa relação entre Hermes e Héstia – um rompimento que traz patologia para ambos os lados, que patologiza as duas pontas – ou, sendo um pouquinho mais otimista do que o próprio Hillman, temos aqui o desafio de reencontrar Héstia numa outra concepção, na tela do computador, do celular etc. Uma Héstia junto com Hermes.

Talvez sejam modos de recuperar a deusa, a questão da presença, do foco, da permanência, que são itens absolutamente importantes do trabalho com a alma.

Héstia é uma deusa pouco falada, porque é invisível, é como Hades – esses deuses de pouca visibilidade são pouco comentados, até mesmo a psicologia não dá muita atenção a eles. Gostamos de falar de Dioniso, Apolo, Hermes, Atena – as estrelas da mitologia grega. Mas acredito que Héstia é uma configuração muito importante para a psicologia.

* * *

Vamos agora nos dedicar um pouco às reflexões de James Hillman em seu texto "Intoxicação hermética". Primeiramente, algumas observações sobre o título propriamente dito. Hillman, em todo seu trabalho sobre as figuras míticas, olha para a patologia. Ele tem um olho patologizado. Em quase todos esses textos sobre as figuras da mitologia – Afrodite e Ares, Héstia e Hermes, Dioniso, Hades, Hera, Hades – há naturalmente a configuração do deus, a caracterização de seu nume, mas Hillman, como bom psicólogo, está atento ao que não funciona, ao que está quebrado, tem esse olho patologizado que tinham

---

148 Ibid.

Freud e Jung, e que temos de ter também para sermos analistas. Ele apresenta as patologias dos deuses em nosso mundo contemporâneo.

Pois bem, fiquemos atentos aos nomes. Seus diagnósticos são interessantes, já dizem muitas coisas. Ele chama a patologia de Afrodite, como sabemos, de "loucura cor-de-rosa"[149]. É uma loucura, no sentido de ser uma possessão e um desarranjo. Por outro lado, a patologia de Hermes é chamada de "intoxicação", ou seja, envenenamento. Como há a configuração contrastante de Hermes com Héstia, essa patologia é, de certa forma – embora ele não diga isso explicitamente –, também de Héstia. Cada doença tem a sua característica. Esse rol doentio, de Hermes e Héstia, é então chamado de intoxicação. Hillman detecta uma intoxicação hermética, e naturalmente podemos também perceber uma intoxicação hestiana. Se uma polaridade adoece, a outra está adoecida também: "Quando Hermes e Héstia não estão num ritmo simpático, então eles levam um ao outro aos extremos"[150].

No nível mais imediato, isso significa excesso. Toda intoxicação, num primeiro momento, se dá por excesso. O excesso de alguma coisa, normalmente, é tóxico. O efeito na alma é de toxicidade. Estamos vivendo momentos de excesso, de exagero, de hipertrofia daquilo tudo que Hermes nos apresenta: comunicação, comércio, troca, velocidade, viagens. Todos esses itens estão sendo vividos por nós em seu excesso, e por isso se tornam tóxicos. Isso ele apontou em 1996, muito antes das redes sociais e do ritmo da internet.

Aqui há, no entanto, um aspecto importante desse diagnóstico: "essa intoxicação hermética dá uma definição exclusiva para a comunicação, negligenciando as artes, o corpo, as sutilezas do

---

[149] James Hillman, "Loucura cor-de-rosa, ou por que Afrodite leva os homens à loucura com pornografia", tradução de Gustavo Barcellos, em *Cadernos Junguianos* – Revista Anual da Associação Junguiana do Brasil-AJB, n. 3, 2007.

[150] HILLMAN, J. *Uniform Edition of the Writings of James Hillman*, Mythic Figures. Op. cit., p. 270.

silêncio sensível"[151]. Ou seja, parte do exagero de Hermes é que essa patologia nos faz entender comunicação apenas do ponto de vista de Hermes. E comunicação, embora seja um atributo do deus Hermes, não é exclusividade dele. Há uma série de aspectos que acontecem no âmbito da comunicação que não têm a ver com Hermes, aos quais não estamos atentos, para os quais Hillman aponta. O que ele está dizendo é uma coisa óbvia: agora as pessoas só se falam pelo celular, por mensagens, e-mails e por WhatsApp, Messenger, Facebook; assim, elas perdem a comunicação, por exemplo, da linguagem corporal, do tom de voz, da visualização de reações, que só uma experiência presencial pode trazer.

Pois bem, há muitos níveis da comunicação que não se dão apenas no plano hermético. O plano hermético da comunicação é a transmissão de uma mensagem, de uma informação. Isso fica muito claro no mito. Ele é mensageiro. Não interfere na mensagem, não tem interesse nem em saber qual é a mensagem, ele apenas a entrega – sai daqui e vai para lá. Comunicação, no plano de Hermes, embora ele seja o deus que apresenta a *ideia de comunicação*, significa, apenas e tão somente, transmissão de uma informação.

No entanto, há comunicação em outros níveis: linguagem corporal, tom de voz, olhares, o clima de um ambiente diz alguma coisa, o clima de uma relação – no casamento, por exemplo, chega-se em casa e está aquele clima "pesado", é invisível, mas se sabe que há alguma coisa acontecendo. Isso é comunicação, mas não no plano hermético, porque não há apenas uma informação sendo transmitida, levada de um lugar para outro. Há realidades afetivas sendo vividas nelas mesmas. A intoxicação hermética, segundo Hillman, está-nos alijando desses planos da comunicação. Para nós, só é comunicação aquilo que é transmissão de informação: internet, celular, mensagem.

---

151 Ibid., p. 264.

É possível até fazer sexo pela internet, ali mesmo, sem precisar nem se conhecer pessoalmente, ou seja, não é necessário ter essa "promiscuidade" de um contato pessoal. É algo higiênico. Aí não entra só Hermes, claro, entra um pouco de Apolo; entra uma outra fantasia, que é apolínea: de limpeza, de assepsia, de distanciamento. Temos dois deuses doentes trabalhando juntos. E também a fantasia do controle. Não é o sexo no altar de Afrodite, mas no altar de Apolo, feito com distanciamento e controle. Entretanto, isso também é arquetípico, também tem sua dignidade arquetípica. Temos de ser politeístas, mesmo. Distanciamento é uma das lições de Apolo, então faz parte do nume de Apolo. O distanciamento tem um sentido, tem um lugar. Algumas coisas só são vividas por meio do distanciamento. Distanciamento não é patológico em si; é algo arquetípico. Como higiene; higiene não é higienismo. Evidentemente, há manifestações arquetípicas nas redes sociais.

A comunicação entre as pessoas é arquetípica – no Neolítico já existia comunicação. Mas, hoje, segundo Hillman, estamos vivendo a comunicação de uma maneira patologizada, vivemos numa época em que isso está patologizado. Hillman dá algumas pistas: primeiro, ele fala de um *monoteísmo de Hermes*. Aqui temos considerações importantes: quando um deus reina sozinho, tanto no plano da cultura quanto no plano das nossas vidas pessoais – seja a Mãe, Apolo, Hermes, Dioniso... – quando um deus toma uma certa proeminência, o que temos é mais ou menos um monoteísmo dele, e tudo desanda, porque se perde a autorregulação do sistema de um cosmos politeísta das relações. Esse sistema mítico vive uma tensão de forças, que se limitam umas às outras, necessárias umas às outras. Como esclarece Jaa Torrano:

> O Panteão grego se configura nessa recíproca oposição de domínios, de *timaí* divinas, que não são senão presenças numinosas; é um jogo de forças que neste mútuo confronto se determinam a si mesmas, estruturam-se e encontram sua própria expressão. Um confronto tenso,

em que as fronteiras são atentamente vigiadas, estando cada deus zeloso (*phthonerós*) de conservar íntegro o seu âmbito (sua *timé*).

[...] tudo são forças vivas e divinas, cuja harmonia que as compõe é a guerra. Os deuses dividem entre si a Opulência do Ser por uma medição de forças, e assim definem os privilégios e os atributos que os constituem; nessa decisiva e definitiva medição de forças, a força de cada um é a causa de cada um ser o que é[152].

Uma das maneiras de olharmos para a mitologia politeísta é pela perspectiva da ecologia – como uma lógica do *ecos* (ηχώ), a regência de um *ecos*[153]. Há uma ecologia entre os deuses. Todos os deuses têm direito ao reconhecimento. Trata-se de um cosmos que se autolimita. Um deus limita o outro. Um deus dá limite ao outro. Estão em harmonia.

Talvez a palavra melhor para a alma não seja "equilíbrio", mas "harmonia". Equilíbrio é um valor para o espírito, não para a alma. As religiões, as práticas e disciplinas espirituais buscam o equilíbrio. Harmonia vem de *hárma* – αρμα – que em grego quer dizer "encaixe", "juntura". Αρμα, e todos os seus cognatos, inclusive *harmonía*, quer dizer que alguma coisa pode se encaixar na outra, uma articulação. Acho que é uma fantasia mais interessante para se pensar a alma, do que aquela de equilíbrio[154].

O diagnóstico de Hillman, quanto à hipertrofia de Hermes, está, como vimos, muito relacionado com um rompimento com Héstia. O deus veloz das trocas rompeu com a permanência. E a permanência também, rompida com a comunicação, cai em um ambiente

---

152 TORRANO, J. "O mundo como função de musas". Op. cit., p. 50, 69.

153 O prefixo "eco" deriva-se do grego *oikós*, casa.

154 "O nome de Harmonia significa ordem adequadamente estruturada e relação equilibrada das partes de um todo. A antiga palavra grega para as partes de um carro de guerra, encaixadas de modo apropriado, era *harma*, termo etimologicamente associado a Harmonia" (MALAMUD, R. "O problema das amazonas". In: HILLMAN, J. (org.). *Encarando os deuses*. Op. cit., p. 67).

sombrio, que é justamente o rechaço do outro, o fundamentalismo xenofóbico – o outro como ameaça. Não somos mais hospedeiros, receptivos, e a casa vira uma prisão, fechada entre muros. A porta virou um muro. É uma Héstia caída.

Um dos extremos patologizados de Héstia/Hermes é a perda da ideia de lugar. Hoje em dia, muitas pessoas podem trabalhar onde quiserem, porque levam os seus laptops para onde forem e trabalham – em São Paulo, na Sibéria, na China. A ideia de lugar, por causa do excesso de Hermes, das conexões virtuais, vai perdendo a importância. Hoje isso é extremamente valorizado. Você ouve pessoas que dizem assim: "Estou ótimo, porque tenho um trabalho que me permite trabalhar onde eu quiser". Acha-se isso muito bom, as pessoas falam disso como grande vantagem. Mas, o que há aí? Um rebaixamento, uma dessacralização da ideia de lugar. Estamos vivendo uma perda da ideia de lugar. Segundo nosso diagnóstico, isso é uma Héstia decaída, patologizada, porque alguma coisa se perde. É também em função de um excesso tóxico de Hermes.

Isso é liberdade ou é apenas estar solto? Se Héstia é um arquétipo, se ela é a deusa do lugar, aquela que nos faz focar, então uma pessoa que não tem uma ideia de casa muito forte, que vive viajando, trabalha no laptop, alguma coisa vai se perdendo – tudo aquilo que singulariza e proporciona uma ideia de lugar, do que é familiar. E não se sabe o que pode acontecer, o que se perde em termos de alma. O que está em jogo na degradação de Héstia é principalmente a degradação da ideia de lugar. E vamos encontrando um Hermes apenas voador, flutuante. Talvez, por isso, as pessoas procuram a psicoterapia: porque sabem que vão voltar para aquele lugar, para a mesma poltrona, para o mesmo terapeuta, no mesmo horário; talvez isso seja, muito além do que podemos imaginar, extremamente terapêutico.

Uma outra maneira em que se apresenta a perda da ideia de lugar é ser um estrangeiro no próprio lugar que você vive. Ou, quando você é levado a se sentir um estrangeiro não aceito. Por exemplo, quando há um preconceito, quando há homofobia, transfobia, racismo, misoginia – nesses momentos, o que está sendo dito é que você é um estrangeiro, um estranho, e portanto "não cabe", "não entra", "desviante", "não tem lugar no mundo". Aparece uma relação de rechaço com o diferente. E isso faz retornar uma ideia de família bastante literalizada, dentro de um monoteísmo cristão: a sagrada família. A meu ver, há hoje uma recrudescência desse discurso sobre valores familiares porque se perdeu a ideia de família arquetípica, que tem a ver com o lugar. Hillman:

> Dentro do constructo do par Hermes-Héstia, lavagem étnica, o extermínio de populações nativas, a demolição de casas e a queimada das terras num frenesi de autoproteção são excessos de Héstia emparelhados com os excessos de Hermes – a rede mundial do ciberespaço e comunicação hermética globalizada, onde qualquer lugar é todo o lugar, e a própria ideia de lugar tornou-se irrelevante[155].

Quando a ideia de lugar se torna irrelevante, todo lugar um não lugar, alguma coisa ruim acontece na alma. Lembremos que há uma deusa aí, uma força psíquica, e quando uma deusa desse porte está sendo rechaçada, denegrida, não respeitada, pode acontecer muita coisa ruim.

Vivemos agora uma ansiedade espacial.

---

155 HILLMAN, J. *Uniform Edition of the Writings of James Hillman, Mythic Figures*. Op. cit., p. 272.

3
Édipo, Laio e Jocasta

mito e tragédia • cegueira psíquica • Freud/Jung •
a trilogia tebana • enigma • o herói apolíneo

> [...] *quando da Esfinge feroz*
> *ele conheceu a música sapiente,*
> *árdua de decifrar, e matou o*
> *corpo da que cantava.*
> EURÍPEDES. *Fenícias*, 1505-1507.

O nosso tema é Édipo: mito, herói e tragédia. Vamos então invocar o herói apolíneo e a sua famigerada família. Mas, antes, algumas observações de caráter mais geral.

3.1 Sobre a psicologia da mitologia

Este não é um encontro sobre mitologia. Aqui não somos mitólogos, ou filólogos, nem tampouco estamos interessados em mitologia, propriamente dita. O nosso foco é a psicologia que podemos extrair da mitologia, como foi feito na tradição de C.G. Jung e de James Hillman, da mesma forma como eles fizeram com a alquimia, a astrologia, as religiões e tantos outros assuntos. Eles perseguiram modos de se extrair a psicologia que existe nesses assuntos. Privilegiamos especialmente a mitologia greco-romana, com ainda mais referência ao mito grego, porque entendemos que ali há um modo de se fazer psicologia bastante rico, muito apreciado pelos mestres. Pois uma psicologia extremamente profunda e sutil pode ser encontrada ali, mais do que nos livros propriamente de psicologia, por assim dizer, escritos, em sua maioria, numa linguagem extremamente abstrata, pobre e distante da alma. Esse nosso trabalho é feito, principalmente, a partir da obra de James Hillman. Há, em sua impressionantemente vasta obra – vasta não só na extensão, mas também na diversidade e profundidade de temas – um trabalho excepcional, que ele levou durante toda sua vida, em torno da pesquisa mitológica, e essa parte de seu trabalho está nas obras reunidas publicadas pela *Spring Publications*, no volume que junta todos os ensaios que ele escreveu sobre psicologia e mitologia: *Mythic Figures* [*Figuras míticas*]. Esse seu trabalho nos dá um direcionamento para esse estudo, nos ensina a estudar as figuras míticas, mais do que propriamente a mitologia de modo geral. É como se estudássemos caso a caso, e o direcionamento é para estudarmos as próprias figuras da mitologia naquilo que elas nos apresentam em si mesmas e, mais, principalmente em seus relacionamentos e entrelaçamentos polissêmicos, multifacetados, com outras figuras míticas.

Sendo assim, antes de invocarmos o nosso personagem de hoje, invocarmos o herói apolíneo, o herói tebano, gostaria de apresentar, à guisa de compreender melhor a abordagem que trago para vocês, que está apoiada em James Hillman e Joseph Campbell, algumas afirmações que trazem o sabor da especificidade dessa abordagem. Quero ao menos fazer menção a duas ou três citações que devem ser salientadas. A primeira é:

> Os gregos [...] não tinham psicologia profunda e psicopatologia tal como nós temos. Eles tinham mitos. E nós

não temos mitos; ao invés, temos psicologia profunda e psicopatologia. Portanto, como já repeti muitas vezes, a psicologia mostra os mitos numa roupagem moderna, e os mitos mostram nossa psicologia profunda numa roupagem antiga[156].

Bem, isso é fácil de entender, e é uma das diretrizes dessa abordagem, ou seja, a intersecção que há entre psicologia e mitologia. Mas quando não temos mitologia, acabamos fazendo da psicologia uma mitologia. Um dos níveis do que ele está dizendo aqui é que o modo de fazermos psicologia é mitologizante: os nossos conceitos habituais, seja na psicanálise tradicional, seja na psicologia analítica de Jung – ego, id, superego, *anima, animus, Self,* sombra, velho sábio, *senex, puer,* Grande Mãe, Criança Divina – de certo modo tornaram-se "figuras míticas". Então, o pano de fundo do que ele está dizendo aqui, a meu ver, é que há uma função mitologizante na psique, e que ela opera, entra em operação quer queiramos ou não.

A segunda observação a salientar diz respeito ao método, como fazer algo. Método, em grego *meta + hodos*, indica "caminhos", jeitos de se fazer alguma coisa, pois a palavra grega para "estrada" é *hodos*. James Hillman tem uma proposta de método que nós seguimos:

> Sigo um método que se origina de duas famosas afirmações frequentemente usadas por e citadas de C.G. Jung. A primeira supostamente vem de Delfos. São dizeres esculpidos em pedra e colocados acima da porta de entrada da casa onde Jung viveu e trabalhou a maior parte de sua longa vida: "Invocado ou não, o deus estará presente". *Vocatus atque non vocatus, deus aderit*[157].

Essa é a "primeira perna" do método. O método é bípede. E falaremos hoje muito sobre bípedes, trípedes, quadrúpedes, porque isso tem muito a ver com a história do nosso herói. A segunda afir-

---

156 HILLMAN, J. *Uniform Edition of the Writings of James Hillman, Mythic Figures.* Op. cit., p. 156.
157 Ibid., p. 297.

mação, que também vem de Jung, constitui então a "segunda perna" desse método de *investigação* da mitologia:

> A segunda: "Os deuses tornaram-se doenças; Zeus não mais governa o Olimpo, mas, ao invés, o plexo solar, e produz amostras curiosas para o consultório médico, ou desordena o cérebro de políticos e jornalistas que involuntariamente liberam epidemias psíquicas no mundo" [Jung, *OC* 13:54][158].

Algumas palavras sobre esse método, que também tem muito a ver com o mito de Édipo: "Invocado ou não, o deus estará presente" – o que isso quer dizer? Podemos comprar ou não comprar essa ideia. Estou apresentando basicamente a ideia que Jung e Hillman transformam num método. Invocados ou não, os deuses existem, apesar de você. Quer você os legitime, quer você reconheça a sua presença e a sua ação em sua vida, isso não interessa, eles estarão lá. Para Jung, isso é uma verdade autoevidente: os deuses estarão presentes e operantes, mesmo que não invocados. É só trocar a palavra "deuses" pela palavra "arquétipo" que essa afirmação se evidencia, fica um pouco mais palatável, mais compreensível a nossos ouvidos psicológicos.

Estamos falando então da inexorabilidade da presença divina em nossas vidas. Estamos falando da inescapabilidade da presença de forças psíquicas, para além do nosso conhecimento e da nossa vontade, sempre operantes em nossas vidas.

Outra maneira de deixar isso claro, que sempre repito porque Hillman sempre repetia em suas apresentações e palestras, é a recordação de um verso a ele muito caro, de um poeta inglês, W.H. Auden: "Nós somos vividos por poderes que fingimos entender" (*We are lived by powers we pretend to know*). O que esse verso e aquela afirmação do oráculo de Delfos que Jung colocou na porta de sua casa querem dizer? Em nossas vidas, somos atravessados

---

158 Ibid.

por poderes mais que humanos, trans-humanos, aos quais estamos, de alguma forma, sujeitos, para usar um termo psicofilosófico; estamos sujeitos a poderes que não compreendemos, que fingimos compreender, que tentamos compreender.

Isso aponta para a inexorabilidade do "destino". Esse ponto é muito importante para a nossa compreensão, não só da mitologia em geral, mas do mito de Édipo e da tragédia especificamente.

Então, como vimos, essa é a "primeira perna" do método. A segunda é: "Os deuses tornaram-se doenças". Tornando uma história muito longa o mais curta possível, o que Jung quer dizer com isso, a meu ver, é que numa cultura monoteísta e milenar, como é a nossa, os deuses "sem lugar", banidos, destituídos de ritos, de culto e de apreciação decente e digna, a eles, então, que são imortais e portanto não desaparecem, só resta retornar pela "porta dos fundos". A "porta dos fundos" é o que hoje chamamos de psicopatologia, e que Jung está chamando de "doenças".

O raciocínio é este: os deuses são imortais; para os gregos, a marca do divino é ser imortal – não é ser eterno, mas imortal, o que é diferente. Eterno quer dizer que sempre existiu. Os deuses nem sempre existiram. Os deuses "nascem". Há quase sempre, na mítica, um momento em que um deus "nasce", e há diversos "nascimentos" de deuses relatados na mitologia grega e nos politeísmos de modo geral. São momentos marcantes, quando algo passa a existir com um significado extraordinário. Podemos fazer uma analogia com algumas experiências de nossas vidas, quando o novo irrompe de forma inesperada. Mas o que de fato marca os deuses é serem imortais, ou seja, uma vez "nascidos", não morrem mais. Isso precisa ser ouvido com aquele ouvido psicológico, metafórico, pois estamos falando de forças psíquicas, na linguagem de Jung estamos falando de arquétipos – tipos arcaicos, imagens arcaicas sempre presentes. Uma vez que elas ganham existência, não deixam mais de existir. Aquilo que distingue o deus do humano, para a mentalidade grega, é essa "pequena" diferença: eles não morrem, nós morremos. A marca do humano é justamente a mortalidade, nós conhecemos a morte. Eles não conhecem a morte. Nesse contexto, uma afirmação bastante conhecida de um dos nossos mestres, que também estará presente conosco hoje guiando nossas reflexões, o mitólogo francês Jean-Pierre Vernant, diz: "Os deuses são estranhos ao falecimento"[159]. Eles não conhecem o falecimento. De uma certa forma, falando ontologicamente, isso é uma falha – morrer é algo irrealizável para os deuses: eles não conhecem tudo. Nós morremos, conhecemos a morte. O problema é que, com a morte, nós conhecemos outras realidades desagradáveis: a decadência, a fadiga, a doença, o enfraquecimento, todas essas coisas ruins às quais os deuses estão alheios; eles são eternamente jovens e saudáveis; vivem a bem-aventurança, não conhecem essa parte que nós estamos destinados a conhecer. Então, a grande diferença é a imortalidade dos deuses. Em quase todo o resto eles são semelhantes a nós, ou nós somos semelhantes a eles.

Como eles não morrem, eles não vão embora; podem ser, inicialmente, banidos. Se uma cultura é monocêntrica e monoteísta, evidentemente eles são banidos, mas não são eliminados, não deixam de existir. E esse é um diagnóstico cultural de Jung e de Hillman, com o qual trabalhamos: de que, banidos, eles passam a ter uma existência adoecida. E aquele que não pode entrar pela porta da frente, entra pela porta de trás.

Isso é um método de trabalho. Esse método diz: a maneira mais nítida que temos de reconhecer a presença dos deuses, em nossos tempos, é por meio da patologia, da doença, do que está quebrado, exagerado, adoecido. Dessa perspectiva, as nossas doenças individuais e as nossas doenças coletivas, com as quais estamos sempre envolvidos, antes de mais nada nos apresentam os deuses. Elas são

---

159 VERNANT, J.-P. *Mito e religião na Grécia antiga*. Op. cit., p. 45.

"teofanias caídas", no sentido de serem aparições ou manifestações divinas em estado decadente.

Onde então podemos encontrar os deuses que, invocados ou não, banidos ou não, estarão sempre presentes? Onde podemos procurar por suas ações? Jung e Hillman nos dizem: procure nas doenças. Isso nos entrega também um método de psicologia clínica, de como proceder clinicamente, seja com um indivíduo ou com a cultura, e que é dito de uma forma muito simples por essa frase: "Procure pelo deus na doença". Então, se diante de uma doença você achar o deus, você terá um caminho de compreensão, de cura, de aprofundamento, de sentido.

Se os deuses estão sempre presentes, e se a única maneira de estarem presentes no mundo contemporâneo é através das doenças, então a principal pergunta é sempre esta: "Qual o deus na doença?" Perguntar "qual é o deus?" já é o começo da cura, identificar qual é o agente. Localizar – esse é um movimento psíquico de localização. Se localizamos ontológica, existencial, psicológica e arquetipicamente um determinado "fato", em especial se ele é da ordem da dor, da doença, da patologia, ele começa a ser curado ou, em palavras mais interessantes, o deus irado começa a se apaziguar, pelo fato de ter sido reconhecido.

Aqui, a ideia de cura é principalmente o reconhecimento. Não há como eliminar isso. Ou seja, "quem está falando?" Se digo "bom dia!", quem diz isso? Para quem o dia parece bom? Essa é a pergunta psicológica. Se digo "bom dia!", então para alguém o dia parece bom. Não me interessa saber se o dia é bom ou ruim. Do ponto de vista psicológico, e da psicoterapia especialmente, esta é uma questão secundária. O que importa é saber *para quem* o dia parece bom ou ruim. Com isso você localiza a pessoa arquetípica, a figura mítica, que está falando e agindo em você.

Essas observações servem inicialmente para trazer um pouco do "sabor" desse pensamento, dessa maneira de fazer psicologia, que é a psicologia arquetípica. Psicologia arquetípica é psicologia junguiana, mas feita de outra maneira, feita com os arquétipos em mente. O nosso software é a psicologia arquetípica. O hardware é a psique. O que estou rodando aqui é psicologia arquetípica, que é um software ligeiramente diferente daquele chamado psicologia analítica, ou psicanálise. São todos softwares que você escolhe para rodar, você faz rodar o sistema que você quiser – eu estou rodando psicologia arquetípica.

Só para terminar essa introdução sobre método, voltemos nossa atenção também para uma expressão para mim muito importante, pois acrescenta algo fundamental, e que está no ensaio de Hillman sobre Ares[160]:

> Hoje em dia não sabemos muito como imaginar divindades. Perdemos a imaginação angelical e sua proteção angelical. Desapareceu de todos os currículos – teológicos, filosóficos, estéticos. Essa perda pode ser mais perigosa do que a guerra ou o apocalipse, pois ela resulta em literalismo, causa de ambos[161].

"Hoje em dia, não sabemos muito como imaginar divindades": de novo, num ambiente psicologicamente monoteísta – não estou falando em termos teológicos, mas do ponto de vista psicológico –, entre as diversas desvantagens psicológicas que esse ambiente mental traz, talvez a principal delas seja o impedimento de podermos "imaginar divindades". A divindade, no monoteísmo, já vem pronta, ela é *prêt-à-porter*, digamos, ela é uma só, reúne tudo, resume tudo, e está pronta, não precisamos imaginá-la. Ela já se imaginou a si mesma, e é entregue absolutamente pronta para o uso.

A "injúria", o dano psicológico está justamente aqui – estamos impedidos de *imaginar* as divindades. Qualquer cultura politeísta implica muitas divindades, e o que se faz é continuamente imaginá-las.

---

160 HILLMAN, J. "Guerras, armas, Áries, Marte". Op. cit.
161 Ibid., p. 138.

Você precisa imaginar o que é um deus da terra, o que é um deus do fogo, o que é um deus do casamento, um deus da chuva, um deus das encruzilhadas – essas coisas precisam ser constantemente imaginadas e reimaginadas pelos humanos para que possam permanecer existentes, para que possam ser vividas com dignidade e atendidas com devoção. A "injúria" principal, num ambiente monoteísta, é a falha na imaginação, o impedimento de imaginar as divindades.

O que isso significa? Significa que "perdemos a imaginação angelical e a sua proteção angelical" – ou seja, perdemos mais do que a capacidade de imaginar as divindades, perdemos muito da *capacidade de imaginar*. É um ataque à imaginação. E, ao perdermos a capacidade de imaginar – aqui o ponto mais importante para mim –, perdemos a *proteção* que a imaginação nos oferece. Quanto mais você reconhece uma divindade, mais estará protegido de sua influência inconsciente. Imaginar é proteger-se, proteger-se das forças psíquicas que os antigos chamavam de deuses. Do contrário, os deuses invadem e dominam sua vida, apossam-se de sua consciência de modo hegemônico. Um deus passa então a reger, absoluto e solitário, todas as nossas ações e o modo como compreendemos nossas ações. Então, é preciso imaginar para conhecer, e conhecer para melhor imaginar.

Se perdemos a capacidade de imaginar, perdemos a oportunidade de estar em contato consciente com essas forças. Assim, ao perdermos a imaginação, perdemos a proteção. Isto acontece indicial e coletivamente. Estamos à deriva, ficamos à mercê desses poderes que não imaginamos mais. Isso me parece muito nítido nesse mundo em que estamos vivendo. O que Hillman está dizendo é impactante, leva a um determinado tipo de desespero, o desespero de sermos seres psiquicamente desprotegidos. A imaginação nos protege porque nos leva ao conhecimento. Imaginar é conhecer.

Aqui temos um início de conversa, serve para darmos um certo enquadre com relação a nosso modo de fazer psicologia com a mitologia.

3.2 Tragédia e consciência trágica

Essa invenção grega de extrema importância, a tragédia, tem direta relação com a informação que estávamos examinando: "Invocado ou não, deus estará presente". A consciência trágica tem a ver com a inexorabilidade do destino, ou com a inescapabilidade daquilo que os gregos chamam de "destino". Então, essas coisas vão como se unindo, se juntando.

O que foi a tragédia? Como o senso trágico tem a ver com a nossa psicologia – tanto com a psicanálise quanto com a psicologia junguiana?

A tragédia grega é uma forma de arte, inventada pelos gregos no celebrado século V a.C., em Atenas. Esse período especial da história vai na verdade do final do século VI a.C. até o início do século IV a.C., com duração portanto de 100 a 120 anos. Um período curto. Acredita-se ter sido o período mais iluminado da história ocidental – é preciso que se tenha consciência disso. As coisas que ali surgiram são as coisas com as quais ainda estamos envolvidos hoje no nosso dia a dia. Vejamos.

Nesse período, na Grécia antiga, surgiram, além de diversas formas de arte – a epopeia, a poesia lírica, a própria tragédia –, também a ideia de democracia e, antes, a ideia de cidade, de *polis*, aglomerado de gente vivendo junto de um determinado modo. E a invenção de um modo que fosse o melhor para que esse aglomerado de gente pudesse conviver, que é a democracia, é também desse século. Portanto, a ideia de política também é desse século, a ideia e a prática da política. Assim como a prática daquilo que conhecemos como filosofia. Todas essas são criações desse século.

No nosso planeta, o século V a.C. é portanto um momento muito especial, porque, além de tudo isso que estava acontecendo na Grécia, na Índia, esse é o momento em que Buda está encarnado. Na China, é também o momento de Lao Tsé, com o *Tao Te King*. Nesse mesmo momento histórico, no Ocidente, temos, na Grécia, Heráclito começando aquilo que muitos chamam de "pensar verdadeiro", de filosofia definida como o "pensar originário" – embora para nós em Heráclito haja também uma psicologia, pois o principal conceito da filosofia heraclítica é a alma, *psyche*. Como sugeriu Hillman, Heráclito é assim o primeiro psicólogo da história. Ele é o originador. Logo, esse é um momento histórico que nunca foi igualado. Precisamos ter consciência da luz em torno desse momento histórico, e mais, termos consciência de que a maneira como vivemos no Ocidente hoje dá-se a partir de ideias que foram criadas nesse momento, na Grécia. Isso nos mínimos detalhes de nosso modo de olhar para as coisas, as ideias que temos, a maneira como concebemos a arte, a política, a filosofia, a história, as cidades, tudo isso nasceu ali.

Esse período também é inventor da tragédia – e da comédia. São dois gêneros literários, duas formas de obra de arte: a tragédia, basicamente, versa sobre as relações dos homens com os deuses, a inter-relação que deve existir entre homens e deuses; a comédia, ao contrário, é sobre as relações dos homens entre eles mesmos, revelando o ridículo do humano. É como se o grego estivesse nos dizendo: quando você desce ao humano, o que você encontra é fundamentalmente o ridículo, a comédia, o cômico, aquilo que é risível – o humano é fundamentalmente risível, especialmente em suas relações entre si. Os homens e suas relações dão ensejo, ao fazermos o retrato dessas relações, a um gênero literário chamado comédia. Os gregos já sabiam que não éramos para ser levados a sério. O que é para ser levado a sério é a relação do homem com o divino, com o mais-que-humano, com o além-do-humano. Isso sim é de uma seriedade tão grande que é denominado *trágico*.

Vamos tentar delimitar essa noção do trágico que, evidentemente, não tem nada a ver com a maneira como usamos a palavra hoje em dia. Hoje, a palavra trágico tem a conotação de algo desastroso, infeliz. Precisamos recuperar um pouco o que é essa noção do trágico, aquilo que se chama "consciência trágica". Vernant nos ajuda: "No plano da experiência humana, com o advento de que se pode chamar de consciência trágica, o homem e sua ação perfilam-se, na perspectiva própria da tragédia, não como realidades estáveis que poderiam ser delimitadas, definidas e julgadas, mas como problemas, questões sem resposta, enigmas cujo duplo sentido continua à espera de ser decifrado"[162].

A tragédia teve principalmente três grandes expoentes, três grandes autores: Sófocles, Ésquilo e Eurípedes. O grande comediante grego é Aristófanes. E sabemos que chegaram até nós apenas 32 tragédias, o resto foi perdido.

A tragédia é um rito religioso que envolve a cidade. Acontece no teatro, e pretende mostrar aos homens a sua interação com os deuses e a inexorabilidade do destino – esta, mostrada nas relações dos homens com os poderes maiores que os homens, os assim chamados deuses. Não era teatro do ponto de vista moderno, do divertimento, de algo recreativo – a tragédia, quando encenada, tratava-se de um rito religioso, estético e psicológico ao mesmo tempo. Tinha a intenção de purificar os homens e, portanto, de purificar a cidade. Então, as pessoas se envolviam na tragédia como assistência para que houvesse um efeito purgativo, para que houvesse aquilo que se chama catarse. A catarse tem um efeito purificador, purgativo, expiador das mazelas, das dores, através da consciência das relações dos homens com os deuses. Na Grécia antiga, ir ao teatro era, por assim dizer, uma recomendação terapêutica. Então, a tragédia pode ser entendida como uma "psicoterapia coletiva" – por que a tragédia

---

162 VERNANT, J.-P. *Mito e religião na Grécia antiga*. Op. cit., p. 161.

se dá de modo diferente do drama, que é aquilo que conhecemos como teatro, a exemplo do teatro elizabetano, ou do teatro moderno; nesse teatro, o que temos é a encenação de um drama. No teatro – e, claro, no cinema também – o espectador vê uma ação transcorrendo. Você vai ao teatro ver e acompanhar o desenrolar de uma história, de uma ação. A tragédia não tem ação, não mostra nenhuma ação. A ação já aconteceu. Ou, algumas vezes, está acontecendo nos bastidores. Quando a cena abre no *Édipo Rei* de Sófocles, por exemplo, a cidade já está doente. O que temos ali é o relato do que já aconteceu com vistas à reflexão. A tragédia visa a reflexão e não a ação. Isso é muito importante: a tragédia não apresenta a ação, não é um drama. Apenas ouvimos um relato do que já aconteceu; portanto, o que você tem na tragédia, e que é muito interessante, é a renúncia à ação, em prol da reflexão. A tragédia quer revelar o essencial oculto nas ações humanas, e você só faz isso por meio da reflexão. Ela não mostra a ação porque ela quer fazer a reflexão. E a reflexão é em torno do sentido do que aconteceu. Essa é a essência da tragédia. Na psicoterapia, fazemos isso também: a reflexão sobre o acontecido, para chegarmos nos sentidos do acontecido.

Aqui, em minhas observações, apoio-me principalmente no livro de Thorwald Dethlefsen, autor de *Édipo: o solucionador de enigmas*, assim como em outros grandes mestres que nos acompanham sempre, James Hillman, Jean-Pierre Vernant, Walter Otto, Karl Kerényi.

Jean-Pierre Vernant nos diz: "A tragédia está interessada, única e exclusivamente, em tornar visível a eterna ordem divina, que está oculta por trás do destino humano"[163]. Por trás de todo destino humano oculta-se uma eterna ordem divina. Isso é muito importante porque tem muito a ver com a nossa psicologia: significa que, por trás de todas as nossas ações, no panorama do pensamento grego

---

163 Ibid.

propriamente dito, estão os deuses – ou seja, as nossas ações não são de fato nossas. Aqui, novamente, é só trocar "deuses" por "arquétipos" que já estamos dentro da psicologia junguiana. Jung é um trágico, como Freud é um trágico, nesse sentido da inexorabilidade da presença dos deuses, do divino ou dos poderes sobre-humanos ou arquetípicos – nossas vidas não são nossas.

No entanto nós, diferentemente dos gregos, achamos que nossas vidas são nossas, porque temos um dispositivo "muito interessante" que se chama *ego*. E esse ego é ego-cêntrico – ou seja, ele se centra nele mesmo, entende-se como um centro único. Assim, ele se sente dono das suas ações. Esse é o grande erro, e vamos procurar entender por que é um grande erro. Os gregos o chamam ora de *hybris*, ora de *hamartía* (ἁμαρτία). Acreditamos que os gregos não tinham esse ego como nós o temos, pois eles não se importavam com o fato de os deuses governarem suas vidas; ao contrário, eles se orgulhavam disso. Na mentalidade grega – e estamos falando de uma mentalidade que inventou tudo aquilo a que já nos referimos, uma mentalidade muito especial, muito extraordinária, que de uma certa forma molda nossas vidas até hoje – para essa gente desse calibre espiritual, ter a noção de que as suas vidas são regidas pelos deuses não é nem um pouco um problema. Ao contrário, o que o grego quer é que a sua vida se conforme da melhor maneira possível aos desígnios dos deuses, ou seja, que o "eu" atrapalhe o menos possível. E como é que eu atrapalharia o menos possível o desígnio dos deuses na minha vida? Não tendo uma ideia forte, como nós temos, de livre-arbítrio. Hoje temos uma ideia inchada de livre-arbítrio. Os gregos não tinham nem a noção de livre-arbítrio.

Vernant: "Não há na Grécia antiga um verdadeiro vocabulário do querer"[164] – eles não têm querer e, mais, não têm problema com isso. "A religião grega não conhecia o conceito de livre-arbítrio,

---

164 Ibid., p. 23.

pois esse problema não existia para ela. O homem grego vivia em contato tão próximo com a divindade, que considerava todos os seus atos e experiências como uma atuação dos deuses"[165]. Então, a maior dignidade para um homem grego é servir de instrumento à divindade. Ora, para que a minha vida sirva de instrumento à divindade, tenho que eliminar a ideia de livre-arbítrio, e não me importar com isso.

Hoje estamos em um outro ambiente psicológico, completamente diferente. Mas tudo aquilo que intencionamos com a psicologia junguiana – toda a ideia de *Self*, ou de alma – tem a ver, como entendo, com esse longo e doloroso trabalho que Jung chamava "a relativização do ego", ou seja, de tirar o ego do centro, para que outra instância não só possa ser ouvida, mas que seja também atendida, o que geralmente não acontece. Essa outra instância tem vários nomes. Gosto de chamá-la de alma. Tem gente que chama de inconsciente, de *Self*, de Deus. Chamada do que se quiser, entendo que a *praxis* junguiana desemboca nisso: relativizar o ego, colocá-lo em perspectiva. Pois entendemos, como Jung, que essas outras instâncias é que estão no comando. O que sou tem a ver com forças ativas, invisíveis e determinantes que estão em mim inconscientemente. Hillman nos ensina que tudo o que eu disser, que eu sentir, a maneira de agir, a maneira que tenho de amar, de adoecer, tudo que faço está determinado por uma imagem inconsciente que tenho e que não sei que tenho. Essa imagem é arquetípica. Pode ser o herói, a vítima, a mãe, o traidor, a criança – aí, o menu é imenso...

Portanto, a ideia de livre-arbítrio não existe na Grécia. E isso é muito importante, porque a prática da religiosidade grega tem muito a ver com uma prática que reencontramos na psicologia junguiana.

Walter Otto, em seu livro *Teofania*, afirma: "Assim é que os deuses estão onde quer que se passe, faça ou sofra algo de decisi-

---

[165] DETHLEFSEN, T. *Édipo, o solucionador de enigmas*. Tradução de Zilda Schild. São Paulo: Cultrix, 1993, p. 38.

vo"[166]. Então, falamos dos momentos decisivos – não o miúdo, se vou comer arroz ou feijão, por exemplo, isso os deuses deixam que você decida. Isso tem a ver com Édipo e com as tragédias. Tem a ver com o momento em que você escolhe "esse ou aquele caminho" – mas não é você que decide. É o deus! E você tem que sofrer aquilo. E sofrer aquilo é trágico. É a tragédia, porque o deus quer que você seja o sofredor daquele destino, daquele desígnio, daquele desenho. Lembramos sempre que os gregos falavam que tudo está cheio dos deuses: "Com sua divina grandeza, as divindades se acham em todos os círculos do ser – no cósmico, no elementar, no vegetal e no animal – convertendo-os em reflexos de seu próprio ser, para revelar-se, finalmente, em forma humana"[167].

Os deuses estão presentes: "As realidades do mundo outra coisa não são senão deuses, presenças e manifestações divinas"[168]. Assim é que quis começar com a referência ao oráculo de Delfos; Jung prezou muito isso, colocou-o em cima da porta da casa dele, onde ele morava, trabalhava e onde criou seus cinco filhos, onde ele tinha o seu consultório. A pessoa que entrava ali, tinha que olhar e ler: "Invocado ou não, o deus está presente". É um modo de viver, que determina um jeito de ser e de proceder.

"Esse é o grande prodígio da religião grega, digno de memória em todos os tempos: os remotos bem-aventurados são os sempre próximos em tudo operantes; os sempre próximos são sempre os remotos bem-aventurados"[169]. Não se dá uma coisa sem a outra. Então, os deuses estão em todas as coisas, e isso é o que está na tragédia.

A tragédia traz a marca de Dioniso. Tragédia: *trag + oidía*, "o canto do bode". Por que isso? Há muitas coisas interessantes aqui. A

---

[166] OTTO, W. *Teofania*: o espírito da religião dos gregos antigos. Tradução de Ordep Serra. São Paulo: Odysseus, 2006, p. 65.
[167] Ibid., p. 113.
[168] Ibid., p. 123.
[169] Ibid., p. 64.

mais imediata é que as tragédias foram apresentadas naquele século, e são produtos dele. Em pouco mais de um século, elas desapareceram; não há mais trágicos, pelo menos no sentido original grego, depois do século V a.C. Eram feitos concursos públicos, e o dramaturgo que ganhasse o concurso levava, como prêmio, um bode para casa. À guisa de detalhe, Sófocles não venceu naquele ano em que *Édipo Rei* foi apresentado (aproximadamente 430 a.C., em Atenas).

O bode é um animal sacrificial, então ele é o "bode expiatório". Tem essa conotação simbólica, importantíssima. Por isso, "o canto do bode" é o canto do animal expiatório, aquele que pode purificar a comunidade, o ser, a cidade. Esse é o sentido do "canto do bode".

Ninguém sabe como a tragédia começou, mas é provável que com algo chamado "ditirambo" – que é um canto a Dioniso. Existia um coro, todos vestidos de bode, que cantava hinos a Dioniso. Até que alguém – Sófocles, supostamente – teve a ideia de fazer com que um sujeito se destacasse do coro, e começasse a conversar, a interpolar esse coro. Aí começa a tragédia. Depois, o gênero foi se desenvolvendo, e Sófocles faz com que então três atores saíssem do coro. O padrão é de três personagens; geralmente, toda tragédia não tem mais do que três pessoas simultaneamente no palco, e é o coro conversando com essas três pessoas; às vezes há um mensageiro (ou outras figuras como tal) que entra e que sai, mas a conversa importante dá-se sempre entre duas ou três pessoas, e elas se interpõem ao coro. O coro passa a ser a voz da cidade, a voz do consenso, a voz do que é certo. E essa voz do que é consensual, a norma que está no coro, é a origem da ideia do jurídico – então, também a ideia de direito, de jurisdição, vem desse século, vem dos gregos, e vem da tragédia. O coro é a voz da cidade, da comunidade, que diz: isto é certo, isto não é certo. Temos de escutar essas afirmações com nossos ouvidos psicológicos, que reafirmam, aprofundam, e ampliam as verdades eternas. As tragédias têm muito do espírito jurídico: o próprio *Édipo*

Rei, Antígona, Fedra, todas as tragédias, de alguma forma, se dão também em diálogo e tensão com a ideia de jurisprudência.

Outra afirmação importante de Jean-Pierre Vernant, em *Mito e tragédia na Grécia antiga*: "O domínio próprio da tragédia situa-se nessa zona fronteiriça onde os atos humanos vêm articular-se com as potências divinas, onde eles assumem seu verdadeiro sentido, ignorado do agente, integrando-se numa ordem que ultrapassa o homem e a ele escapa"[170]. Isso é o trágico: ter a consciência trágica daquilo que você atua ignorando, realiza sem saber, e que é inescapável; ou seja, há aqui uma ideia de destino. Num ensaio famoso de Vernant, "Édipo sem complexo", texto dos anos de 1960, presente no mesmo livro – no qual ele, e depois quase todos os mitólogos, se opõe a Freud, como veremos mais adiante – há outra afirmação importante para compreendermos a mesma ideia de tragédia:

> Essa experiência, ainda flutuante e incerta, daquilo que será na história psicológica do Ocidente a categoria da vontade, exprime-se na tragédia sob forma de uma interrogação angustiante, referindo-se às relações do homem com seus atos: em que medida o homem é realmente a fonte de suas ações[171].

Para nós hoje isso é muito conflitante, e vocês devem estar de alguma forma quebrando a cabeça, pois falarmos de destino é bastante problemático, já que temos muito enraizada em nós essa questão do livre-arbítrio, da consciência, das nossas decisões próprias, da consciência subjetiva que percebe, determina e atua sobre as coisas. A consciência trágica é o oposto disso. Portanto, temos muita dificuldade em compreender o que se chama de "consciência trágica". Mas, por outro lado, isso me parece muito sintonizado com as direções da psicologia junguiana: o reconhecimento das forças arquetípicas, da sua inexorabilidade na vida humana. E o diálogo necessário a se estabelecer com elas.

---

170 VERNANT, J.-P. *Mito e religião na Grécia antiga*. Op. cit., p. 23.
171 Ibid., p. 55-56.

Agora, vejamos essa ideia da *hamartía* (άμαρτία): a ideia do erro, que cometeremos um erro, que haverá sempre um erro – toda a tragédia e o sentido do trágico vem porque no decorrer da ação há um erro. No *Édipo Rei* há diversos erros – há um erro principal, inicial, como veremos, que determina não só toda a ação, mas todos os outros erros também. O erro é fundamental, e é chamado na Grécia, na religião e no mito gregos, de *hamartía* (άμαρτία).

Aristóteles, em *A arte poética*, analisa a tragédia e explora, para quem se dispõe e deseja entrar nesse assunto, que esse erro – *hamartía* (άμαρτία) – determina "uma mudança para a infelicidade". Então, a tragédia nos apresenta uma mudança para a infelicidade devido a um erro.

3.3 Édipo

Agora podemos iniciar a invocação do nosso herói, Édipo, examinando a árvore genealógica dessa fatídica família – disfuncional, como se diz hoje em dia.

Édipo é um mito que está contado numa tragédia, porque ele expõe, mais e melhor do que outros mitos, a própria ideia do trágico. Édipo serviu para definir o trágico, definir a tragédia, porque ele é a tragédia das tragédias, a tragédia que mais nos apresenta a consciência trágica. Em nosso campo, serviu para Freud entender o funcionamento da alma humana, e serviu para uma reflexão muito profunda e inovadora de James Hillman.

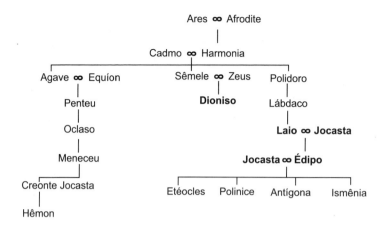

O mito de Édipo existia há muitos anos, e foi apresentado, em forma muito sucinta, por Homero; mas a apresentação mais conhecida que temos de Édipo é a tragédia de Sófocles (496 a.C.-406 a.C.): *Édipo Rei*. Portanto, a maneira mais especial que esse mito teve de chegar até nós foi por meio de um certo tipo de obra de arte inventada pelos gregos antigos a que chamamos "tragédia".

Os mitólogos costumam dizer que Édipo, propriamente dito, não é um homem – ele é *o* homem. Ele é a história de todos nós. Uma história paradigmática, a história de todas as histórias, a que mais nos espelha, a história de todo homem que se busca, de todo ser que está em busca de si mesmo – e o quanto estar em busca de si mesmo é trágico, convoca mesmo a tragédia. Talvez outra história que pode chegar próxima ao que é o Édipo em sua grandeza é Hamlet.

A melhor definição de Édipo, para o bem e para o mal, é a sua própria maldição – ele é o *solucionador de enigmas*, aquele que decifra enigmas. Essa é, sem dúvida, uma definição de Édipo, mas é também, exatamente, o que ele não faz – como veremos, ele decifra mal os enigmas, não os entende verdadeiramente. Ele é arrogante e, segundo os gregos, seguro demais, tem uma certa soberba. É um menino mimado, é irascível, é insuportável, tem um temperamento dificílimo, agressivo, raivoso; ele é, afinal, *tyrannos*, τύραννος. A primeira tragédia da trilogia tebana de Sófocles é *Édipo Rei*; depois há *Édipo em Colona* e *Antígona*, como sabemos. Sófocles tinha 83 anos de idade quando escreveu a última parte da sua trilogia sobre os Labdácidas, *Antígona*.

A primeira tragédia é *Édipo Rei*, que em grego é *Oedipus Tyrannos*. No contexto grego, *tyrannos* (τύραννος) quer dizer o pai, aquele que cuida, que cuida com mão forte, que está preocupado com o seu reino, que é "pai" da cidade. Esse é o *tyrannos* (soberano). O que nós modernamente chamamos de tirano é mais adequadamente referido como déspota. O *tyrannos* é uma autoridade radical, mas ele não é um déspota – o *tyrannos* está acima dos outros, e é a sua vontade que se impõe, ele é tirânico de algum modo, mas ele é assim porque é um superpai. Traz para si a responsabilidade pela vida e pelo bem-estar de seus filhos, que são a cidade. A tirania é uma instituição grega com características muito precisas. *Tyrannos* quer dizer, mais ou menos, o incentivador, o promotor, o estimulador, um líder, e tinha conotações militares, pois o tirano liderava soldados de infantaria pesada. É também o "senhor dominante". Era aplicado a um novo tipo de líder político e, até mesmo, a divindades, como referido no *Hino homérico a Ares*.

> Ares supervigoroso, o que pressiona carros, de capacete de ouro,
> de espírito forte, porta-escudo, salvador de cidades, armado de bronze,
> de braço possante, infatigável, poderoso com a lança, defesa do Olimpo,
> pai de Nice bem-sucedida na guerra, coadjuvante da Justiça,
> tirano aos que se altercam...[172]

Por isso Édipo é *tyrannos*, porque quer salvar a cidade. Ele é uma figura de pai, que é justamente aquilo que seu pai não conseguiu ser – Laio é fraco, não estava preparado para ser rei, não é

---

[172] RIBEIRO JR., W.A. "Ares". In: *Hinos homéricos*. Op. cit., p. 184.

tyrannos, não tem a vocação do instinto paterno, que é o instinto de cuidar, cuidar do bem-estar da cidade, dos seus filhos. Veremos isso no mito, e falaremos das histórias de Laio que antecedem o nascimento de Édipo.

* * *

A meu ver, há duas implicações importantes, de caráter mais geral, no mito de Édipo: primeiro, ele quer saber quem é, porque tem dúvidas, acha que não é quem ele é; ele é um buscador de si mesmo, e tem a angústia do autoconhecimento. Segundo, toda a questão do infanticídio.

Como Hillman menciona, no início do seu ensaio "Édipo revisitado", o mito de Édipo atraiu um colosso de interpretações, de trabalhos acadêmicos, de reflexões psicológicas, obras literárias e filosóficas. Afirma que é um gesto perigosíssimo nos ocuparmos novamente com Édipo. Essa é a história que serviu a Freud para entender a alma humana. Mas Hillman tem a sua contribuição aqui. Qual a especificidade da reflexão de Hillman sobre o mito de Édipo? Enfrentar mais uma vez Édipo e sua família, que coragem de James Hillman! Uma coragem perigosíssima, porque ele, como sabe, poderia ser engolido por Édipo, pelo herói apolíneo, pelo herói da luz que acha que se conhece. Hillman fica muito atento a isso. Se ele achar que conhece Édipo, que desvenda Édipo, cairá diretamente na maldição edípica. Mas sua contribuição é muito complexa e extensa, pois como sempre é uma reflexão multifacetada. Ela tem, para mim, pelo menos dois aspectos principais (de novo a "partição bípede"), muito óbvios e muito interessantes, que nos levam a pensar – como é que não vimos isso antes?

Primeiro, na primeira perna dessa reflexão, vemos Hillman reverter algumas ideias, que os mitólogos de alguma forma já haviam percebido antes. No campo das psicanálises, Édipo foi sempre entendido como um caso de parricídio – filho que mata pai – e de incesto – incesto com a mãe. O que Hillman vem nos dizer é que a história não é sobre parricídio. É, na verdade, sobre infanticídio – ao contrário, essa é antes a história de pai que mata filho, "o desejo de matar a próxima geração"[173]. Pois quando Édipo mata seu pai, ele não sabe que está matando o pai. Em vez disso, ele está de fato fugindo da possibilidade de matar seu pai, que ele entende que é Pélope. Isso muda tudo. Portanto, estamos diante mais precisamente de uma história sobre pais que matam filhos, porque Laio quis matar Édipo muito antes de Édipo matar Laio. A história começa com a maldição de que Laio teria um filho que o mataria; então ele decide matá-lo antes. Ele tenta matar antes de ser morto. Mas matar o filho tem o sentido, segundo Hillman, de eliminar a possibilidade de ouvir um segundo sentido nas previsões oraculares: "O filho é o potencial que a mente dominante tem para um segundo sentido"[174].

Simbólica e psicologicamente falando, essa é uma história sobre os impulsos em nós que matam os filhos, que não sabem ter filhos, que não sabem conviver com a ameaça que é ter filhos, que sentem os filhos como ameaça. É uma história paradigmática, excepcional e extraordinária sobre os nossos impulsos que matam as suas renovações. Sobre as instâncias psíquicas em nós que se sentem ameaçadas pelo novo, que, ao invés de entrar em relação com o novo, sentem-se ameaçadas e matam o novo.

Agora, a segunda perna dessa reflexão de James Hillman (usaremos essa metáfora da perna porque a família dos Labdácidas, como se sabe, é de coxos, de gente com problema nas pernas e no andar): o segundo aspecto, que os mitólogos, os filósofos, os classicistas já percebiam, é que Sófocles escreveu uma trilogia, não

---

[173] HILLMAN, J. "Édipo revisitado". In: *Édipo e variações*. Tradução de Gustavo Barcellos: Petrópolis: Vozes, 1995, p. 97.

[174] Ibid., p. 95.

uma tragédia só. Portanto a história continua, não termina no *Édipo Rei*. Ela termina com *Édipo em Colona* e, depois, ainda mais, com *Antígona*, e suas questões com os irmãos (embora nesse momento Édipo já esteja morto).

Assim, o importante aqui é perceber, penso eu, com relação ao nosso herói, que ele não termina como Édipo *tyrannos*, como rei; ele termina como "mendigo". E essa é a ambiguidade impressionante desse personagem: de rei ele vira mendigo, de semideus ele vira pária. Aí há também algo para refletirmos: se ficarmos só no lado dignificado e real em nós, se não entrarmos em contato com o que é ao mesmo tempo pária, que é mendigo em nós, ficaremos desconectados do nosso lado mendigo, poluto. É preciso fazer contato com os dois lados. O mito de Édipo também nos ensina isso. *Hamartía* quer dizer polução – é o erro que é sujeira; se não fizermos contato com o nosso lado poluto, com as nossas *hamartías*, ocorrerá um desbalanço profundo. Édipo nos mostra isso. Ele se julga só rei, *tyrannos*, semideus – "eu sei tudo", "decifro enigmas", "mato a esfinge", "faço tudo", "descubro o assassino do rei desta terra" – coitado, sem saber que estava descobrindo a si mesmo. Como ele não tem contato com o lado mendigo, acaba por vivê-lo literalmente.

Voltando a Hillman: ele nos aponta que a tragédia é uma *trilogia*. É uma história única, contada em três partes. Há um segundo Édipo, quando ele está em Colona. Portanto, há aqui aquilo que os gregos prezavam muito, e que eles chamavam de "metanoia" – que indica a transformação do significado ou do pensamento. *Meta + nous* = pensar de modo diferente, mudar de ideia: isso quer dizer, "volte o seu significado para outra direção". Metanoia é voltar o pensamento para outra direção. Édipo faz isso, mas tragicamente, tem de literalmente cegar-se para poder fazê-lo. A história de Édipo é a realização de uma metanoia. Ele é lançado numa metanoia.

* * *

Essa é uma família disfuncional, uma família trágica, de gente especial, extraordinária. Todos eles são especiais, para o bem e para o mal. E eles são coxos. Lábdaco, o avô de Édipo, tem uma perna menor do que a outra, pernas com forças diferentes. Ele anda desarmoniosamente, ele manca. Laio, o pai de Édipo, é dissimétrico, canhestro, pois também tem uma perna maior do que a outra. Édipo tem os pés inchados – Οἰδίπους, composto de *oidao* (incho) e *pous* (pés), aquele que tem os pés inchados, o bípede machucado; ou ainda Οἰ (machucado) e δίπους, *dípous* (bípede), diferentemente do *trípous*, e do *tetrápous*. Δίπους, o bípede, é o homem adulto. Só o homem adulto é bípede, mas nosso herói é Οἰδίπους – o seu "bipedismo" está machucado, ele é o homem machucado nos pés, desequilibrado. Ele tem os pés machucados, inchados porque os pais amarraram os pés da criança para abandoná-la, para que ela não andasse, não fugisse, não fosse longe, e ele fica com os pés inchados. Ele manca. O pai manca. O avô manca. Uma descendência de mancos. E essa gente então "manca na vida", está desequilibrada, não tem balanço.

Andar, estritamente falando, é desequilibrar-se – você está equilibrado se você estiver ereto, e parado; o equilíbrio, nesse sentido, é uma paralisia. Para caminhar é preciso quebrar esse equilíbrio. Caminhar na vida é um jogo entre desequilibrar-se e equilibrar-se, desequilibrar-se e equilibrar-se novamente, continuamente. Mas essa gente é permanentemente desequilibrada. Eles "mancam na vida". Eles têm um defeito no andar. Eles andam defeituosamente, vão cometendo erros. Claro, isso faz deles gente que manca, que desequilibra, mas também faz deles gente especial. Aqueles que mancam são pessoas especiais, nos quais incide um destino extraordinário. Esse destino extraordinário pode espelhar-nos a todos. A psicologia é assim: entende o ordinário pelo extraordinário. O ordinário não traz a compreensão total. Na psicologia, vamos ao extraordinário para entender o ordinário. Os loucos, os patologizados, os esquizofrênicos, as histéricas – o método da psicologia profunda, desde

Freud, desde Jung, é ir ao extraordinário para entender o ordinário. Ir à vida *in extremis*, desequilibrada. A psicologia profunda tem e precisa ter esse olho para a patologia, para o patologizado. Freud e Jung o têm, e eles nos ensinam a ter um olhar para o torto, o manco, para aquilo que manca, que não está em equilíbrio.

3.4 O número 3

Outro aspecto simbolicamente interessante dessa tragédia, em especial com relação a Édipo, está, a meu ver, sob a maldição do número 3: tudo em Édipo tem a ver com o número 3. Édipo, sua vida e seu mito, podem ser vistos em três momentos: a infância, a juventude e a velhice. Esses três momentos coincidem com três cidades: Corinto, Tebas e Colona. Para começo de conversa, como vimos, a história é uma trilogia.

Corinto é onde ele passa a infância – que é o tempo da ingenuidade. Ali, ele não sabe quem é, acha que é filho daquele casal que o criou, mas na verdade não é; mas ele acha que é, e o casal finge que é. É o tempo da inocência, que todos nós vivemos: você não sabe ainda quem você é. Em Corinto ele "anda com quatro pés", engatinha, o que depois vai aparecer no enigma da Esfinge. A Esfinge também fará referência ao número três, às três idades do homem, com a metáfora dos quatro pés, dois pés, três pés. Falaremos mais adiante do enigma e da Esfinge.

Édipo, então, também está sob a égide do número 3: a primeira parte é Corinto. Ali ele está andando, digamos, sobre quatro patas; ele é criança. Não sabe quem é. Nós normalmente somos assim na primeira infância, dure ela quanto puder durar: 7 anos, 45 anos, 70 anos – vai aí ao gosto do freguês estender este período, há gente que tem quase 70 anos e ainda não sabe quem é, e nem está preocupado em saber. São crianças. Nunca serão adultos. Em Corinto, Édipo não sabe quem é e nem está preocupado com isso. Ingenuidade, inocência, infância – há vários nomes para esse momento de nossas vidas.

Depois vem Tebas, onde ele é *tyrannos*, onde ele é adulto. Aqui ele "pensa" que sabe quem é. É o tempo do ego, do adulto, do bípede, andando sobre duas pernas. Acha que é equilibrado. É o tempo que somos "reis" de nossas vidas. Se formos *tyrannos* é melhor, estaremos cuidando melhor de nossas vidas e suas criações. Mas, às vezes, somos só "reizinhos" – ou reis momos! – muitas vezes somos reis momos de nossas vidas. Em Tebas, Édipo vive o tempo em que pensa saber quem é. Do que trata isso? No mito, dentro da consciência trágica, ser adulto é achar que sei quem eu sou; e buscar por quem sou. É querer ser. Pois Édipo é um buscador.

Mas haverá aí uma *metanoia* – como já aludimos, a imposição do destino, de mudança de direção do pensamento. *Metanoia* é uma palavra grega e uma ideia que entrou na psicologia com Jung. Literalmente significa "a transformação do significado ou do pensamento". É quando precisamos mudar a direção do interesse vital, de um lado para outro, geralmente para seu oposto. Com Édipo há então uma terceira fase, onde se anda com três pernas: o velho, o idoso. Terceira idade, terceira perna. É o tempo da *anima*, segundo Hillman: não sou mais *tyrannos*, sou mendigo. E tenho consciência da minha poluição, de eu mesmo ser uma poluição; e que preciso de uma terceira perna, não sou mais bípede, sou *trípous*. Essa terceira perna é a *anima*.

Essa é a terceira cidade na história de Édipo: Colona, onde ele passará a velhice. Para lá ele irá já cego, podendo unicamente olhar para dentro, para as realidades interiores, para a alma. Estará acompanhado por sua filha, Antígona, que nesse momento o conduz. Ali, a condução é, portanto, feminina. Como diz Hillman em seu ensaio, Colona é o país da *anima*. A metanoia já aconteceu.

Outro aspecto do número 3 é que há também três mulheres importantes nesse mito: a primeira é a mãe de Édipo, Mérope, que não é a mãe; a segunda é a esposa, que também não é só esposa, mas é Jocasta, a mãe; e há uma terceira mulher, que é Antígona, a filha, que também não é só filha, mas irmã. Três mulheres fundamentais na história de Édipo, que são três ambiguidades. Há uma quarta, claro, que fica pairando por aí, que é a própria Esfinge, que se inscreve também, de uma certa forma, na ordem do feminino. Ele a mata. Ao matar a Esfinge, mata a imaginação. Depois vai pagar caro, muito caro por ter decifrado o enigma. Ele mata a Esfinge, mas não decifra nada – pois sua resposta é muito superficial, como veremos.

Outra presença da maldição do número 3: quando se dá o encontro fatídico, o encontro entre pai e filho, quando o filho mata o pai, sem saber que está matando, a cena acontece em uma encruzilhada de três caminhos: o mito assim está dizendo que não é uma encruzilhada simples, mas uma encruzilhada "tríplice", um trívio. Ou seja, esse encontro não é simples, não é "eu e tu", daqui para lá e de lá para cá. Não é um encontro binário, com apenas dois lados. É um encontro complexo, que se dá numa encruzilhada de três direções. Hillman:

> Três. Não caminhos opostos com propósitos cruzados mas tríplice, diversas sendas, vários sentidos de direção [...]. Essa encruzilhada, esse lugar metafórico poderia ser o lugar da metáfora, gerador de *vários* sentidos de direção, modos de ir, modos de ser, um cruzamento para um obscurecimento simbólico e gnômico da compreensão, até mesmo um caminho para baixo rumo à mistificação de Hécate. Mas Laio e Édipo, e a peça, pertencem à tragédia heroica – especialmente a Febo Apolo. Apolo como corvo, lobo e matador não é visto nem ouvido na luz solar da ação heroica[175].

O encontro fatal de pai e filho começa quando ambos colocam o pé na estrada. O encontro fatal se dá porque eles se moveram, porque andaram, porque se desequilibraram. Andar pode ser muito perigoso. E Édipo aí já é o bípede, ou seja, ele é um adulto. Ser adulto é ir ao encontro do seu destino. O mito está dizendo: Édipo

---

175 Ibid.

vai ao encontro de seu destino quando ele é bípede, quando ele está ereto, quando está adulto. É como se o mito estivesse dizendo: ser adulto, ser bípede, estar ereto, achar que sabemos quem somos, do ponto de vista da consciência trágica, é ir ao encontro do seu destino.

3.5 O enigma

O enigma é o coração dessa história. Édipo é o "decifrador de enigmas". Mas é o enigma que "decifra" Édipo. Édipo é em si uma personagem enigmática. Porque ele nunca é quem ele é: é o filho que não é filho, porque é estrangeiro; é o marido que não é marido, porque é filho; é rei que não é rei, porque é a maldição. Ele é a solução e a poluição da própria cidade. Ele é o detetive em busca de um assassino, mas o assassino é ele mesmo.

É fácil perceber a enorme ambiguidade dessa personagem. Essa ambiguidade somos nós. De novo: Édipo não é um homem, Édipo é *o* homem. Então, é importante mantermos uma consciência trágica, porque essa consciência trágica nos diz: nós somos todos ambíguos. A nossa marca é a ambiguidade. É bom reconhecer isso: a nossa ambiguidade. Só não nos consideramos ambíguos quando estamos ego-centrados demais; se estamos muito focados no ego. O ego não é ambíguo, mas nós somos ambíguos. Então, quando os mitólogos nos dizem, Édipo não é um homem pois ele é *o* homem, querem dizer: ele é todos nós. É a história de estarmos nos dando conta da nossa ambiguidade, de que somos sempre um outro ao mesmo tempo.

Quando ele está em Corinto, ele pensa ser filho de Mérope e de Polibo; quando ele é *tyrannos*, pensa ser o rei, ser dono da cidade, e diz: eu vou salvar essa cidade desse assassino que matou o rei; mas ele é o assassino e não sabe. É uma ambiguidade atrás da outra, ele nos apresenta a ideia da ambiguidade.

O enigma da Esfinge é a espinha dorsal dessa história, e esta é uma história cheia de enigmas. Há um enigma nessa figura da

Esfinge, que é uma quimera – um tipo de monstro grego. Segundo Junito Brandão, a etimologia da palavra esfinge remete a "envolver, apertar, comprimir, sufocar", o que também nos lembra da palavra esfíncter: isso "contribuiu muito para fazer da Esfinge um monstro opressor, um *pesadelo*, um íncubo, função que complementa sua atribuição primitiva que era de *alma penada*"[176].

O enigma é conhecido:
> Na terra vive uma criatura que anda sobre quatro membros, depois em apenas dois, e em seguida em três, embora tenha apenas uma voz. Pela postura é diferente das criaturas que andam pela terra, das que vão pelo ar, das que nadam no mar. Quando anda pelos quatro membros é muito mais frágil.

Sabemos qual é a resposta mais imediata: é o homem. Quando criança, anda com quatro pernas, engatinha, depois anda com duas pernas, pois é um adulto ereto, e, quando velho, anda com três pernas, porque precisa de uma bengala, de um apoio, ou de uma Antígona. A bengala é a alma. Sob esse ponto de vista, a alma é uma bengala, um terceiro apoio, que está fora do ritmo binário do andar sobre duas pernas. É novamente o número 3.

Há uma outra versão, que Vernant nos traz, citando Diodoro da Sicília: "O que é que, permanecendo sempre o mesmo, tem dois, três, quatro pés?"[177] No enigma – "embora tenha apenas uma voz" – há portanto a alusão a algo que permanece, ou seja, o homem muda e permanece ao mesmo tempo, e isso o distingue de um animal. Essa alusão é importante, e completa o sentido do enigma. Os animais permanecem sempre os mesmos. Se um animal tem quatro patas, ele permanece com quatro patas a vida inteira. Quando tem duas patas, ele permanece com duas patas a vida inteira. Se ele não tem patas, ele permanece sem patas. Mas o que distingue o homem é a

---

[176] BRANDÃO, J.S. *Dicionário Mítico-etimológico da Mitologia Grega*. Petrópolis: Vozes, 2014, p. 185.
[177] VERNANT, J.-P. *Mito e religião na Grécia antiga*. Op. cit., p. 186, nota de rodapé 20.

sua mutabilidade, a possibilidade de mudar, e não só a possibilidade, mas o imperativo de mudar. E, ao mesmo tempo, permanecer o mesmo. Alguma coisa, "a voz", permanece a mesma.

Isso é muito simbólico e muito interessante. Então, outro jeito de se colocar o enigma é o seguinte: o que é que, permanecendo sempre o mesmo, muda? Só o homem. Então, a Esfinge está definindo o homem de forma completa. A resposta de Édipo, em parte, está correta.

Eurípedes coloca esse enigma de outra maneira: "há na terra um ser com quatro, dois e três pés, cuja voz é única. Apenas muda a sua natureza entre os que se movem no chão, no ar ou no mar". Então, de novo, o homem é o único animal que muda, que pode mudar. Édipo acerta e não acerta a resposta. Ainda mais uma vez, a presença do número 3. A resposta que dá ao enigma é esta: "Ouve, mesmo que não queira, musa esvoaçante e maldosa dos mortos, as minhas palavras. Por direito, agora a tua luta chega ao fim! É o homem, que, quando pequeno, engatinha sobre os quatro membros; quando adulto, usa as duas pernas, mas na velhice caminha apoiado a uma bengala, pois suporta o peso dos anos".

Mas a resposta não é esta. O enigma da Esfinge, a sabedoria que nela está embutida, está em entendermos que a vida se faz em três fases. A Esfinge não está falando do homem, está falando da condição humana. Ela está tratando do que é ser um homem. A vida do homem consiste em infância, idade adulta e velhice. O importante é poder passar por essas três fases sem interromper o fluxo. Não ficarmos fixos em nenhuma delas. Vivê-las na sua sucessão. A resposta ao enigma é o homem, mas só posso chamar de homem aquele que aceita a sucessão, a ordem natural do tempo, das coisas. Édipo não entendeu. Sua compreensão é limitada, não chega nisso. E este é outro detalhe simbolicamente interessante, pois o modo com que a Esfinge escolhe para definir o homem tem a ver com o andar, com as pernas, que é justamente o ponto das feridas de Édipo e de sua família: andar mal, mancar, ser coxo.

Jean-Pierre Vernant nos explica:
> O homem é o único a mudar a natureza da sua mobilidade para assumir três tipos diferentes de andar: quatro pés, dois pés, três pés. O homem é um ser que ao mesmo tempo permanece sempre o mesmo (tem uma única voz, *phoné*, uma única essência) e se torna outro: ao contrário de todas as espécies animais, ele conhece três estatutos diferentes de existência, três "idades": criança, adulto, velho. Deve percorrê-las em sequência, cada uma a seu tempo, porque cada uma implica um estatuto social particular, uma transformação de sua posição e de seu papel no grupo. A condição humana estabelece uma ordem do tempo, porque a sucessão das idades na vida de cada indivíduo deve-se articular na sequência das gerações – respeitá-la para se harmonizar com ela, sob pena de retorno ao caos[178].

Esta é a resposta ao enigma. O enigma não é uma charada. Édipo trata o enigma como uma charada, mas a Esfinge é filosófica. Ela está querendo definir a condição do homem. Vai muito além da simples compreensão de Édipo. Édipo é engolido por essa resposta, porque ele não entendeu esse outro nível da resposta.

Novamente, Jean-Pierre Vernant:
> Édipo, Οἰδίπους, decifra o enigma; ele próprio é *dípous*, o homem de dois pés. Mas o seu erro, ou melhor, a maldição que pesa sobre a sua linhagem coxa faz com que, ao decifrar o enigma, reunindo a resposta e a pergunta, ele encontre também seu próprio lugar de origem no trono do seu pai e na cama da sua mãe[179].

Ele decifra o enigma, mas ele não entende o enigma. Ele decifra o enigma, e decifrar o enigma joga-o no trono do pai e na cama de sua mãe, lança-o a seu próprio destino. Ele não aprofunda, e nem se aprofunda, no enigma. Relaciona-se com ele como um problema, que

---

178 Ibid., p. 186.
179 Ibid.

deve ser solucionado. Segundo a compreensão de Roberto Calasso, um enigma deve ser distinguido de um problema. Um enigma é misterioso, convida uma mentalidade enigmática, e "a resposta ao enigma é também misteriosa"[180].

> Quando o problema está resolvido, a pergunta e a resposta se dissolvem, são absorvidas num automatismo. Escalar um muro é um problema, até o momento em que nele se apoia uma escada. Depois, não subsistem problema e solução, apenas um muro e uma escada. [...] A solução de um enigma é portanto um novo enigma, ainda mais difícil. [...] Resolver um enigma quer dizer deslocá-lo para um nível mais alto, enquanto o primeiro afunda[181].

O "novo enigma" era o próprio Édipo.

3.6 A tragédia e o mito de Édipo

Nas tragédias, a plateia assistia e também participava emocionalmente. A reflexão apresentada tinha como objetivo mexer, profundamente, com as emoções, com as grandes verdades. Até onde se sabe, as pessoas assistiam ao espetáculo como a um rito, e não como um divertimento. Não era teatro para distrair. Era um rito que tinha um caráter religioso, pois tudo na Grécia tinha um caráter religioso, a religião está tecida na malha do dia a dia, não há uma separação entre sagrado e profano. Tal separação se dará apenas nos monoteísmos. No monoteísmo, tem-se o espaço sagrado, que é o templo, e o espaço profano, que é a cidade, a vida na comunidade. Nos monoteísmos, esses espaços estão separados. Assim, precisa-se do espaço sagrado (geralmente um templo), de um sacerdote e de um livro que diga o que se deve fazer.

As religiões do livro (judaísmo, cristianismo, islamismo) dependem de uma revelação – o divino se revela. Essa revelação deve ser compreendida, deve ser decifrada. E precisa-se de um sacerdote que

---

180 CALASSO, R. *As núpcias de Cadmo e Harmonia*. Op. cit., p. 237.
181 Ibid., p. 238.

ajude a decifrar essa revelação. Vernant: "Numa religião monoteísta, a fé normalmente faz referência a alguma forma de revelação: de saída, a crença enraíza-se na esfera do sobrenatural. O politeísmo grego não repousa numa revelação"[182]. Eu diria, repousa em apresentações. A religiosidade grega não tem templo, como nós entendemos templo hoje em dia, não tem classe sacerdotal, e não tem livro; foi formulada por artistas, poetas e filósofos. Entretanto, ela é praticada todos os dias. Vernant: "Não há nada que fundamente, a partir do divino e por ele, sua inescapável verdade; a adesão baseia-se no uso: os costumes humanos ancestrais, os *nómoi*. Tanto quanto a língua, o modo de vida, as maneiras à mesa, a vestimenta, o sustento, o estilo de comportamento nos âmbitos privado e público, o culto não precisa de outra justificação além de sua própria existência: desde que passou a ser praticado, provou ser necessário"[183]. Esse é o ambiente psicológico politeísta. Ou, como disse Plutarco, os deuses estão em todas as coisas.

Na Grécia antiga não há nem a ideia de religião propriamente dita, porque não há o que re-ligar, pois nada foi des-ligado. Não existe a ideia de religião por que a vida já está ligada aos deuses. A vida já é uma representação dos desígnios dos deuses. Vernant: "Que tenha havido, no teatro grego, uma dimensão religiosa, é por demais evidente. Mas a religião não tem, para os antigos, nem o mesmo sentido nem o mesmo lugar que para nós. Ela não está realmente separada do social e do político"[184].

Quanto a não ter templo: os templos existem nos sítios gregos, mas os rituais não eram feitos dentro dos templos, mas fora. Os ritos eram praticados em torno dos altares de sacrifícios, e geralmente tinham um caráter festivo, com jogos e música. Então, era uma

---

[182] VERNANT, J.-P. *Mito e religião na Grécia antiga*. Op. cit., p. 7.
[183] Ibid.
[184] Ibid., p. 161.

experiência de templo bem diferente. Não se entra para dentro do templo para ter contato com os deuses, eles estão fora.

* * *

Agora vou recontar o mito de Édipo, fazendo as observações que se fizerem necessárias, por que não temos muito claro esse mito na mente, a história completa propriamente dita, apesar de assim parecer. Além dos poetas, ele foi contado por diversos mitólogos, e quem conta especialmente muito bem é Karl Kerényi (1897-1973), colaborador de Jung, e que foi professor de Mitologia de James Hillman.

Quem também conta o mito de forma sucinta mas completa, e que me agrada muito, é Thorwald Dethlefsen, em seu livro *Édipo, solucionador de enigmas*. Vou seguir aqui a sua narrativa. Então, vamos imaginar que estamos no teatro de Epidauro, e vamos "assistir" à tragédia de Édipo, e fazer as nossas reflexões.

Ele começa dizendo:
> Édipo faz parte da estirpe de Cadmo, herói que fundou a cidade de Tebas. Cadmo pertencia à quinta geração dos reis primordiais que nasceram do casamento taurino de Zeus com Jo, que tinha forma de vaca. Cadmo foi iniciado nos mistérios de Samotrácia, durante esta festa conheceu sua noiva Harmonia e desta união nasceu Sêmele. Com Sêmele, Zeus concebeu a Dioniso, deus de grande importância para compreensão da tragédia[185].

Dioniso, deus da máscara, da tragédia, do teatro, o "bode" – vejam que ele está próximo nesta linhagem de Édipo. Sim, Édipo é um herói apolíneo, está sob a égide de Apolo, ou seja, ele quer clareza, quer conhecimento, quer a racionalidade, o distanciamento. E isso é a sua própria maldição. Mas Dioniso está por perto, como veremos. Dioniso é um tio, digamos, é próximo na genealogia dele.

---
185 DETHLEFSEN, T. *Édipo, o solucionador de enigmas*. Op. cit., p. 75.

> Quando Zeus apareceu a Sêmele em forma de raio, ela foi queimada, e junto com ela o palácio de Cadmo, que em seguida tornou-se o santuário de Deméter. Do corpo carbonizado de Sêmele, Zeus retirou o pequeno Dioniso, levando-o consigo. Polidoro [o primeiro da linhagem dessa família disfuncional, de coxos, de desequilibrados – o bisavô de Édipo], filho de Cadmo, ficou com a regência de Tebas, que em seguida passou a Lábdaco [avô de Édipo]. Posteriormente ele foi entregue a Laio, pai de Édipo[186].

Laio quer dizer, aproximadamente, "rei do povo": era para ele ser o rei do povo. Mas não é isso que acaba ocorrendo. Aqui, há várias versões da história, mas, quando jovem, sabemos que ele é expulso de Tebas porque não consegue ser um bom rei e vai para Corinto, onde recebe o abrigo de Pélope, rei de Corinto. Lá, é designado como "professor", pois supostamente ele era um exímio automobilista, guiava muito bem os carros com cavalos. Ele supostamente entendia da condução dos carros. Então é designado por Pélope para ensinar a seu filho Crisipo a arte de dirigir carros.

No entanto, o que acontece nesse momento é que Laio se apaixona pela beleza encantadora de Crisipo, e o rapta. Laio seduz o rapaz numa paixão "desenfreada", e isso instaura a ira do pai, Pélope. Por quê? Porque Laio acaba não ensinando aquilo que deveria ensinar. Simbolicamente, aquele que é o homem que sabe domar os cavalos erra, pois não soube domar os seus próprios "cavalos", seus instintos. Então, isso é muito importante, porque é o começo do mito, a maldição. Esse foi o erro de Laio, sua *hamartía*. E esse erro fez com que Pélope ficasse irado, porque Laio não ensinou o menino – Laio se desgoverna com os seus próprios cavalos – e então ele lança uma maldição sobre Laio e sua família: que ele jamais conceberia um filho, pois, se o fizesse, morreria pelas mãos dele. Essa é a origem dessa tragédia. Tudo começa aí – com Pélope amaldiçoando a Laio.

---

186 Ibid., p. 75.

E o oráculo de Apolo em Delfos, que Laio vai procurar, confirma Pélope: "tome cuidado para não ter um filho, por que se você o tiver, esse filho irá te matar". A ira de Pélope transforma-se numa maldição jogada na família, que vai passar de geração para geração. Uma maldição que tem a ver com filhos, pois Pélope se sente ferido com relação a seu filho. Mas aqui a questão não é tanto a da homossexualidade – Laio é tido como o "inventor" da homossexualidade na mítica, o inventor da pederastia[187] – mas do fato trágico de Laio não ter conseguido domar seus instintos.

> Laio era casado com Jocasta. O oráculo de Delfos confirmou esta maldição jogada e, por três vezes, avisou Laio para que não concebesse um filho. Somente se Laio morresse sem deixar prole é que Tebas poderia ser salva. Apesar dessa maldição e dos avisos, Laio concebeu um filho com Jocasta. Entretanto, com medo das profecias, o pai acorrentou os pés da criança, e mandou um servo levá-la para o Monte Citerão. Compadecido com a sorte da criança, o servo a entregou a outro pastor, que guardava o rebanho do Rei Pólibo, em seus domínios[188].

O que acontece aqui? Laio não obedece, concebe um filho, sabe que o oráculo confirmou que esse filho iria matá-lo, e então ocorre o impulso de infanticídio. Ele entrega o filho para um pastor, que leva o menino para o Monte Citerão. Laio quer matar seu filho. Essa montanha tem várias conotações simbólicas, conforme o ensaio de Hillman. É um lugar paradigmático na mitologia grega, pois muitas coisas importantes, em diversos mitos, aconteceram nessa colina, e lá esse pastor/servo se compadece e entrega o menino para um outro pastor – aqui temos a presença do destino. Aqui temos a figura arquetípica do *pastor* – no mito tudo é significativo e faz parte do todo – e o pastor é um psicopompo, é a imagem arquetípica de um guia de almas. Um condutor. A criança vai da mão de um pastor

---

187 DOVER, K.J. *A homossexualidade na Grécia antiga*. Tradução de Luís Krausz. São Paulo: Nova Alexandria, 1994, p. 274.

188 DETHLEFSEN, T. *Édipo, o solucionador de enigmas*. Op. cit., p. 76.

para a de outro pastor. Assim, ela está sendo guiada, conduzida a seu destino. O verdadeiro pastor é aquele que guia a alma para o seu verdadeiro destino. Não por acaso, quem recolhe e guia a criança são pastores. Também Édipo será guiado a seu destino.

> Enquanto o criado comunicava a Laio que executara as suas ordens, o pastor levava a criança a seu amo em Corinto. Pólibo e a sua esposa Mérope, cujo casamento não lhes dera filhos, adotaram e criaram a criança como se fosse sua. Pelo fato de ter os pés amarrados, deram-lhe o nome de Édipo, que traduzido quer dizer "pés inchados". Édipo, que crescia saudável, de nada sabia, senão que era filho de Pólibo e de sua esposa Mérope, e que seria herdeiro do reino.
> Então, durante um banquete, um corinto embriagado revelou a Édipo que ele não era filho de seu pai[189].

Este embriagado já é Dioniso entrando na história. Nessa tragédia, estamos num ambiente de Apolo, onde tudo é apolíneo, mas Dioniso também está lá, esperando, dando risada, aguardando o momento certo para dizer a verdade: *"in vino veritas!"* E esta é a primeira vez que a verdade aparece na história. Aparecerá outras três vezes. Essa é a verdade, dita pela boca de um bêbado, por alguém que está em estado alterado de consciência. Os estados alterados de consciência dizem a verdade. A verdade é para ser encontrada aí.

Dizendo isso a Édipo, ele estraga a festa, põe uma dúvida na mente do rapaz. Édipo vai então tomar satisfação com os seus pais sobre a questão da paternidade: "Eu não sou filho de vocês? Que história é essa?" Estes então tentam acalmá-lo, tentam dissipar suas dúvidas afirmando que ele é seu filho legítimo, ou seja, mentem: "Você é nosso filho mesmo. Isso é coisa de bêbado. Não ligue para isso, não dê ouvidos a um bêbado!"

> Contudo, Édipo ficou desconfiado e por isso abandonou secretamente a casa paterna, a fim de consultar o oráculo

---

189 Ibid.

de Delfos, com a esperança de que este lhe dissesse a verdade acerca da sua origem[190].

A história tem muitas idas ao oráculo de Delfos. Essas são pessoas extremamente dependentes do oráculo. Como Édipo tinha ficado com a pulga atrás da orelha, ele corre para lá, ao oráculo, para perguntar.

Mas – tal qual Édipo suspeitava – o oráculo não respondeu a sua pergunta, porém o ameaçou com uma terrível previsão: ele se tornaria o assassino de seu pai e o marido de sua mãe[191].

Isso é interessantíssimo: os oráculos falam de uma determinada maneira. Édipo faz uma pergunta; essa pergunta não é respondida, mas é dita outra coisa. Édipo pergunta: "Eu não sou filho de meus pais? Não sou filho de Pélope e de Mérope?" O oráculo não dá resposta a esta pergunta. Dá uma outra resposta, que ele talvez não quisesse ouvir: você se tornará o assassino de seu pai e o marido da sua mãe.

Aqui temos toda a questão dos oráculos. Isso é importantíssimo, porque aqui há um segundo erro. Édipo não entende a resposta. Vamos relembrar um famoso fragmento de Heráclito, que nos dá uma dica a respeito do entendimento dos oráculos. Os fragmentos de Heráclito são muito enigmáticos, são uma coleção de enigmas, e funcionam como koans para a mente ocidental. O fragmento 93 diz o seguinte: "O senhor, cujo oráculo está em Delfos, não fala nem esconde: ele indica". Essa é a maneira correta, segundo Heráclito, de entendermos os oráculos. Ou seja: não devemos entender literalmente sonhos, sintomas, fantasias, intuições, premonições – saiba que são uma indicação, não estão revelando nada positivamente, e nem estão escondendo nada. Outra tradução diz: "O senhor, cujo oráculo está em Delfos, não se oculta nem se revela, mas dá um sinal".

---

190 Ibid.
191 Ibid.

Aqui há um erro de compreensão que traz uma reviravolta para a história: o rapaz entende literalmente, não percebe que o oráculo não respondeu a sua pergunta. Compreende só esta parte: que ele se tornaria o assassino do seu pai e marido da sua mãe. Édipo fica desesperado. Imagine você ouvir algo assim. Você ficaria completamente desesperado. Ouvimos certas coisas como essa nos sonhos, e ficamos muito impactados. São realidades psíquicas difíceis. Essa é uma questão trágica, porque você não escapa do destino. Édipo é arrogante, foi tratado de uma forma em que foi bastante mimado, protegido. Ele é um príncipe. Não pode imaginar ser um filho adotivo, que os pais não podiam ter filhos. Ele era considerado em sua cidade o primeiro dos cidadãos, o herdeiro do trono ocupado por seu pai. Portanto, isso o enlouquece, pensar que poderia ser um "filho postiço" (*plastós*), conforme o insulto do bêbado: "ele teme uma baixa origem, um sangue do qual se envergonhar"[192]. E ele tinha esse caráter irascível, arrogante, e agora acha que pode manipular o seu destino. Pensa, "não vou voltar para a casa dos meus pais, para evitar essa maldição". Estava desafiando Apolo.

> Para escapar de qualquer modo a esse destino, Édipo não mais voltou para casa, tomando o rumo contrário. Finalmente, chegou a uma encruzilhada. Foi então que teve de decidir que rumo tomar: escolhendo uma das três vias à disposição. Por força do destino, escolheu o caminho que o fez encontrar Laio, seu pai[193].

Laio, por sua vez, também estava indo a Delfos – Édipo está saindo do oráculo, e Laio está indo para o oráculo. Caminhos cruzados.

> [Laio] estava a caminho de Delfos, acompanhado de um pequeno séquito de empregados, visando descobrir com o oráculo um modo de livrar Tebas da ameaça da Esfinge. Um servo exigiu que Édipo saísse do caminho para o carro passar, empurrando-o violentamente para o lado[194].

---

192 VERNANT, J.-P. *Mito e religião na Grécia antiga*. Op. cit., p. 68.
193 DETHLEFSEN, T. *Édipo, o solucionador de enigmas*. Op. cit., p. 76.
194 Ibid., p. 76-77.

O caminho se estreita, propositadamente, e só passa um, e ninguém dá passagem – vejam que metáfora interessante para tantas situações psicológicas: é o drama de muitos pais e filhos. Pai e filho em direções opostas – e só passa um. É assim que eles dão de cara um com o outro.

> Édipo, cuja natureza era colérica e impetuosa, agrediu o servo, recebendo de Laio uma pancada na cabeça [em outras versões diz-se que foi no pé]. Cego de raiva, Édipo arrancou o ancião do carro e o matou, bem como a todos os criados, com excessão de um, que conseguiu fugir. Édipo seguiu viagem rumo a Tebas. Como já sabemos, Tebas estava ameaçada pela Esfinge, "a estranguladora". Tratava-se de um monstro com o corpo de leão e cabeça humana. Entre outras coisas, diz-se que Hera havia mandado a Esfinge a Tebas a fim de vingar a paixão de Laio e a sedução do jovem Crisipo. Portanto, a Esfinge tomava conta da cidade e exigia que os tebanos resolvessem um enigma: enquanto estes não resolvessem o problema, tinham que sacrificar-lhe diariamente um jovem. Foi dessa maneira que morreu o filho de Creonte, Hêmon. Creonte era irmão de Jocasta e, depois da morte de Laio, assumiria a direção de Tebas. Creonte mandara anunciar que aquele que dominasse a Esfinge receberia Jocasta e o reino como prêmio[195].

Isso é importante, porque ele se tornaria rei e marido da rainha, da viúva. Édipo sentiu-se atraído por essa possibilidade – porque era ambicioso – já estava criado para ser rei, justamente o que havia perdido em Corinto, agora conseguiria novamente em uma outra cidade.

> E foi até os rochedos sobre os quais, de cócoras, a Esfinge ficava à espera, para apresentar o seu enigma. O enigma era o seguinte: "Qual é o ser que tem uma só voz mas que de manhã anda com quatro patas, no meio do dia com duas e à tarde com três, distinguindo-se pela posição de todos os outros seres da terra, do céu e do mar, e que é mais fraco quando tem mais pernas?" E Édipo respondeu: "Ouve, mesmo se não quiseres, musa

---

195 Ibid., p. 77.

dos mortos, as minhas palavras: segundo o vaticínio, agora teus atos terão fim! Fazes referência ao homem que, quando pequeno, engatinha sobre quatro membros, quando adulto usa as duas pernas e depois de velho apoia-se num bastão, pois tem de suportar o peso da idade". O enigma foi resolvido. A Esfinge se atirou do alto do rochedo e morreu. Édipo, como o libertador de Tebas, recebeu o título de rei e se tornou o marido da rainha Jocasta[196].

Ao decifrar o enigma, ele mata a Esfinge[197]. É simbólico: ele está "matando" a própria possibilidade enigmática. Ele está matando a imaginação, a ambiguidade – ele é o herói apolíneo, da clareza; o sim e o não, o certo e o errado, a noite e o dia são os seus paradigmas – não só ele decifra o enigma, ele mata a Esfinge, e com isso a possibilidade metafórica da imaginação, de compreender as coisas não literalmente.

Ele se torna rei e, lembrem-se, ele tem vocação para *tyrannos*, foi criado para ser *tyrannos*, para ser o grande pai. E, agora, ele vai para a cama com Jocasta, mas esse é um casamento sem lascívia – ele tem que aceitar a patroa, está no pacote. Não é uma decisão dele. Essa é uma questão que a psicanálise não percebeu muito bem, de que se trata de uma união imposta, não desejada anteriormente, uma união sem lascívia.

Com ela, Édipo concebeu quatro filhos: os gêmeos Etéocles e Polinice e as irmãs Antígona e Ismênia – que são ao mesmo tempo filhos e irmãos. Isso também é muito problemático: Édipo é aquele que era o irmão de seus filhos e o marido de sua mãe.

Agora saímos de Corinto e estamos em Tebas, a segunda cidade de Édipo. Ele a regeu – e foi um rei sábio e respeitado durante muitos anos. Mas, então, os deuses assolaram o país com uma peste, que foi dizimado e tornado estéril. Os campos não brotam mais, as mu-

---

196 Ibid.

197 "Existe igualmente uma tradição segundo a qual Édipo decifrara o enigma sem pronunciar a resposta: à pergunta da Esfinge, ele tocou a fronte e o monstro compreendeu que o jovem se designava a si próprio para responder à questão proposta" (BRANDÃO, J.S. *Dicionário Mítico-etimológico da Mitologia Grega*. Op. cit., p. 186).

lheres não geram, abortam, todo o campo da fertilidade está estéril, amaldiçoado e paralisado. Isso nos remete aos nossos momentos de esterilidade, de paralisação. Essa tragédia começa exatamente aí – já está no primeiro verso –, a tragédia abre com uma preocupação com a cidade, com a comunidade, que está acima do indivíduo, e que é a própria preocupação do *tyrannos*:

> Tebas, de fato, como podes ver tu mesmo,
> hoje se encontra totalmente transtornada
> e nem consegue erguer do abismo ingente
> de ondas sanguinolentas a desalentada fronte;
> ela se extingue nos germes antes fecundos da terra,
> morre nos rebanhos antes múltiplos e
> nos abortos das mulheres, tudo estéril.
> [...]
> A divindade portadora do flagelo
> da febre flamejante ataca esta cidade;
> é a pavorosa peste que dizima a gente
> e a terra de Cadmo antigo, e o Hades lúgubre
> transborda de nossos gemidos e soluços.

Édipo responde:

> Vossos anseios não me são desconhecidos.
> Sei bem que todos vós sofreis
> mas vos afirmo que o sofrimento vosso
> não supera o meu.
> Sofre cada um de vós somente a própria dor;
> minha alma todavia chora ao mesmo tempo
> pela cidade, por mim mesmo e por vós todos.
> Meu pensamento errou por rumos tortuosos.
> Veio-me à mente apenas uma solução,
> que logo pus em prática...[198]

Aqui ele é o decifrador de enigmas, acha que tudo resolve!

Depois que toda a sabedoria humana não conseguiu afastar o mal, Édipo enviou o seu tio Creonte até o oráculo de

---

[198] SÓFOCLES. *A trilogia tebana*. Tradução do grego, introdução e notas de Mario da Gama Kury. Rio de Janeiro: Zahar, 1993, p. 22-23.

Delfos a fim de buscar o conselho dos deuses. Ao voltar, este revelou ao povo reunido o que os deuses haviam dito: a morte de Laio pesava como uma grave dívida de sangue sobre Tebas. Enquanto não fosse vingada, não haveria salvação[199].

Creonte tinha dado para Édipo o reino – ofereceu porque não tinha saída. Aqui há um lance de um tio vaidoso com o sobrinho arrogante. Creonte não sabia mais o que fazer: lembremos que quem conseguisse decifrar o enigma da Esfinge levava tudo, e Creonte então teve que dar não somente o reino, como também a irmãzinha, para um estrangeiro, um forasteiro – mal sabia ele que Édipo não era estrangeiro, ao contrário, era o herdeiro legítimo.

Percebemos os deuses conspirando e fazendo a coisa certa, colocando no trono aquele de quem legitimamente é o trono, mas por uma linha trágica. Édipo não sabe disso. Já falamos disso anteriormente: você acha que está fazendo o certo, mas não é você que está decidindo – na hora H, quem decide são os deuses. A ambiguidade permeia toda essa história: Édipo é tido como estrangeiro, no entanto ele é tebano e herdeiro legítimo do reino, muito mais que o tio Creonte.

Nesse sentido, o mito de Édipo é também o mito do retorno a casa, da volta ao lar, que é um tema arquetípico, paradigmático, na literatura e no mito – temos a história de Ulisses –, mas ele está também em nossas histórias pessoais, pois aqui podemos chamar de "casa" o que quisermos. Todos nós sofremos a necessidade de voltar a casa, de voltar a nós mesmos.

Édipo então, que se pensava estrangeiro, é tebano. Manda o tio a Delfos que, quando volta, revela ao povo reunido o que os deuses haviam dito: há uma morte não esclarecida, a morte de Laio. Enquanto não fosse vingada, não haveria salvação. Imediatamente, Édipo assume o papel de advogado dessa situação: "Deixa comigo!

---

199 DETHLEFSEN, T. *Édipo, o solucionador de enigmas*. Op. cit., p. 78.

Eu decifro enigmas! Vou encontrar o assassino! Eu vou salvar a cidade!" Ele quer salvar a cidade, mas mal sabe ele que deve salvar a si mesmo.

> Surpreso pelo fato de ninguém ter encontrado o assassino na ocasião do crime, ele exigiu em altos brados que todos os cidadãos ajudassem na busca revelando o criminoso. Assim que este fosse descoberto, seria expulso da cidade. Ele mandou buscar o cego Tirésias, esperando que sua clarividência, pudesse apressar a descoberta da verdade. No entanto, Tirésias recusou-se com veemência, no início, a expressar sua opinião. Sob pressão e diante das ameaças do encolerizado Édipo, finalmente Tirésias disse abertamente que o próprio Édipo é o assassino de Laio e esposo da própria mãe[200].

Esta é a segunda vez que aparece a verdade nessa história. É claro que Édipo não vai escutar a verdade, não está preparado para ouvi-la. Édipo não estava em condições de saber a verdade e suspeita que por trás desta informação estava uma intriga de Creonte, o tio, que queria voltar para o palácio.

> Édipo, que era capaz de ver, estava cego para a verdade que o vidente cego lhe revelou. Édipo desejava vingar-se de Creonte. No entanto, Jocasta tentou refrear a impetuosidade de Édipo, fazendo com que os dizeres do oráculo e do vidente caíssem no ridículo. Por essa razão ela contou aquilo que o oráculo havia previsto anteriormente, ou seja, que Laio morreria assassinado pelo próprio filho. O fato de Laio ter sido morto na encruzilhada de uma estrada desmentia a veracidade dessas previsões[201].

Ele quer tanto ver que fica cego! Só mais tarde, no momento em que se cega de fato, ele será capaz de ver. É a marca da ambiguidade o tempo todo: Tirésias, o cego, é quem diz a verdade, é quem vê a verdade, percebe a trama, o mito, a história, a tragédia navegando

---

200 Ibid.
201 Ibid.

nessa história de ambiguidade – como a dizer que estamos todos imersos na ambiguidade.

O fato de Laio ter sido morto na encruzilhada da estrada, desmentia a veracidade das previsões: Laio não foi morto por seu filho, porque Laio não tinha filho, portanto, as previsões mentem. Nesse momento, é como se Jocasta falasse: "Você acredita tanto nos oráculos, mas Laio não tinha filho, foi um assassino qualquer que o matou. Então, não dá para acreditar em oráculo, pare com esta bobagem, e vamos tocar a vida para frente".

> Mas o que ela disse pretendendo acalmar Édipo, o atingiu no âmago do ser e causou-lhe grande inquietação. Ele continuou a investigar as circunstâncias exatas da morte de Laio. Quando soube da existência de um servo que havia escapado à matança, mandou buscá-lo. Inesperadamente, apresentou-se um mensageiro vindo de Corinto, com a notícia da morte de seu pai Pólibo[202].

Para a tragédia, isso é interessante – na hora em que Édipo manda buscar o servo que tinha escapado da matança, exatamente nesse momento, entra em cena um mensageiro vindo com outra notícia. Há aqui um cruzamento de direções importante, próprio do sentido do trágico. Novamente, vemos um cruzamento conduzindo a história.

> Ao mesmo tempo, esse mensageiro informou-o da vontade, manifestada pelos cidadãos de Corinto, de aclamá-lo como seu novo rei. Essas notícias acalmaram Édipo e Jocasta – ao que parecia, uma parte da profecia do oráculo se tornara impossível. Restou, contudo, o medo da segunda profecia, que dizia que ele se casaria com a própria mãe.
> Esses temores o próprio mensageiro tentou dissipar, contando para Édipo que ele não era filho legítimo de Pólibo e Mérope: ele mesmo – assegurou o mensageiro – havia recebido o bebê que lhe fora entregue por um pastor e o levara ao casal real. Nesse momento, chegou o criado

---

[202] Ibid.

que conseguiu salvar-se do ataque de Édipo em que Laio fora morto. O mensageiro de Corinto reconheceu nesse criado o pastor de quem certa vez recebera a criança. Eis que não faltava nada para que a verdade fosse desvendada. Édipo descobriu a sua verdadeira origem e tomou conhecimento das intenções dos seus pais que quiseram matá-lo[203].

Esta é uma cena superdramática. Estava ali tudo completamente exposto para quem quisesse ver. Então eles se encontram mais uma vez – o pastor e o servo – nesta cena. Estes dois homens se reencontram, e se reconhecem, diante de Édipo e Jocasta – inclusive é aí que Jocasta, desesperada, fala a Édipo algo como: "Desista disso!" Ela tenta dissuadi-lo, porque percebe antes dele o que estava acontecendo, e antes de se retirar lhe diz essas últimas palavras: "Infeliz, possas tu nunca saber quem tu és!"

Esse momento é muito dramático porque não só ele percebe que ele é o assassino do pai e o amante de sua mãe, mas também percebe, principalmente, que eles queriam matá-lo. Os pais quiseram matá-lo. É muito difícil receber uma notícia dessas!

> Ele teve de reconhecer que matou o pai naquela encruzilhada e que tomou a mãe por esposa, gerando com ela quatro filhos, dos quais se tornou simultaneamente pai e irmão. Ele correu desvairado pelo palácio e procurou, de espada em punho, por Jocasta em todos os aposentos, buscando assassiná-la. Finalmente, encontrou-a, enforcada em seu quarto de dormir[204].

Ela não deu a ele nem a chance de matá-la, pois ela se mata antes. Ele a encontra já enforcada. Ele é um homem que está completamente dilacerado, destruído, desmanchado.

> Ele a soltou e, com a fivela de ouro de seu vestido, furou os próprios olhos.
> A ameaça de banimento que ele mesmo ordenara para o assassino de Laio se cumpriu nele mesmo – que foi

---

203 Ibid., p. 78-79.
204 Ibid., p. 79.

banido do país. Sua filha mais nova, Antígona, o acompanhou como guia, visto que Édipo estava cego, ao passo que Ismênia permaneceu em Tebas a fim de defender, dentro de suas fronteiras, os direitos do pai. Logo haveria uma luta pelo trono real entre os dois filhos.

Passou-se bastante tempo, talvez vários anos, e Édipo chegou em um local muito especial onde, desejou instalar-se[205].

Nesse momento, ele é um mendigo, e é reconhecido como a poluição – a *hamartía* (ἁμαρτία) – da cidade. Então, como um bode expiatório, como um *tragós* – τρώγω –, ele é expulso de sua própria cidade.

Os gregos chamam isso de *pharmacon* – jogar toda a culpa em cima de alguém que serve como bode expiatório e, ao expulsar essa criatura poluta e amaldiçoada da cidade, há um efeito purgativo, purificador.

Édipo vai de *tyrannos* – de rei absoluto e arrogante – à mancha poluta, o bode expiatório, o mendigo que vaga. Vai do trono à sarjeta. É uma trajetória trágica, radical, extraordinária, paradigmática, exemplar. Édipo é a história das histórias. Agora ele é um mendigo, cego, totalmente desprestigiado, exilado, só com sua filha, Antígona, conduzindo-o.

Ele sentiu intuitivamente que este era o local em que os deuses, segundo a profecia do oráculo, lhe tirariam a vida através do raio e do trovão[206].

Ele sentiu que ali morreria, teria o seu fim.

Moradores da região, consternados, avisaram Édipo de que se tratava de um bosque sagrado em que ninguém tinha permissão de pisar. O bosque era dedicado às deusas da vingança, as Erínias, que nesse lugar eram veneradas pelo povo como as benfazejas Eumêmidas.

Édipo havia chegado a Colona, perto da cidade de Atenas. Ele pediu que chamassem Teseu, o imperador desse país.

---

205 Ibid.
206 Ibid.

Quando Teseu apareceu, Édipo identificou-se pedindo-lhe abrigo e hospitalidade, entregando-lhe os cuidados com seu velho corpo. Existia aí uma profecia que dizia que grande sorte receberia quem aceitasse Édipo em seu país. Sem hesitação Teseu declarou-se disposto a dar a Édipo o direito de cidadania em seu país.

A este fato ainda estão ligadas algumas lutas. Creonte apareceu, pronto para levar Édipo de volta para Tebas, convidando-o com palavras aliciadoras. Quando Édipo se recusou veementemente a aceitar as propostas de Creonte, este tentou impor a sua vontade através do rapto violento de suas filhas. Logo depois que suas filhas foram libertadas das mãos de Creonte, graças à interferência de Teseu, surgiu Polinice, filho de Édipo, que estava às voltas com uma batalha sangrenta contra seu irmão Etéocles; para vencê-la, precisava da ajuda do pai. No entanto, Édipo o amaldiçoou juntamente com o irmão. Naquele momento, ouviu-se um trovão: Zeus estava chamando o velho Édipo. Depois de executados os costumeiros rituais de purificação, Édipo iniciou Teseu num segredo, num mistério que deveria transmitir unicamente ao seu filho e a mais ninguém[207].

Ninguém sabe o que ele disse.

E, acompanhado por Teseu, Édipo aproximou-se do limiar do inferno, deixando as filhas para trás. A terra abriu-se e Édipo foi recebido no Hades como um verdadeiro herói. Apenas Teseu pôde ver o que lá se passou. O túmulo de Édipo, contudo, foi transformado em um santuário[208].

Fim. Essa é a história desse personagem, e dessa família. É uma história pesada, um pouco a história de todos os homens. A história mostra, e acho que é isso que Hillman, em seu ensaio, acaba deixando bastante claro para nós, que há uma maldição em querer saber quem somos, que se procedermos dessa forma – literal, apolínea, heroica, certo e errado – querendo saber claramente a verdade, isso

---

207 Ibid., p. 79-80.
208 Ibid., p. 80.

tudo convoca à tragédia. E este, segundo Hillman, é o método psicanalítico, ou seja, há uma maldição no próprio método – enxergar claramente, querer desvendar a verdade literalmente, não ter dúvidas. Pois isso conduz a uma relação enigmática consigo mesmo, como se fôssemos um enigma a ser decifrado. A busca de si mesmo, segundo o método edípico, o método enigmático, torna-se decifrar enigmas, e isso convida à tragédia.

Uma informação interessante, nesse momento, vem de um outro fragmento de Heráclito, que entra de forma muito importante aqui. É o fragmento 119. Ele diz: "O caráter é o destino (*daimon*) de cada homem"[209]. A palavra traduzida aqui como caráter, em grego é *ethos* – ἦθος – e a palavra traduzida aqui como destino, em grego é *daimon* – δαίμων. *Ethos* é *daimon*: isso é o que está em jogo no mito de Édipo – caráter e destino, e seu entrelaçamento – ou seja, você não escapa do caráter. A sua ética, o seu modo de proceder, é seu *daimon*. Seu *daimon* determina o seu método, o seu modo de proceder. Vernant: "*Ethos-daimon*, é nessa distância que o homem trágico se constitui"[210].

É um fragmento muito forte, muito poderoso, que já gerou muitas interpretações, um fragmento que ilumina bastante essa história que acabamos de ouvir.

Freud refez esse fragmento, dizendo, "anatomia é destino". Napoleão teria dito: "geografia é destino". Mas o que é caráter para Heráclito? Se a palavra grega, que traduzimos como caráter é *ethos*, essa é a mesma palavra de que deriva "ética". Do ponto de vista psicológico, eu diria que aquilo que está em jogo na palavra caráter, na palavra *ethos*, para a mentalidade grega, para Heráclito,

---

209 Esta é a tradução de Gerd Borheim. Para outra tradução, cf. *Os pré-socráticos* (seleção de textos e supervisão de José Cavalcante de Souza. São Paulo: Nova Cultural, 2000, p. 100), onde José Cavalcante de Souza traduz o fragmento 119: "O ético no homem (é) o demônio (e o demônio é o ético)".
210 VERNANT, J.-P. *Mito e religião na Grécia antiga*. Op. cit., p. 15.

parece-me ser um *modo de proceder* – sem aqui a menor pretensão de saber muito profundamente a respeito desse assunto. Caráter é o jeito com que faço as coisas. E o jeito com que faço as coisas tem a ver com aquilo que acho certo ou errado, ou seja, uma *ética*. Do que me parece certo, e do que me parece errado – a partir dessa consideração sobre as coisas – resulta a maneira como eu procedo, as decisões que tomo, minha ética.

Na tragédia, o que está em jogo é exatamente isso, as decisões do homem perante as imposições dos deuses. Esse jogo ambíguo, problemático, terrível, sobre-humano, onde confrontamos as nossas decisões com as demandas dos deuses, revela um caráter, revela uma ética, um jeito de ser. O fragmento de Heráclito, que é terrível a seu modo, diz que isso é o destino. É um chamado – um *daimon*. Ou seja, é meu e não é meu ao mesmo tempo. A forma como você conduz as coisas vai revelando o seu destino. Na história de Édipo, o entendimento literal do oráculo vai conduzindo às ações errôneas.

Isso está na locução de Heráclito ainda em uma outra camada de sentido: as minhas escolhas produzem o meu destino. A minha ética produz o meu destino. E isso tem relação direta com o modo como podemos entender a psicoterapia, a psicanálise, a psicologia em geral, ou seja, qual a maneira menos perigosa de se entender os sinais oraculares? O sonho não é um oráculo, mas vem do mesmo lugar. Toda essa história nos ensina a ter uma relação menos literal com essa mesma fonte de onde vêm as intuições, os sonhos, os sintomas, as fantasias e as imagens, e o modo menos perigoso para lidar com isso é termos uma audição menos literal. Isso vale para tudo aquilo que vem desse lugar de onde fala o oráculo.

O perigo aqui é cairmos nos braços desse herói apolíneo, nos braços de Apolo, e o sentido maior do ensaio de Hillman é nos alertar para o fato de que isso é muito perigoso porque paralisa a reflexão. Convoca Édipo e, ao convocá-lo, convoca também esse destino trágico da cegueira.

Freud, talvez sem querer, estava numa tradição monoteísta, e claro que ele serve a um deus por vez. Pode não ser o deus judaico, mas há Apolo. A psicanálise, como ciência, segue essa sequência que é uma sequência edípica, de "desvendar o mistério, desvendar o enigma, jogar luz para desvendar cada vez mais". Onde houver id que haja ego. Contudo, a maneira como a tragédia de Sófocles é narrada vai postergando a revelação da verdade. Caminha de um modo mais ou menos como uma história de detetive. E a famosa casuística de Freud também está narrada dessa forma, como histórias de detetives, com uma verdade última que será revelada ao final de um processo de decifração paulatina, crescente, onde finalmente entende-se alguma coisa, quando algo se revela. Esse roteiro é bastante monoteísta.

Essa busca, que se dá em fases que passam pela infância, pela arrogância da vida adulta e depois se reconecta com a alma como apoio na velhice, esse terceiro elemento – nesse caminho você abandona a verdade; é um caminho de abandono da verdade, porque existe esse terceiro elemento presente, que é a alma, que não está preocupada com verdade. Mesmo essa ideia de verdade é problemática para a psicologia. Nós temos uma ideia de "verdade" hoje em dia que é bastante diferente da ideia de verdade na Grécia antiga, e que aparece nessas tragédias, nesses mitos, nessa religião, nesse momento. Aquilo que traduzimos como "verdade" refere-se ao termo grego *aletheia* – Ἀλήθεια – que contém *lethes* – o esquecimento. Então, *aletheia* é aquilo que não é esquecido. Assim, só é verdade aquilo que não sofreu o esquecimento, aquilo que é constantemente lembrado. Essa é uma categoria muito diferente do que entendemos hoje como verdade, pois tem esse sentido daquilo que não sofreu o esquecimento. Isso é muito interessante do ponto de vista psicológico, porque somente aquilo que não esquecemos é verdade para nós, é o que permanece. A verdade é aquilo que permanece lembrado, e cada um tem sua verdade. Essa é uma noção psicológica de verdade.

Édipo é um homem em busca de si mesmo, como todos nós – só que ele busca com um método apolíneo, e o método traz a loucura apolínea. Parece-me que a tese de Hillman é que o próprio método traz a loucura e convida a tragédia. O autoconhecimento, levado a cabo nesses termos, já é trágico.

E vários sinais vão sendo ocultados no desenrolar dessa trama, vão sendo jogados para debaixo do tapete. Pois o ouvido que há nessa tragédia não é o ouvido para os sinais, o "ouvido psicológico", como o chama Hillman. Em seu ensaio, Hillman tem uma frase bastante significativa nesse contexto: "Laio e Édipo dividem mais do que Jocasta e o trono de Tebas. Pai e filho dividem uma psicologia literalista, eles não têm um ouvido psicológico. [...] Eles estão presos na tragédia e atuam na obscuridade, como se em ambos os heróis faltasse a *anima*"[211].

E também é importante o que Hillman refere sobre o enigma, citando Marie Delcourt: "Um enigma refere-se a todas as coisas que têm um duplo sentido: símbolos, oráculos, aforismos pitagoreanos... Um enigma é como um mantra, um gnomo, um koan heracliteano, que carregamos conosco e com quem aprendemos"[212]. E sobre Édipo: "Esta é a sua tragédia: não ouvir o duplo sentido, ou seja, literalismo"[213].

Então, não devemos decifrar um enigma, matar uma Esfinge. Matar a Esfinge é matar a si mesmo. Ao decifrar a Esfinge, Édipo perde a própria possibilidade de entender a si mesmo.

Novamente, essa é uma história paradigmática, repetindo o que os mitólogos dizem: Édipo não é um homem, é *o* homem. Ele é todos nós, todos nós que estamos em busca de uma volta ao lar. A grande justificativa de Freud para entender a universalidade dessa

---

[211] HILLMAN, J. "Édipo revisitado". Op. cit., p. 92.
[212] Ibid., p. 93.
[213] Ibid.

história – ou, em nossos termos, que não são os dele: o fato de ela ser arquetípica – o que constrói para ele a compreensão que Édipo é um elemento transcultural, presente em todas as culturas e em todas as épocas, é que a plateia presencia uma encenação da tragédia de Édipo hoje e aquilo move profundamente as pessoas que a assistem, tem um impacto enorme, exatamente como tinha na Grécia do século V a.C. Esse é um dos principais argumentos de Freud. E esse impacto emocional trouxe então para Freud essa sensação de que há ali uma coisa eterna, atemporal, própria de todas as pessoas, que teria a ver com o fato de que toda criança deseja inconscientemente matar seu pai e se unir eroticamente com o progenitor do sexo oposto. Nesse mito, Freud vê confirmadas as hipóteses clínicas que vinha desenvolvendo e que vieram a compor o que ele finalmente chamou de "complexo de Édipo", e que surgirá pela primeira vez de forma explícita, ainda que sem a devida pompa de um conceito pilar para a psicanálise, em *A interpretação dos sonhos*, de 1900:

> Essa descoberta é confirmada por uma lenda da antiguidade clássica que chegou até nós: uma lenda cujo poder profundo e universal de comover somente pode ser compreendido se a hipótese que apresentei no tocante à psicologia das crianças tiver validade igualmente universal. O que tenho em mente é a lenda de Édipo e o drama de Sófocles que traz o seu nome.
> Se *Édipo Rei* comove uma audiência moderna não menos do que o fez à grega sua contemporânea, a explicação só pode estar no fato de que seu efeito não repousa no contraste entre o destino e a vontade humanos [...]. Deve haver algo que faz com que uma voz dentro de nós esteja pronta a reconhecer a força comovente do destino no *Édipo...*
> Seu destino nos comove somente porque poderia ser o nosso – porque o oráculo lançou a mesma praga sobre nós antes de nascermos, como sobre ele[214].

---

214 FREUD, S. *A interpretação dos sonhos* (1900). Vol. IV. Rio de Janeiro: Imago, 1969, p. 277-278 [Edição Standard Brasileira das obras psicológicas completas de Sigmund Freud, 23 vol.].

Mas muitos mitólogos não aceitam isso. A análise crítica de Jean-Pierre Vernant, naquele ensaio a que já aludimos, dos anos de 1960, "Édipo sem complexo", deixa isso claro:

> Como Freud pode esquecer que existem outras tragédias gregas, além do *Édipo Rei*, e que, entre aquelas que nos foram conservadas de Ésquilo, de Sófocles e de Eurípedes, a quase totalidade nada tem a ver com os sonhos edipianos? Deve-se dizer que são peças ruins, que não comportam efeito trágico? Se os antigos as admiravam, se o público moderno é por algumas delas perturbado, como pelo *Édipo Rei*, é porque a tragédia não está ligada a um tipo particular de sonho, porque o efeito trágico não reside em uma matéria, mesmo onírica, mas na maneira de dar forma à matéria, para fazer sentir as contradições que dilaceram o mundo divino, o universo social e político, o domínio dos valores, e fazer assim aparecer o homem como [...] uma espécie de monstro incompreensível e desconcertante, ao mesmo tempo agente e paciente, culpado e inocente, dominando toda a natureza por seu espírito industrioso e incapaz de governar-se, lúcido e cegado por um delírio enviado pelos deuses[215].

Falando mais rigorosamente do ponto de vista junguiano, se aqui existe um erro, é um erro arquetípico, próprio da mentalidade monocêntrica: achar que há uma chave-mestra que abre todas as portas[216]. Freud achou que tinha descoberto o segredo para a compreensão de todos os seres humanos, de qualquer cultura e tempo. Mas hoje, depois de Jung, entendemos que são muitas as portas e muitas as chaves, e que há portas sem chaves, e chaves sem portas, ou seja, as situações psicológicas são imensamente muito mais complexas.

---

215 VERNANT, J.-P. *Mito e religião na Grécia antiga*. Op. cit., p. 57.
216 "É a chave-mestra da psicanálise. É o conceito soberano que gera e organiza todos os outros conceitos psicanalíticos e justifica a prática da psicanálise" (NASIO, J.-D. *Édipo: o complexo do qual nenhuma criança escapa*. Tradução de André Telles. Rio de Janeiro: Zahar, 2007, p. 17).

De nosso ponto de vista, ousamos especular que Freud estava sujeito a uma fantasia arquetípica de unidade, de unificação, do desejo de encontrar uma chave para abrir todas as portas do entendimento. Então, para ele é Édipo essa chave que decifra a todos nós, de todos os tempos – como se decifra um enigma. Esse anseio é monocêntrico, monoteísta, e realiza uma fantasia de unidade, de unificação, e que falha, a nosso ver, exatamente ao não perceber a multicentralidade da psique, a policentralidade da alma, aquilo que Jung chamou de "os arquétipos do inconsciente coletivo".

Édipo é de fato um arquétipo, que nos ajuda a entender a alma e muitos de seus processos, mas existem outros mitos. No entanto, insisto em algo que os mitólogos ensinam e que Hillman de alguma forma também sublinha ao enfrentar esse tema: Édipo é uma história paradigmática. Ele é todos nós. Há, evidentemente, muitos elementos na história de Édipo, e Édipo não precisa ser entendido como a chave que decifra tudo, mas há muitas chaves nessa história: parricídio, infanticídio, incesto, a busca pela verdade num caminho apolíneo de clareza, a falta do duplo sentido, a literalização das questões de poder e de erotismo. Assim, Édipo é um supermito – um mito de todos os mitos, mas não no sentido de ser um mito único. Ele é um supermito porque reúne muitas realidades míticas.

Claro que a presença de uma égide apolínea na cultura recente é inegável. O paradigma apolíneo é hegemônico. Queremos o claro, a luz, a compreensão, e isso de forma unilateral, pois não suportamos a escuridão, a ambiguidade, a dúvida, e sempre queremos a certeza, o conhecimento assim estabelecido. Isso é Apolo, ou ao menos um aspecto importante de sua influência – mas, sendo um dos deuses, ele é certamente parte da realidade, parte da experiência da existência. Portanto, há momentos que só podem ser resolvidos de modo apolíneo. O que está em questão é uma certa hegemonia, um monoteísmo de Apolo. E se voltarmos ao método, se voltarmos a Jung, a Hillman – "os deuses tornaram-se doenças" – então, não encontramos Apolo dignificado na cultura. Quem você encontra na cultura é um Apolo doente. Portanto, mesmo a questão da clareza está adoecida, a questão da busca pela verdade. A maneira como fazemos ciência parece unilateral. Apolo não pode estar fora do jogo e nem deve estar fora do jogo, mas há um Apolo caído, adoecido que nos atinge pela doença e não por seu brilho. E a doença de Apolo é um brilho cego. Pois se formos estudar Apolo propriamente dito, teremos muitas lições. Ele é uma configuração divina; precisamos dele em muitos momentos.

E é com este aceno a Apolo e suas inúmeras lições que encerramos essas divagações sobre o mais paradigmático de seus heróis.

4
Apolo, Ártemis e Dioniso

flecha • sol • distanciamento • música • oráculo • puberdade •
virgindade • loucura • teatro • êxtase

> *Salve, ditosa Letó, que*
> *esplêndidos filhos geraste*
> *Apolo soberano e Ártemis*
> *sagitária*
> *Ela na Ortígia, ele em Delos*
> *pedregosa.*
> Hino homérico III, a Apolo
> Délio, v. 14-18.

4.1 Introdução

Estamos realizando uma série de estudos sob o título "Figuras míticas", que é também o título de um dos volumes das obras reunidas de James Hillman, o volume que aborda os ensaios sobre a psicologia da mitologia. Estamos seguindo as sugestões de alguns ensaios que estão nesse livro, e mesmo outros da imensa bibliografia de Hillman sobre os temas mitológicos, pois nos interessa entender, dentro de uma perspectiva junguiana e especialmente dentro de uma psicologia arquetípica, que há uma psicologia muito rica e maravilhosamente bem apresentada nos mitos – nos mitos de uma forma geral, mas, num viés já tradicional na psicologia, no exame do mito greco-romano em particular.

Há muitas justificativas para que o nosso estudo seja sobre o mito grego e não, por exemplo, sobre o mito indiano, ou iorubá, ou egípcio, ou dos índios brasileiros, o que daria mais ou menos na mesma, mas esse "mais ou menos" é que faz a diferença. Tem a ver, entre outras coisas, com o fato de o mito grego estar mais bem documentado e estudado, ser extremamente complexo e, mais do que isso, de estar na base daquilo que entendemos seja a civilização ocidental, para usar um termo bastante amplo e gasto. A antropóloga Rita Segato, estudiosa do politeísmo afro-brasileiro e da psicologia junguiana, também o afirma: "É impossível negar que os gregos estão na genealogia do nosso pensamento e que, portanto, algo de nós se encontra presente já neles, pelo menos como virtualidade genética, e algo deles está presente em nós, como herança"[217].

Gosto sempre de relembrar que o mito grego – pelo menos o mito homérico, essa formulação mais avançada e diferenciada da mítica grega, que está ligada à "religiosidade grega"[218] – registra-se, ou se compõe mais nitidamente, por volta do século V a.C., século que deixa uma marca na história da civilização ocidental como um momento paradigmático no planeta, pois a maioria dos elementos com os quais ainda estamos envolvidos hoje em nossas vidas cotidianas são criações desse século: a ideia de literatura (a escrita como função propriamente literária), de filosofia, de política, de democracia, de cidade, de como vivermos juntos, a ideia de jurisprudência.

---

217 SEGATO, R. *Santos e daimones*: o politeísmo afro-brasileiro e a tradição arquetipal. Brasília: UnB, 2005, p. 262.

218 A expressão "religiosidade grega" não é adequada; os gregos não tinham uma palavra para "religião". Eles viviam seus mitos, e a presença do divino no cotidiano das atividades humanas era sentida sem a necessidade da categoria de "crença".

Não nos damos conta de que todas essas coisas que fazem com que a nossa vida funcione hoje são criações do homem grego antigo nesse período histórico. Também a ideia de poética, de epopeia, do teatro, da tragédia. É também o período em que nasce a filosofia, como entendemos o que seja a filosofia: o pensar originário, como aponta Heidegger. É o momento em que Buda está encarnado; em que na China temos o *Tao Te King*, Lao Tsé; e na Grécia, Heráclito. Portanto, é um período bastante significativo na história do planeta.

As formulações dos deuses homéricos são desse período, o que faz com que possamos recorrer ao mito grego como a base do que seria, para nós ocidentais, o mito politeísta, diferentemente do indiano, ou do africano ou mesmo do egípcio, que é até anterior. Os arquétipos estão em todas essas narrativas, evidentemente, mas a narrativa grega nos é particularmente importante.

O mito grego, aquele que funda nossa civilização ocidental, foi registrado numa das mais altas realizações do espírito humano: a poesia de Hesíodo e Homero. Essa base nos entrega, além do mais, aquilo com que já estamos bastante acostumados, mas que é sempre bom lembrar: essa intersecção entre o mito, ou a mitologia, e a psicologia. Portanto, podemos encontrar psicologia no mito, que é o que nos interessa, pois estamos interessados em diferentes maneiras de fazer psicologia. E tanto Jung quanto Hillman sentiram profundamente a necessidade de *sair* da psicologia para, de fato, *fazer* psicologia. Jung encaminhou-se para a mitologia, para a alquimia, para a astrologia, para as religiões, as fábulas folclóricas universais, para o Oriente e para as outras culturas e civilizações, para a África. Hillman também segue esse caminho.

Então, esses dois mestres, se repararmos bem, não fazem uma psicologia apoiados naquilo que nós temos como oficialmente sendo a psicologia. Isso diz muita coisa, é uma observação muito interessante. Eles estavam interessados em saber onde está a psicologia. Não estava nos livros de psicologia. Nós seguimos esse caminho.

Há essa percepção de que é possível estudar, observar, ler a mitologia em busca de uma psicologia profunda. E é isso que estamos fazendo seguindo esses mestres, e alguns mitólogos importantes, extremamente psicológicos, que são também nossos mestres, basicamente da área da mitologia: Walter Otto, Karl Kerényi e Jean-Pierre Vernant, filólogo, classicista e mitólogo francês. Vernant, por exemplo, nomeia aquilo que ele faz de "psicologia histórica", e estuda a mitologia, a religiosidade e a civilização gregas em busca de uma psicologia histórica subjacente.

Tenho organizado esses encontros a partir de uma observação muito importante, originalmente de Jean-Pierre Vernant, que aparece também em Hillman, e que se constitui, verdadeiramente, em um método da psicologia arquetípica. Trata-se, a princípio, de estudar psicologia por meio das figuras míticas – não exclusivamente nas histórias, nas narrativas, naquilo que é a própria mitologia. Para nós da psicologia arquetípica isso é muito interessante, até pelo ponto de vista de uma clínica psicoterapêutica: observar as figuras míticas, num método personificado, que então as coloca em relações significativas. Elas se tornam pessoas propriamente ditas. E, como pessoas, elas nos entregam subjetividades. Diante da subjetividade, estamos diante da alma, e portanto diante da possibilidade de imaginar uma psicologia. No livro de Hillman, que se chama *Figuras míticas*, ao longo das suas reflexões vamos vendo o "desfile", a "parada" das pessoas míticas. E essa é uma "parada" acontecendo dentro de nós. Um "desfile" infindável, ininterrupto de figuras míticas que estão mais próximas ou menos próximas, mais empoderadas ou menos empoderadas de nós, ou daquilo que imaginamos que somos.

É isso o que está na noção junguiana de que somos regidos por arquétipos, de que estamos nas garras dos arquétipos, sob a influência de poderes arquetípicos o tempo todo, e eles são inconscientes. Mas o interessante aqui é podermos nos relacionar com esses poderes arquetípicos como pessoas. Quando Hillman fala de "figuras míticas", ele está personificando algo que, de outro modo, seria uma força abstrata. E, se tenho uma pessoa na minha frente, posso me relacionar com ela, posso entrar em um embate com ela, e o nervosismo talvez ceda um pouco, porque posso ver a "cara" de quem me tem. Isso é uma indicação terapêutica também, evidentemente; é uma indicação de um modo de se fazer psicoterapia.

Mas, num segundo nível, dentro de uma preocupação metodológica, trata-se de entender que essas figuras não estão soltas, não estão "boiando" dentro de nós, como entidades independentes ou autônomas umas das outras. Mas elas estão, fundamentalmente, *em relação* umas com as outras, que é o que faz serem o que são. Estão numa rede. O que são se dá em função de elas estarem em relações, como já salientei tantas vezes. Os deuses estão em relações uns com os outros. Então, a partir dessa compreensão, dessa indicação original de Jean-Pierre Vernant, vemos que um deus mostra o outro.

Assim, posso compreender muito melhor quem é Hermes se estiver examinando a sua relação com Héstia, por exemplo, ou Afrodite em relação a Ares – cada deus, cada uma dessas "figuras míticas", está em relação, na verdade, com muitos outros: a mitologia é uma *teia de relações*. Cada deus é uma teia de relações, umas mais importantes, outras mais secundárias. As mais importantes, Hillman chega a dizer que normalmente aparecem em pares ou numa tríade; o que acontece na realização de um determinado núcleo arquetípico, geralmente, se dá entre duas ou três figuras. Estamos seguindo Jean-Pierre Vernant, a quem Hillman não faz referência direta, mas isso está embutido no seu pensamento e no da psicologia arquetípica.

* * *

Proponho que avancemos nesse estudo das interpenetrações das figuras míticas, como já fizemos com outros pares, outros tandens, outras tríades, enfrentando agora essas três muito complexas figuras que são Apolo, Ártemis e Dioniso. É claro que não estamos aqui para esgotar nem o sentido de cada um desses deuses, nem suas relações, nem suas histórias. Isso seria muito pretensioso. Em geral, o que se tem estudado tradicionalmente é o par Apolo e Dioniso, ou o par Ártemis e Apolo, que são irmãos. Proponho que sejamos um pouco mais ambiciosos, pois poderemos aprender muita coisa interessante se aproximarmos essas três figuras, ou se conseguirmos observar como já se encontram interpenetradas. A minha provocação é que possamos ter algum vislumbre do que as relações existentes entre esses três deuses apresentam. Os textos de James Hillman sobre Dioniso e Apolo[219] servem-nos aqui como uma base, mas o exercício é podermos *imaginar* essas figuras, assim como temos feito com as outras. Temos os mitólogos para nos orientar, pois não podemos estar sozinhos nisso: Jean-Pierre Vernant, Walter Otto, Karl Kerényi, e também Friedrich Nietzsche.

Tradicionalmente, faz-se uma equiparação entre as figuras de Apolo e Dioniso. Mas é preciso que se tenha em mente que isso é muito recente. Recomendo a leitura de *O nascimento da tragédia*, de Nietzsche – ele é tido como uma das pessoas que mais entendeu os gregos. O livro é de 1872, e foi ele quem pela primeira vez, a meu ver, "psicologizou" essa relação – há os mitólogos, os filólogos, os classistas que estudaram essas figuras, esse material tão rico e extenso, mas quem começou a psicologizar de fato, tenho a impressão, foi Nietzsche; foi ele quem fez o primeiro movimento de entender esse alinhamento que é, ao mesmo tempo, um contraste entre os assim chamados aspectos apolíneos e os assim chamados aspectos dionisíacos da existência e das expressões do espírito. Essas duas instâncias têm entre si uma relação muito estreita, que

---

219 HILLMAN, J. "Sobre a feminilidade psicológica". In: *O mito da análise*: três ensaios de psicologia arquetípica. Tradução de Norma Telles. Rio de Janeiro: Paz e Terra, 1984. • HILLMAN, J. "Apolo, Dream, Reality". In: *Uniform Edition of the Writings of James Hillman, Mythic Figures*. Op. cit.

tem um caráter, à primeira vista, de oposição, e essa oposição pode nos ensinar muita coisa. Colocá-los em relação já nos dá também a informação de que um tem a ver com o outro; um está "dentro" do outro, como queremos propor com esses estudos. Não podemos ter um sem ter o outro. A mitologia está nos ensinando alguma coisa aqui: não há conhecimento por distanciamento (Apolo) apenas, tão real também é o conhecimento por aproximação (Dioniso). Sabemos que mais tarde, já no século XX, Rafael López-Pedraza indicará uma terceira via, uma alternativa importantíssima, que é a via hermética: o conhecimento pelo jogo, pela esperteza ou astúcia. Hermes e seus ensinamentos[220]. E há ainda um alinhamento muito interessante também entre Dioniso e Ártemis, que iremos explorar mais adiante.

Antes de mais nada, devemos nos lembrar que essas três figuras são irmãos, pois, por parte de pai, Dioniso é irmão de Ártemis e Apolo. Só o fato de a mitologia nos apresentar essas figuras como irmãos, especialmente no que toca a Ártemis e Apolo, já está nos dando uma indicação de que eles têm muito a ver um com o outro num forte vínculo de fraternidade, que têm um laço de irmandade, e isso quer dizer que eles têm uma *proximidade de sentido*. Isso se destaca nas suas relações. Queremos explorar essa proximidade.

Algumas observações interessantes de Walter Otto, e principalmente de Jean-Pierre Vernant, irão nos ajudar a *imaginar* esses deuses. Iremos convocá-las. Precisamos ter a capacidade de imaginar esses deuses – somente a partir da nossa capacidade de imaginá-los é que vamos conhecê-los e, ao conhecê-los, podermos reconhecer seus numes[221], os sentidos aos quais eles se referem. Lembremos a afirmação de James Hillman: "Hoje em dia não sabemos muito como imaginar divindades. Perdemos a imaginação angelical e a sua

---

220 LÓPEZ-PEDRAZA, R. *Hermes e seus filhos*. Op. cit.
221 O vocábulo *nume*, ou *númen*, refere-se a um ser divino, uma deidade mitológica e sua inspiração.

proteção angelical"[222]. Então, tudo aquilo que não conseguimos, não podemos, ou que estamos impedidos de imaginar, não conhecemos. Imaginar, desse ponto de vista, é conhecer. Só quando você imagina uma coisa é que você pode conhecê-la mais profundamente. E se perdemos a capacidade de imaginar os deuses, perdemos com isso também a proteção que esses poderes, quando imaginados, podem nos oferecer – a proteção contra a loucura, o desvario, a deriva.

Temos um profundo impedimento para imaginar os deuses porque vivemos numa cultura monoteísta onde existe um deus só, e ele já nos é apresentado "pronto", por assim dizer. Ele não precisa ser imaginado. Por outro lado, os gregos antigos tinham de imaginar constantemente quem e o que é Apolo, ou Ártemis, o que é Dioniso, o que é Afrodite, o que é Zeus. O deus monoteísta, ao contrário, nem deve ser imaginado, ele deve ser temido e amado, e as imagens são literalmente proibidas. Dentro de um ambiente policêntrico, politeísta, e para a mentalidade grega antiga, contudo, os deuses *precisam* ser imaginados. Quando a religiosidade grega fala de "lembrar os deuses", que os deuses gostam de ser lembrados, que não perdoam serem esquecidos, isso quer dizer "imaginar os deuses".

Esse é o tipo de exercício que venho propondo a vocês com o exame dessas figuras míticas: que consigamos imaginar o que é Apolo, por exemplo, o campo de experiências a que Apolo se refere. Karl Kerényi, que foi professor de Mitologia de James Hillman, quase sempre em seus ensaios mitológicos faz uma pergunta: qual a ideia Apolo? Qual a ideia Hermes? O que se apresentou à mente grega sob o nome de Apolo? Acredito que, quando ele faz essa pergunta, está nos provocando a imaginar.

---

[222] HILLMAN, J. "Guerras, armas, Áries, Marte". Op. cit., p. 138.

4.2 Os irmãos

Apolo, Ártemis, Dioniso – três irmãos. Há um primeiro e mais evidente lance entre Apolo e Dioniso, a princípio entre razão e loucura, medida e desmedida, razão e êxtase. Um está dentro do outro. Certamente o exame desses deuses vai nos revelando o quanto de êxtase existe dentro da razão, o quanto a razão pode ser louca, ou o quanto a loucura pode ser razoável, que não existe verdadeiramente razão que não seja, em parte, louca. A racionalidade é um tipo de loucura. E a loucura é um tipo de racionalidade. Em toda a razão há uma loucura, e em toda a loucura há uma razão. É muita ingenuidade pensarmos o contrário, pois não é o que o mito está nos dizendo, quando ele coloca esses deuses em relação de irmandade.

A questão aqui, para mim, trata-se de conseguirmos ser fenomenológicos: perceber o que o mito está nos dizendo diretamente, não o que acho que ele está dizendo. Se a imagem mítica coloca Dioniso e Apolo numa relação clara, e com um vínculo de irmandade, é porque uma coisa tem a ver com a outra num nível de interpenetração muito profundo. Ou seja, não posso entender a loucura sem entender a razão, e vice-versa. Essas coisas, de novo, estão embutidas umas nas outras. Não há razão pura que não contenha em si a loucura.

Mas Ártemis também está aí nessa jogada, porque ela é a "irmãzinha" dos outros dois. Ela também tem a sua loucura, também é uma deusa extremamente poderosa.

Quanto a Ártemis, ouçamos o retrato estupendo que Walter Otto faz dela:

> Há um burburinho de elementos, animais e plantas, uma vida incontável que brota, floresce, cheira, desponta, brinca, salta, gira, voa, canta; um jogo infinito de simpatia e repulsa, acasalamento e luta, tranquilidade e febril agitação – tudo, porém, irmanado, entrelaçado, transportado por um só espírito vital, de que o visitante silencioso sente a presença superior com um frêmito do indescritível. Foi aí que a humanidade cuja religião

intuímos encontrou o divino. Para ela, o mais sagrado não era a tremenda majestade do Justo Juiz das consciências culpadas, e sim a pureza do casto elemento. [...] E o divino parece respirar no velado esplendor das veredas serranas, nos rios e lagos, na claridade risonha que lhes sobrepaira. [...] Os excessos da natureza têm gênios multiformes, desde os tremendos e os selvagens até o tímido espírito com doçura de donzela. Porém, o que há de mais excelso é deparar o sublime. Este habita no claro éter dos píncaros, no áureo esplendor dos prados serranos, no brilho e na cintilação dos cristais de gelo e dos flocos de neve, no silencioso assombro dos campos e bosques quando a luz da Lua os cobre com seu fulgor e esplêndida goteja nas folhas das árvores. Tudo é leve e translúcido. A própria terra perde o seu peso, e o sangue não mais cogita suas paixões obscuras. Uma dança de alvos pés se eleva do solo, ou voa pelos ares uma caça. É o espírito divino da sublime natureza, a senhora excelsa e brilhante, a casta, que provoca o fascínio e todavia não pode amar, a dançarina caçadora que apanha o filhote da ursa e rivaliza com os cervos na corrida, mortífera quando estende o arco dourado, estranha e inacessível como a natureza selvagem, mas – como ela – toda encanto, fresca emoção, esplêndida beleza. Eis Ártemis[223].

É uma descrição da natureza selvagem, distante, casta, intocável, pura, sublime. Podemos também escutar a descrição psicológica que Thomas Moore faz da deusa:

Também podemos imaginar Ártemis como a divindade da natureza interior, Deusa daqueles lugares remotos da psique que ainda não receberam forma cultural, ainda não nomeados e não domesticados. Podemos encontrá-la de fato numa caminhada num bosque tranquilo, sentindo interiormente as emoções e fantasias estimuladas por estarmos tão longe da civilização. Ou podemos encontrá-la nos bosques da própria psique, naquelas regiões não familiares, sombreadas, emaranhadas, úmidas e repletas de vinhas, folhas mortas e matagal. Esse terreno, de

---

223 OTTO, W. *Os deuses da Grécia*. Op. cit., p. 71-72.

difícil passagem para humanos, é o mundo psicológico de Ártemis[224].

* * *

Antes de mais nada, é preciso dizer que esses deuses, especialmente Apolo, mas também Ártemis, são entendidos como os que melhor encarnam o espírito grego, a civilização grega: são chamados os "melhores dos imortais". Apolo é o deus que mais nitidamente carrega essa imagem daquilo que quis ser, no seu melhor, a civilização grega: cultura, conhecimento, racionalidade, sabedoria, estética, juventude, beleza, medida, clareza, luz – isso é o espírito grego, é o que se transforma na filosofia grega[225]. A filosofia grega é um exercício desse espírito, que também está na invenção da *polis*, da democracia, e de muitas criações do espírito que são tão elevadas que vivemos com elas até hoje.

Não há um deus que encarne esse espírito de forma mais completa e nitidamente do que Apolo. Então havia muito medo, entre os próprios divinos, em torno do nascimento desse deus. O parto de Apolo não foi fácil: Leto, sua mãe, não tinha onde parir – sabemos que nenhuma terra queria dar um lugar para a deusa parir esse deus porque ele era temido muito antes de nascer, exatamente porque temia-se que ele seria a encarnação do espírito grego, e portanto poderia destronar Zeus. De certa forma isso acontece; não literalmente, mas no fato de que ele acaba entendido pelos próprios gregos como

---

224 MOORE, T. "Artemis and the *Puer*". In: *Puer Papers*. Dallas, TX: Spring Publications, 1979, p. 189.
225 "Apolo é o mais grego de todos os deuses. Se o espírito grego veio a imprimir-se primeiro na religião olímpica, é Apolo quem o manifesta da forma mais clara" (OTTO, W. *Os deuses da Grécia*. Op. cit., p. 68).

a representação do espírito grego ainda de forma mais intensa que Zeus. O parto acabou acontecendo em Delos, uma "ilha flutuante"[226].

Ártemis e Apolo são deuses longínquos, da lonjura, do distanciamento, do conhecimento por afastamento. Apolo é o distante, o flecheiro, aquele que arremessa sua flecha a distância. O seu epíteto mais importante é "o que fere de longe", ou numa outra tradução, "que de longe asseteia" (o arqueiro). Ártemis, também, é a que vive longe – vive nas montanhas, nas pontas das florestas. Ela não vive na cidade, vive na natureza, mas na borda mais longínqua, mais marginal da natureza, que é aquele limite intocado, na fronteira. Na fronteira está a mata virgem. É aonde o homem não entrou – virgindade quer dizer "onde o homem não entrou", com todos os sentidos que aí se possa intuir; aquilo que floresce sem a intervenção humana, alheio à intervenção humana. Ela aponta para aquilo tudo que está fora da manipulação civilizatória, portanto, que é selvagem. Que níveis psicológicos são esses em nós?

Agora começamos a explorar quais são as relações entre eles, o que há de comum entre Apolo e Ártemis, e entre Ártemis e Dioniso, e entre Dioniso e Apolo, para tentarmos vislumbrar realidades psicológicas.

* * *

---

[226] "Delos era um dorso de rocha deserta, navegava seguindo a corrente como um caule do lírio asfódelo. Ali nasceu Apolo, onde nem as escravas infelizes vão esconder-se. Naquele escolho perdido, a fim de parir, antes de Leto, tinham estado apenas os focas. Mas havia uma palmeira à qual se agarrou a mãe, sozinha, premendo o joelho sobre a relva rala. E Apolo apareceu. Então tudo se tornou de ouro desde a base. De ouro também a água do rio, incluindo as folhas da oliveira. Aquele ouro deve ter corrido até as profundezas do mar porque ancorou Delos. A partir de então não foi mais uma ilha errante" (CALASSO, R. *As núpcias de Cadmo e Harmonia*. Op. cit., p. 39).

Temos que nos lembrar de uma certa divisão, um pouco arbitrária, já aludida anteriormente[227], entre os deuses de temperamento quente e os de temperamento frio. Os três deuses de temperamento frio são Zeus, Atena e Apolo; e os três deuses de temperamento quente são Ares, Afrodite e Dioniso. Ora, os deuses de temperamento quente são os deuses da loucura, os deuses que nos *deslocam* de nós mesmos. Os deuses de temperamento frio nos *alocam* em nós mesmos – o que, cá entre nós, pode ser também uma "loucura". A *manía* de Afrodite nos enlouquece com o desejo; a de Ares com a ira; e Dioniso nos enlouquece com a própria loucura, pois ele é o deus da própria loucura, o deus dos delirantes, o deus que nos faz delirar, deus do êxtase (*ekstasis*), do "sair-de-si", da "emancipação da tirania da personalidade usual"[228]: "o orgiástico leva a uma liberação dos vínculos do indivíduo empírico, das condições de sua existência quotidiana, e esse novo estado é chamado *manía*, loucura"[229]. Mas esta loucura precisa ser bem compreendida: não um estado patológico, mas um arrebatamento delirante que apreende a realidade mais profunda, a transcendência da razão e dos sentidos, libertadora e vital, expressando a própria vida (*zoe*) em seu sentido mais radical. Walter Otto fala dessa loucura de Dioniso: "Ali onde Dioniso operava o seu maior prodígio: a superação dos limites entre o finito e o infinito, entre homem e deus"[230]. Essa é a loucura dionisíaca: borrar os limites entre homem e deus, entre mortal e imortal. Penso que essa é uma das maneiras mais interessantes de descrevermos a loucura dionisíaca, que é o êxtase, ou o entusiasmo (ter o deus dentro de si): ele borra os limites.

---

227   Cf. cap. 1: "Ares e Afrodite".
228   "Nem todo dionisíaco é louco, nem tudo o que é chamado louco é insano. A loucura do entusiasmo ritual deve ser claramente distinguida da enfermidade e da alienação" (HILLMAN, J. *O mito da análise*: três ensaios de psicologia arquetípica. Op. cit., p. 229, nota de rodapé 77).
229   COLLI, G. *A sabedoria grega I*: Dioniso, Apolo, Elêusis, Orfeu, Museu, Hiperbóreos, Enigma. Tradução de Renato Ambrósio. São Paulo: Paulus, 2012, p. 18-19.
230   OTTO, W. *Os deuses da Grécia*. Op. cit., p. 143.

Então, ele é um deus dos limites, das fronteiras; Kerényi aponta que onde Dioniso aparece, surge também a fronteira. E Hillman observa que "em Dioniso as fronteiras conjugam aquilo que usualmente acreditamos estar separado por fronteiras"[231]. Mas não à maneira de Hermes, que os evidencia; Dioniso rege os limites no sentido de apagá-los, de brincar com eles, de fazê-los desaparecer. Essa "confusão" é o que é entendido como loucura. Loucura é quando borramos algum limite.

Ora, Ártemis é também uma deusa dos limites. A irmã de Dioniso vive na borda, ela é a Soberana das Margens, já está no limite do mundo, marca a última fronteira, a mais selvagem, mais intocada, do que quer que se imagine como um mundo. É a deusa dos limiares, pois rege a passagem dos jovens para a vida adulta, e marca também as diferenciações e passagens entre civilização e selvageria, entre humano e animal. Ela rege a caça, onde, do ponto de vista artemisiano, também podemos ver a questão dos limites. Ártemis rege a caça definindo-a como uma arte delimitadora. É Jean-Pierre Vernant quem nos esclarece nesse ponto:

> Na fronteira entre o selvagem e o civilizado, ela introduz o adolescente no mundo dos animais ferozes. Mas a caça é praticada em grupo e com disciplina – é uma arte controlada, regulamentada, com imperativos rigorosos, obrigações e proibições. Somente quando essas normas sociais e religiosas são transgredidas é que o caçador, resvalando fora do humano, torna-se selvagem como os animais com os quais se defronta. [...] Ártemis, portanto, não é selvageria. Ela trata de tornar de certa forma permeáveis as fronteiras entre o selvagem e o civilizado, já que a caça nos faz passar de um a outro, mas ao mesmo tempo mantendo-as perfeitamente claras, pois de outro modo os homens se bestializariam[232].

---

231 HILLMAN, J. O mito da análise. Op. cit., p. 241.
232 VERNANT, J.-P. A morte nos olhos: figurações do Outro na Grécia antiga – Ártemis, Gorgó. Tradução Clóvis Marques. Rio de Janeiro: Zahar, 1988, p. 19-20.

Temos aqui certas regências míticas sobre a questão das fronteiras e dos limites. E, a seu modo, Apolo também tem a sua parte nessa grande questão dos limites, pois ele é a distância, a medida, o método correto, o distanciamento necessário para o conhecimento racional – e distância também é uma maneira de observar limites, assim como a ideia de medida, *metron*.

Portanto apresentam-se aqui, na verdade, três maneiras de viver os limites: borrando (Dioniso), honrando (Ártemis), afastando (Apolo). Podemos ver como esses três deuses estão em relações, e como uma coisa está dentro da outra. Essas noções, psicologicamente falando, interpenetram-se.

4.3 Alteridade/ipseidade

A questão da loucura, presente nos deuses de temperamento quente, tem a ver, segundo as linhas de pensamento de Vernant, com aquilo que os gregos antigos chamavam de alteridade. Quem "inventou" essa noção foram os gregos. O que é alteridade? É, simplesmente, a extensa categoria do Outro.

Tanto Dioniso quanto Ártemis estão profundamente envolvidos e podem nos ensinar muito sobre a categoria do Outro. Dioniso rege o Outro porque é aquele que mostra para mim, ou tira de dentro de mim, o Outro que sou e que não sei que sou. Isso ele faz em todas as suas manifestações, mas mais evidentemente na embriaguez pelo vinho, a "dádiva de Dioniso". "Dioniso ensina ou obriga a ser outro, e não mais o que se é normalmente, a enfrentar, já nesta vida, aqui embaixo, a experiência da evasão para uma desconcertante estranheza"[233]. Essa "desconcertante estranheza" sou eu mesmo: eu tenho o Outro dentro de mim. E aceitar o outro dentro de mim ajuda a aceitar o outro fora de mim. E aceitar o outro dentro de mim é aceitar a mim mesmo. Então o Outro é uma continuidade do Mesmo.

---

233 Ibid., p. 13.

O paradigma do êxtase dionisíaco é a embriaguez, que tira de dentro de você o Outro que é você mesmo, ou que é você de verdade: *in vino veritas* – um tipo de verdade está aí, ou seja, um tipo de verdade está na mentira, no torpor, no êxtase, na alteração da consciência, no não habitual, não controlado, naquilo que contraria a civilização, que desse ponto de vista nos parece uma grande mentira. Para Vernant, este seria o "absolutamente outro" – "aquilo que se manifesta, em relação ao ser humano, como diferença radical: em vez do homem outro, o outro do homem"[234]. Mas o êxtase dionisíaco também está no teatro, na máscara, na dança, na festa, nos ritos orgiásticos – tudo isso sob a regência do dionisíaco. Essas atividades nos trazem a capacidade da alteração, da alternância, da alteridade, pois estão arquetipicamente voltadas para extrair o Outro do Mesmo.

Ártemis também está envolvida com a categoria do Outro, mas diferentemente de Dioniso. Dioniso tira o outro de *dentro* de mim; Ártemis me encaminha para o outro que sou eu mesmo, o outro que serei futuramente, que está *fora* de mim à minha espera – que é justamente sua regência sobre essa passagem da menina para a matrona esposa-mãe, do menino para o adulto cidadão-soldado, de uma vida para outra. Ela é bem entendida como a deusa que rege a passagem por essa fronteira entre a meninice e a adultez – e o que é o adulto senão o Outro que sou eu e que está me esperando no futuro?

Lembremos que ela é também deusa do parto, a principal passagem sob vários pontos de vista, pois é a passagem onde uma criança nasce; mas é também o lugar dessa fronteira para a própria mulher, quando ela deixa de ser civilizada para virar um bicho, um animal que urra e cumpre seu destino. Ártemis é chamada de *Lokhía* – λοχια, a deusa do parto. E também, conforme alguns mitólogos, ela é a deusa do parto porque ele marca o ponto culminante da passagem de uma menina para uma mulher. Isso não precisa ser entendido literalmente.

---

[234] Ibid., p. 35.

Não precisa parir para ser mulher, mas parindo você é uma mulher. Ártemis também está aí no parto nesse sentido – para a mentalidade grega, aquilo que caracteriza a maturação total de uma mulher e a sua chegada plena à feminilidade é o parto. E isso ao mesmo tempo em que ela, paradoxalmente, permanece intocada, virgem.

Pois bem, voltemos às categorias Mesmo e Outro. Os gregos antigos desenvolveram uma importante consciência do *xénos* – χηνοζ – o outro, o estrangeiro, o hóspede. A questão do Outro é a *alteridade*, a questão do Mesmo chama-se *ipseidade*. Alteridade tem a ver com o Outro, que está fora ou dentro de mim; ipseidade é o programa de continuar sendo o Mesmo. Então, essa jogada, que está em Ártemis e em Dioniso, é entre alteridade e ipseidade. É como se eles dissessem: não é possível continuar sendo eu mesmo sem aceitar o outro, tanto em mim quanto fora de mim.

Um dos epítetos de Ártemis é "a estrangeira", *xéne* – Χηνια – de onde vem xenofobia, a recusa de se misturar ao outro, e essa questão toda do estrangeiro é muito importante, deve ser bem compreendida. Também Dioniso é chamado de o "estranho estrangeiro", um "deus que vem de fora, em permanente mobilidade"[235]. Entendemos que os gregos "inventaram" a hospitalidade. Não existia a ideia de hospitalidade antes dos gregos. Os gregos entenderam a importância da hospitalidade, e fizeram dela uma instituição grega, pois entenderam profundamente a extrema necessidade que temos – os indivíduos, a cultura, a cidade – de receber o estrangeiro e de tratá-lo bem. Examinemos essa necessidade. Para o grego antigo, o homem civilizado é aquele que, "ao contrário do bárbaro, reserva um lugar para aquele que não é ele mesmo"[236]. De um modo mais banal, isso quer dizer

---

[235] MENEZES, U.T.B. "Prefácio à edição brasileira" de Karl Kerény: *Dioniso*: imagem arquetípica da vida indestrutível. Tradução de Ordep Serra. São Paulo: Odysseus, 2002, p. IX.
[236] Flávia Marquetti, "Ártemis". In: RIBEIRO JR., W.A. "Ares". In: *Hinos homéricos*. Op. cit., p. 207.

que para os gregos antigos era importante recolher o estrangeiro, alguém que passa na sua porta e pede abrigo; é importante abrir a porta e recebê-lo junto à lareira, dar-lhe um prato de comida e um copo de vinho, e um lugar para dormir. Por quê?

O que os gregos estão dizendo? O Outro como elemento de constituição do Mesmo. Essa jogada entre o Eu e o Outro nos ensina que o Eu precisa do Outro para continuar sendo o Eu. Os gregos entenderam "o outro como elemento constituinte do mesmo"[237]. Foram os primeiros a perceber isso profundamente: a partir do Outro é que se institui o Mesmo. É uma verdade psicológica que está sendo colocada aqui: a lição do mito aqui é que eu só consigo permanecer o mesmo se eu aceitar o outro. Se não aceitar o outro, eu deixo ser eu mesmo. Sem a alteridade, a ipseidade, como um processo contínuo, fica comprometida. E a ipseidade também é uma tarefa importantíssima, também é um mistério: a arte de permanecer eu mesmo, ter uma identidade. A ipseidade é uma tarefa mítica, arquetípica, e ela depende da alteridade.

Tanto Ártemis quanto Dioniso, de forma absolutamente intensa, representam iniciações ao campo do Outro. Esses deuses são lições de alteridade.

Jean-Pierre Vernant:

> [...] o Mesmo só se concebe e só pode definir-se em relação ao Outro, à multiplicidade dos outros. Se o Mesmo permanece voltado sobre si mesmo, não há pensamento possível. E acrescente-se: não há tampouco civilização. Fazendo da deusa das margens um poder de integração e assimilação [...] os gregos nos dão uma grande lição. Eles não nos convidam ao politeísmo, à crença em Ártemis e Dioniso etc., mas a atribuir a devida importância, na ideia da civilização, a uma atitude espiritual que não tem valor apenas moral e político, mas propriamente intelectual, e que se chama tolerância[238].

---

237 VERNANT, J.-P. *A morte nos olhos...* Op. cit., p. 31.
238 Ibid., p. 34-35.

Percebem a importância da presença do outro para que eu permaneça o mesmo, o lance profundamente psicológico entre alteridade e ipseidade, eu e não eu? O resultado do envolvimento com esta questão psicológica é a ampliação da categoria da tolerância. O que o politeísmo nos ensina, antes de qualquer coisa, é a tolerância, porque nos coloca diante da experiência da diversidade. Pois bem, os deuses que têm o potencial de nos ensinar isso são esses que agora estamos examinando. Uma das grandes lições aqui é a tolerância, e acho que essa lição está no politeísmo grego em função de Ártemis e de Dioniso, claro, mas mais intensamente Ártemis, porque ela representa a *xéne*, a estrangeira, pois ela está à margem, está fora da *polis*, "sempre distante da vida e das coisas da cidade"[239]; eventualmente ela vem à cidade para ajudar as meninas a virarem mulheres, e os meninos a se tornarem homens – mas ela é uma deusa das margens, fundamentalmente "estrangeira" à vida da *polis*. A ideia de hospitalidade, da importância da recepção civilizada do outro, é uma ideia artemisiana, porque as civilizações pré-helênicas não entendiam isso; quando um estrangeiro entrava, eles o matavam. Segundo os historiadores, não existe a ideia de hospitalidade antes dos gregos. Insisto: eles entenderam profundamente a importância da ideia e da prática da hospitalidade porque perceberam essa função: se não houver o outro, não posso continuar sendo eu mesmo. Se não houver alteridade não há ipseidade. Há aqui implicações políticas, históricas, éticas e psicológicas.

Assim, Ártemis é uma deusa da horizontalidade: "[...] parece situar-se num plano de certa forma horizontal, seja no tempo ou no espaço"[240]. Há muitas lições sobre horizontalidade que captamos de Ártemis. É uma das deusas mais sofisticadas do panteão grego, muito poderosa, e muito complexa, porque ao mesmo tempo ela é

---

239 BRANDÃO, J.S. *Dicionário Mítico-etimológico da Mitologia Grega*. Op. cit., p. 80.
240 VERNANT, J.-P. *A morte nos olhos...* Op. cit., p. 36.

caçadora, sanguinária, é flecheira, mata. Se alguém a desagrada, ela mata. Aqui evoca-se o duplo aspecto desse Poder, "ao mesmo tempo caçadora-assassina e feminina-virginal"[241]. E essa flecha, que está presente tanto em Apolo quanto em Ártemis, é impressionantemente precisa e mortífera – Walter Otto fala sobre a morte que eles infligem: "como arqueiros eles ferem de longe, sem ser vistos, e o atingido sucumbe sem dor, com o sorriso da vida nos lábios"[242]. É o que eles chamam de uma morte suave, rápida. Mas é terrível. Talvez a mais terrível maneira de morrer seja gostando.

Também Dioniso é um deus da horizontalidade, pois "a 'loucura' dionisíaca é uma experiência partilhada coletivamente". Dioniso nunca apresenta-se sozinho, sempre em grupo, *thiasos*, um deus com uma comunidade. "A *manía* telística pertence a Dioniso; ela se refere à mistura de almas, niveladora e democrática, como no vinho e na dança"[243]. Dioniso é *demotikos*, um deus do povo.

* * *

A categoria do estrangeiro é a categoria do Outro, que tem vários elementos constitutivos – e que traz principalmente novidade e diferença. Há vários tipos de alteridade, nem toda alteridade é igual.

Essa categoria do Outro me interessa muito, porque escrevi um livro, *O irmão: psicologia do arquétipo fraterno*[244], sobre isso – sobre as relações simétricas de horizontalidade, a categoria da alteridade, que é pouco explorada num ambiente patriarcal como o nosso. Falamos

---

241 Ibid., p. 107, nota de rodapé 4.
242 OTTO, W. *Os deuses da Grécia*. Op. cit., p. 54.
243 HILLMAN, J. *O mito da análise*: três ensaios de psicologia arquetípica. Op. cit., p. 229, nota de rodapé 77 e p. 258.
244 BARCELLOS, G. *O irmão*: psicologia do arquétipo fraterno. 3. ed. rev. ampl. Petrópolis: Vozes, 2018.

"o outro", mas existem "muitos outros", e em cada "outro" há uma relação diferente, uma novidade diferente. Vernant:

> Alteridade, noção vaga e excessivamente ampla, mas que não reputo anacrônica, na medida em que os gregos a conheceram e a utilizaram. Assim é que Platão opõe a categoria do Mesmo à do Outro em geral, *tò héteron*. Não se falará, naturalmente, de alteridade pura e simples, antes distinguindo e definindo a cada oportunidade tipos expressivos de alteridade: o que é o outro em relação à criatura viva, ao ser humano (*ánthropos*), ao civilizado, ao macho adulto (*anér*), ao grego, ao cidadão[245].

O outro em relação à criatura viva é o morto, talvez o absolutamente outro; ao ser humano, é o ser divino, imortal, a divindade; ao civilizado, o selvagem; ao macho adulto, a criança; e ao cidadão, o escravo. Há vários tipos de alteridade, essa não é uma ideia simples, ou ingênua. E a intuição é essa: não consigo permanecer o mesmo se eu não incorporar o outro. É uma verdade psicológica que o mito está nos "entregando de bandeja".

Pensemos, por um instante, ainda em outras potências que tangenciam essas categorias: Hades é o hospitaleiro – mas da casa dele ninguém sai! É uma radicalização da ideia de hospitalidade. Assim como Narciso, desse ponto de vista, é o absurdo da ipseidade, é a ipseidade levada à sua loucura: afogar-se em si mesmo.

Com relação a Dioniso e a questão do Outro, também podemos argumentar que Dioniso é o palco, o centro do palco, da teatralidade, toda vez que estamos numa *representação* na vida. Portanto, há qualquer coisa de Dioniso na *persona*, em termos junguianos. A *persona*, desse ponto de vista, é também o Outro em mim. A *persona* – o jogo complexo de representações e os papéis sociais que desempenhamos nas interações com o mundo para adaptarmo-nos a suas demandas definidoras – também está no campo do Outro, que

---

245 VERNANT, J.-P. *A morte nos olhos...* Op. cit., p. 12.

é amplo e multifacetado. Portanto, Dioniso pode nos dar assim uma base arquetípica para a *persona*.

A questão do Outro então permeia Ártemis de forma muito nítida em suas lições, permeia Dioniso e, de certa forma, permeia também Apolo. Portanto, esses são deuses iniciáticos – eles nos iniciam no campo do Outro.

4.4 Solidão e virgindade

Dentre os diversos ensinamentos de Ártemis, ela nos apresenta a dois mistérios que podem ser vistos de modo psicológico. Um é o mistério da solidão, a importância da solidão, de se estar sozinho. E o outro é o mistério da virgindade, da intocabilidade. Essas são duas realidades psicológicas cuja importância acessamos se olharmos para elas com Ártemis.

A marginalidade de Ártemis mistura e acentua a importância dessas duas noções: intocabilidade e solidão. É longe, fora do centro dos acontecimentos e dos contatos, à margem, que elas são vividas. Há solidões que se não respeitarmos em nós mesmos, se não as vivermos, cobram sua parte, normalmente, penso eu, do ponto de vista clínico, com depressão. Muitas depressões são nitidamente solidões não vividas. E há regiões intocadas em nós, virgens em nós, que se não forem preservadas dessa forma resultam, a meu ver, em mania, excesso de atividades, aceleração. A mania me parece muitas vezes uma evitação da necessidade de intocabilidade. Ártemis é uma deusa que está nos ensinando a importância de mantermos algumas coisas virgens e de termos os nossos momentos solitários. A negligência dessas necessidades me parece acionar patologicamente o eixo aceleração-depressão.

E aí tocamos na história da sua virgindade, *parthenia* – πατερνοζ. A imagem: logo após a deusa ter nascido, com três anos de idade, ela se encontra no colo do pai, Zeus, a quem pede alguns presentes. Primeiro, ela pede ao pai sessenta Oceânides, filhas de Oceano, para sua companhia, sessenta menininhas – ela é precisa no número – todas com nove anos de idade: "não se explica essa idade a não ser como representativa de um grupo específico da mesma faixa etária ao qual a própria deusa, como sua protetora, pertence e sempre pertencerá"[246]. Isso nos dá conta de que Ártemis rege mais especificamente, ou de forma mais intensa, as meninas e, por extensão, os meninos também, nessa idade que vai de nove até treze ou catorze anos. Portanto, ela é chamada Curótrofa: "ela ensina a criar e educar os meninos, donde seu cognome de *Kourotróphos*"[247]. Esse período é exatamente aquele que Freud e a psicanálise chamam de "latência", quando a sexualidade recede. Então, a virgindade de que estamos falando não tem a ver necessária ou principalmente com sexualidade. Nesse período, as meninas e os meninos não se diferem muito. E Ártemis veste aquele saiote próprio para melhor caçar, o que a faz parecer um menino. Ela é como um menino, tem porte de menino: é uma virago. "Ela tem com o sexo oposto uma relação algo de menino, e ao mesmo tempo de irmã – de fato, uma relação quase fraternal, considerando-se que pertence à caçadora Ártemis seu irmão, o caçador Apolo, e também Hipólito, ligado a ela como irmão mais moço"[248].

Fala-se de Ártemis num influxo feminino, tida como uma deusa feminina – fala-se da feminilidade de Ártemis. Penso que, ao contrário, Ártemis não tem algo de feminino muito pronunciado, seus mitos não falam exatamente do feminino. Inclusive ela aparece como menino, se veste como um menino. Ela não nos dá notícias sobre a feminilidade. Ártemis não tem, a meu ver, gênero muito definido. São outras as deusas que se apresentam como aspectos do feminino,

---

246 KERÉNYI, K. "Uma imagem mitológica da meninice: Ártemis". In: HILLMAN, J. (org.). *Encarando os deuses.* Op. cit., p. 57.
247 OTTO, W. *Os deuses da Grécia.* Op. cit., p. 78.
248 KERÉNYI, K. "Uma imagem mitológica da meninice: Ártemis". Op. cit., p. 60.

sempre numa polaridade com o masculino: Hera, Afrodite, Atena, e Deméter, que é o feminino materno. Hera se define na polaridade com o marido, Afrodite se define na polaridade com o amante, Deméter na sua relação com o filho, Atena com os heróis. Ártemis não se define na relação com ninguém.

Inclusive, há um capítulo sobre Ártemis no livro de Ginette Paris, *Meditações pagãs*[249], em que ela confirma que, tradicionalmente na Grécia, Ártemis cuidava, ou estava entregue a Ártemis a regência e o cuidado, de meninas e meninos entre nove e quatorze anos de idade. Antes disso, trata-se da criança – é da ordem da mãe; e depois disso é o adulto – que é da ordem do mundo, do amor, da conjugalidade. Nesse período, que é de Ártemis, chamado de "latência", não há sexualidade. Então, acho inadequado, ou um pouco errôneo, desse ponto de vista, querer penetrar no encantamento de Ártemis, sua psicologia, querer entender essa deusa, pelo caminho da feminilidade. Acho que é entrar pela porta errada, é perder muito do mistério de Ártemis.

Depois, o principal presente que ela pede ao pai é uma *parthenia* eterna, virgindade eterna. Há lugares em nós que são intocados e que são intocáveis, como recantos perdidos, que precisam ser mantidos dessa forma. Mais do que isso: Ártemis nos ensina, portanto, uma lição de solidão, a solidão necessária para preservar o intacto, para preservar o intocado, o intocável. Na solidão você sente a presença do eu. A solidão apura o ser. A solidão é uma experiência da ordem do sublime.

É importante apreender e entender essa questão da virgindade de uma forma especial, que é a maneira pagã. Com Ártemis, estamos ouvindo falar de virgindade pelos pagãos, não pelos cristãos. A virgindade, no mito cristão, se transformou em outra coisa – ali ela tem a ver com castidade, com algo moral, que reprime a sexualidade. Quando o mito grego está falando de virgindade, está falando de

---

249 PARIS, G. *Meditações pagãs...* Op. cit.

intocabilidade, como uma selva onde o homem não penetrou. Essa mulher que o homem não penetrou, essa virgem, é um reflexo da natureza indomável, impenetrável, selvagem. Esses bosques, essas montanhas – ela é a deusa da montanha – têm de permanecer impenetráveis. Ártemis defende sua impenetrabilidade. O mito grego não é moral, e temos de evitar a moralização. O mito está nos contando sobre uma realidade psicológica, sobre a realidade psíquica. Assim, a virgindade é importante: manter regiões intactas é de total importância, sob pena de patologizarmos. Mas isso, insisto, não é moral; não é a virgem casta que abriu mão da sexualidade, isso é outra coisa: a virgem que optou por ser virgem – como um monge, uma freira, um sacerdote, esses são exemplos de castidade, não de virgindade. Castidade é uma opção do ego, opção voluntária. É outro arquétipo, trata-se de outra região psíquica. É outra realidade.

Com Ártemis podemos entender a importância de termos regiões na alma (assuntos, segredos, desejos, fantasias) que são muito naturais e que precisam se manter intocadas. Essa é uma realidade arquetípica em mulheres e em homens, uma realidade psíquica de seres humanos.

Estamos sob a influência do arquétipo da virgindade sempre que fantasiamos sobre a intocabilidade, sempre que queremos ou necessitamos deixar algo em nós, ou de nosso mundo, intocado, puro, preservado, onde não podemos ou devemos ser tocados. Ou mesmo quando não queremos mexer com um determinado assunto, importante ou delicado, difícil ou vergonhoso. Quando nos retiramos. Toda a retirada é, por assim dizer, "virginal", anseia por Ártemis – aquela que se afasta. A virgindade é a recusa do contato, quando algo se fecha em si mesmo, recusa das interpenetrações. "A virgindade perene, que a pequena Ártemis pediu como primeiro dom a Zeus, seu pai, é o signo inegável do distanciamento. A cópula, *míxis*, é 'mistura' com o mundo. Virgem é o signo isolado e soberano"[250]. Assim, a virgindade ainda pode ser compreendida como o polo oposto da possessividade.

No mito pagão, virgindade assume o sentido de livre, brilhante, selvagem, puro, misterioso, remoto e intocado, como a própria natureza. Na virgindade pagã, o que está em curso é evitar a penetração ou contaminação externas, num impulso, muitas vezes cruel e devastador, para permanecer em si mesmo, fiel a si mesmo, contido em si mesmo; para favorecer a interioridade mais profunda, a imaginação mais fresca e espontânea, a própria psique como um vaso inviolável, intacto. *Hortus conclusus*.

Ártemis rege nossa interioridade mais profunda, mais distante, selvagem, virginal e não domesticada. É um nível inconsciente profundo. Entrar em contato com Ártemis significa adentrar (ou reconhecer) a vida interior desconhecida, não penetrada, que nossos sonhos e sintomas, por exemplo, e nossas imagens no corpo, anunciam.

* * *

Apolo é chamado o Febo – Φοιβοζ – que quer dizer, "o limpo" ou "o puro"[251]. Mas o que é esse "limpo"? De novo, não é no sentido moral. Estamos no mito grego, então essa limpeza de Apolo não é moral, mas refere-se, a meu ver, fundamentalmente a duas características: primeiro, retidão de caráter. Apolo é a linha reta. Em geometria, ele é a linha reta, não a curva. Ou, a linha reta, em geometria, é uma manifestação de Apolo. Ele é a flecha que é

---

250 CALASSO, R. *As núpcias de Cadmo e Harmonia*. Op.cit., p. 40.

251 "O adjetivo Φοιβοζ refere-se normalmente ao fogo e à água, elementos puros e purificadores por excelência. Na maior parte dos verbos derivados desta palavra prevalece o significado de 'purificar' [...] (MACHADO, L.A. *O hino homérico a Apolo*. Introdução, tradução e notas de Luiz Alberto Machado Cabral. São Paulo: Ateliê, 2004, p. 179).

disparada de longe e atinge precisamente o seu alvo. Quanto mais longe melhor, quanto mais longe, mais preciso. Então, psicologicamente, há um objetivo, e esse objetivo é alcançado da maneira mais rápida e direta possível, no sentido de fazer o caminho mais curto no tempo, mais inteligente, ou seja, mais preciso: a linha reta que une perfeitamente duas coisas[252].

Quanto à percepção da linha reta que é Apolo, Walter Otto afirma: "Sabe-se o quanto era natural para os gregos conceber o reto conhecimento segundo a imagem de um bom disparo do arco"[253]. Conhecer, do ponto de vista de Apolo, é isso: ir ao ponto, "o bom disparo do arco" nos dá o claro conhecimento. Essa é uma das categorias com que temos dificuldades: retidão, a poética da linha reta. Otto:

> Apolo rejeita o demasiado próximo, o acanhar-se das coisas, o olhar difuso, e também o ensimesmamento da alma, a embriaguez mística, o sonho extático. Não quer a alma, e sim o espírito, ou seja, o movimento que se livra da proximidade e de seu peso, de seu torpor e de sua estreiteza. [...] É com o ideal da distância que Apolo confronta a exaltação dionisíaca[254].

Ora o que é isso, psicologicamente? Esse é um estilo de consciência, e apresenta na psicologia a retidão de caráter e as afirmações claras, a luz da razão. São os momentos de precisão, de foco, onde é preciso um caráter que seja "reto" para poder atingir o seu ponto, seu objetivo, e isto significa também, do ponto de vista apolíneo, conhecer as coisas – o conhecimento que se dá por meio do distanciamento. Uma das lições de Apolo é justamente essa: o distanciamento que provoca o conhecimento. Há um conhecimento que é nítido, claro, objetivo, completo, a poética da racionalidade, que só pode ser atingi-

---

252 "Apolo simboliza esse olho penetrante, o seu culto é uma celebração da sabedoria" (COLLI, G. *A sabedoria grega III...* Op. cit., p. 197).
253 OTTO, W. *Os deuses da Grécia.* Op. cit., p. 68.
254 Ibid., p. 69.

do se houver distanciamento. É a flecha de Apolo, que fere de longe, mata de longe. Diferentemente de um outro tipo de conhecimento das coisas, ao qual chamamos dionisíaco, a que já aludimos, que só pode acontecer a partir do envolvimento, da mistura, da confusão e do mergulho naquilo que é o objeto do conhecimento.

Mas matar a distância implica que a distância mata, como também já apontou James Hillman. Este é o lado terrível de Apolo, o lado terrível do conhecimento: "O aparecimento da flecha da sabedoria é acompanhado, também, por feridas sangrentas: assim age a crueldade de Apolo"[255]. Nas palavras de Giorgio Colli, "Apolo é a violência que aparece como beleza"[256].

Ao conhecimento apolíneo, costumamos usar a palavra "ciência", no sentido do saber. O conhecimento que vem pela via dionisíaca é chamado de "êxtase". Êxtase é uma maneira de conhecer as coisas, é uma modalidade do conhecimento. Compreendermos um pouco disso tudo, deixarmos que esses deuses, essas potências mitológicas, nos ensinem algumas coisas, permite-nos fazer um melhor discernimento entre as situações psicológicas quando o que está em jogo é um conhecimento por distanciamento, e quando há situações psicológicas onde o conhecimento se dá por envolvimento, aproximação. O politeísmo tem a ver com isso. A ideia do conhecimento pode ser experimentada por meio de diversas modalidades. O conhecimento não é apenas um atributo da ciência, ou da racionalidade, ou da luz; há um conhecimento que vem pela mistura, pela confusão, pelo êxtase, pelo obscuro; o método alquímico, por exemplo: *obscurum per obscurius*. O dionisíaco é um conhecimento que se dá na própria carne.

Caracterizando bem a conexão entre Apolo e Dioniso, Walter Otto nos ensina:

---

[255] COLLI, G. *A sabedoria grega I...* Op. cit., p. 54.
[256] COLLI, G. *A sabedoria grega III...* Op. cit., p. 201.

O ser dionisíaco aspira ao êxtase, portanto à proximidade; o apolíneo, ao contrário, quer claridade e forma – logo, distância. Esta palavra exprime de modo imediato algo de negativo, mas por trás lhe está o mais positivo: a atitude do conhecedor[257].

Imaginar esses deuses é importante para percebermos as forças às quais estamos submetidos. Essas são forças que também regem nossas experiências de vida.

Há situações que, para conhecê-las a fundo, precisamos de distanciamento. A melhor imagem do conhecimento por distanciamento, aquela que o mito nos oferece, é esta: Apolo arqueiro, o que "fere de longe" – o arco e a flecha. Aquela flecha que é disparada numa velocidade estonteante, que atinge o seu alvo com precisão, e que é o menor caminho entre o conhecedor e o conhecido. Para que isso ocorra é necessário haver uma certa retidão, não apenas na flecha, mas no arqueiro. Essa retidão do arqueiro sinaliza, para mim, uma retidão de caráter; são os momentos em que estamos "retos", se é que conseguimos isso. Aqui, reto quer dizer preciso, claro, racional; o olhar preciso, como de um animal.

Essa retidão, o mito acrescenta, é conseguida por um processo de *purificação*. Aqui, o segundo ponto: Apolo é chamado "o purificador". Walter Otto afirma: "Apolo... veio a ser considerado um deus da pureza... [com] forte lucidez, espírito superior, imperiosa vocação para o conhecimento, a medida e a ordem"[258]. A purificação, no cosmos de Apolo, vem a significar o livramento das poluições. Temos de entender isso do ponto de vista metafórico, psicológico – entre outras coisas, parece aqui que estamos falando, em termos junguianos mais simples, do trabalho com a sombra. Mas não somente isso. Pela purificação chega-se a um estado de caráter reto, apolíneo, livre das poluições;

---

257 OTTO, W. *Os deuses da Grécia*. Op. cit., p. 68.
258 Ibid., p. 57.

ou seja, a energia psíquica que rege isso é descrita no mito grego pela figura mítica iluminada de Apolo.

"A arte da cura compreende a prevenção dos perigos da impureza"[259] – Otto está nos entregando uma parte importante do espírito de Apolo, no sentido daquele que nos livra das poluições. "Apolo limpa os caminhos de todo o mal e suas colunas pétreas plantam-se diante das casas como símbolo de proteção"[260].

A qualidade da energia psíquica que está apresentada nesses deuses, Ártemis e Apolo, é a do afastamento. Eles ficam de longe, acertam de longe. Eles conhecem porque estão longe. São arqueiros. Ártemis também está longe, está na beira das florestas, longe da cidade, do convívio. Mas, talvez diferentemente de uma outra figura que estivesse vivendo as mesmas histórias que ele, Apolo as vive na intenção de purificar-se. Esse é o ponto. A intenção é sempre de purificar-se, de permanecer no sublime, no elevado, de ser a imagem da purificação e, portanto, a imagem da cura, como logo veremos – cura e purificação estão ligadas em Apolo. E, é sempre bom lembrar, essa imagem da cura e da pureza é ainda vizinha da mântica – pois ele também é profeta, preside o oráculo, é pré-vidente. "[...] Apolo concede aos homens a sabedoria por meio da adivinhação. Com o símbolo pan-helênico de Delfos, os gregos a declararam a ação culminante de Apolo"[261]. A mântica, para os gregos antigos, é um anseio de conhecimento, talvez o conhecimento que eles colocaram no mais alto posto, a que deram mais alto valor: conhecimento do futuro. "O conhecer tudo, a insolência do saber no período arcaico, cabe somente à adivinhação, e essa arte é concedida a Apolo"[262]. Conhecer, a sabedoria, é conhecer tudo: passado, presente, futuro.

---

259 Ibid., p. 59.
260 Ibid.
261 COLLI, G. *A sabedoria grega I...* Op. cit., p. 28.
262 "Sábio é quem lança luz na obscuridade, quem solta os nós, quem manifesta o desconhecido, quem torna certo o incerto. Para essa civilização arcaica o conhe-

Bem, essas instâncias – purificação, cura, conhecimento, adivinhação – são vizinhas, pois o mito está nos contando que elas ocorrem na mesma figura. Então isso me faz supor que estão relacionadas; contudo, há a constante, permanente, imortal tendência ou busca dessas figuras pela purificação, pela elevação, tanto em Ártemis quanto em Apolo. Vejamos mais de perto essa purificação.

4.5 O sublime

Agora vamos examinar observações de alguns mitólogos, especialmente de Walter Otto, que vão numa direção que acho vai atingir um ponto bastante problemático. Apolo e Ártemis são considerados deuses *sublimes*, quero sublinhar esta palavra – deuses elevados, do distanciamento que significa elevação. Eles estão acima. Tudo neles convoca um imaginário de direção ascensional.

> Apolo e Ártemis são os mais sublimes dos deuses gregos. [...] O predicado da pureza e da santidade que lhes é peculiar já os destaca de modo especial no círculo dos divinos.
> Ambas as divindades têm algo de misterioso, inacessível, longínquo.
> Ao caráter de ambos pertence imarcescível pureza...
> Nos traços de seu rosto [de Apolo], claridade e vigor viril se unem ao esplendor do sublime.
> ...Apolo, um deus da pureza... forte lucidez... espírito superior...
> Outras donzelas divinas que são suas [de Ártemis] companheiras e amigas podem sucumbir ao amor; ela, porém, é a mais sublime[263].
>
> Nas representações estatuárias Apolo se distingue pelo seu gesto e porte majestosos, pelo poderio de seu olhar

---

cimento do futuro do homem e do mundo pertence à sabedoria. Apolo simboliza esse olho penetrante, o seu culto é uma celebração da sabedoria" (COLLI, G. A *sabedoria grega III...* Op. cit., p. 24).
263   OTTO, W. *Os deuses da Grécia.* Op. cit., p. 54, 53, 73, 79.

> [...] Os traços de sua face aliam a força e a beleza masculina ao esplendor do sublime...[264]

Por outro lado, Apolo também traz a questão da "pureza", como vimos ele é o *Phebo* – Φεβo – que é o "puro" e o "santo". Ele é a energia da pureza que leva a energia da purificação. E sabemos que essa purificação tem a ver com "cura". Otto: "Apolo era o deus curador mais importante, desde sempre o foi. [...] O purificador é o curador, o curador é o purificador"[265]. Esse alinhamento interessa aos terapeutas. Purificar significa, nessa concepção, retirar de você tudo aquilo que não lhe pertence, que não é você. É isso que cura. Há uma profunda relação entre purificação e cura: "Apolo limpa os caminhos de todo o mal"[266].

> O homem deve resguardar-se dos perigos que pode evitar através da depuração de seu ser interior. Mais ainda: o deus propõe o ideal de uma atitude tanto exterior como interior que, prescindindo das consequências, pode considerar-se como pureza em sentido superior[267]

Ora, "pureza em sentido superior", "imarcescível pureza" (impossível de corromper), "esplendor do sublime", são expressões exatamente daquilo que conhecemos pela palavra *santidade* – é o santo. Estamos entrando num terreno muito escorregadio. Isso tudo são também imagens idealizadas. A pureza, no sentido superior apolíneo, é a santidade. Apolo é o santo. Esta é outra categoria com a qual não estamos acostumados a lidar em nós mesmos: a santidade. Novamente, isso tem também muito a ver com Ártemis, com a intocabilidade sobre a qual Ártemis rege, e sua solidão. Aqui os irmãos Apolo e Ártemis se "tocam": não há Apolo sem Ártemis, um está dentro do outro. Acredito que estamos falando de uma zona da alma bastante inexplorada do ponto de vista psicológico.

---

264 MACHADO, L.A. *O hino homérico a Apolo*. Op. cit., p. 216.
265 OTTO, W. *Os deuses da Grécia*. Op. cit., p. 59.
266 Ibid.
267 Ibid., p. 61.

Entendo, a partir de tudo isso que estamos estudando, que estamos falando da categoria do *sublime*. Sublime, santo, purificado, elevado – temos que escutar essas palavras com ouvidos pagãos, e não com ouvidos cristãos. Santidade: o anseio à santidade não é uma exclusividade monoteísta cristã, ou mesmo espiritual apenas. Eu quero afirmar que nós todos sofremos um anseio pela santidade, e que esse anseio está reprimido. Estamos impedidos de termos experiências com o sublime, pelo motivo de que só conseguimos entender santidade num enquadre moral. E o que o mito está apresentando é a ideia de santidade de um ponto de vista pagão, politeísta, portanto não moral, não moralizante, e não moralizador.

Não é por acaso que se dá uma certa relação etimológica entre os termos cognatos "santidade" e "saúde" (*santé*, em francês). Como afirma Naomar de Almeida Filho, "a etimologia do termo saúde denota uma qualidade dos seres intactos, indenes, com sentido vinculado às propriedades de inteireza, totalidade. Em algumas vertentes, saúde indica solidez, firmeza, força. Por outro lado, as línguas ocidentais modernas desenvolveram uma variante distinta, com base em raiz etimológica medieval de base religiosa, vinculada às conotações de perfeição e santidade"[268].

Estou querendo enxergar em Apolo e Ártemis um arquétipo, uma energia psíquica que, entre outras coisas, apresenta-nos um anseio fundamental, importantíssimo, que todos sofremos, com relação à santidade, à pureza, e mais do que isto, ao sublime. Todos temos uma necessidade da experiência do sublime, e ela está reprimida.

Sublime é uma categoria que não pertence à psicologia; a psicologia não a considera. Sublime é uma categoria que só consegue ser pensada, vivida, compreendida e encarada dentro de uma perspectiva espiritual. Com os deuses da pureza, Apolo e Ártemis,

---

[268] ALMEIDA FILHO, N. "Qual o sentido do termo saúde?" In: *Cad. Saúde Pública*, 16 (2), abr.-jun./2000, p. 300-301. Rio de Janeiro.

podemos trazer a ideia do sublime para uma apreciação psicológica. O que acontece com a categoria do sublime quando reconhecida como uma categoria psicológica, como um anseio que todos nós sofremos? Como podemos estar tão longe dessa experiência do sublime? E mais: quais são as consequências de não vivermos a experiência do sublime? Que doença essa repressão provoca? O que aconteceu com a ideia do sublime na psicologia profunda e na psicanálise?

Virou *sublimação*. Como estamos impedidos de viver o sublime, só nos é oferecido vivê-lo pela sublimação, que é outra coisa. Só conseguimos falar de sublimação, é até onde chegamos. Vejam como o conceito é entendido na psicanálise:

> Processo postulado por Freud para explicar atividades humanas sem qualquer relação aparente com a sexualidade, mas que encontrariam o seu elemento propulsor na força da pulsão sexual. Freud descreveu como atividades de sublimação principalmente a atividade artística e a investigação intelectual.
>
> O termo "sublimação", introduzido por Freud em psicanálise, evoca ao mesmo tempo o termo "sublime", especialmente usado no domínio das belas-artes para designar uma produção que sugira a grandeza, a elevação, e o termo "sublimação", utilizado em química para designar o processo que faz passar um corpo diretamente do estado sólido ao estado gasoso.
>
> Na literatura psicanalítica recorre-se frequentemente ao conceito da sublimação; ele é efetivamente o índice de uma exigência da doutrina, e dificilmente se vê como poderia dispensar-se[269].

Na literatura psicanalítica, a *sublimação* é frequentemente considerada como um mecanismo ou um modo de defesa contra as pulsões. Com ela, atingimos um certo grau de satisfação sexual. A psicologia trabalha com essa ideia que é, desse ponto de vista, uma

---

[269] LAPLANCHE, J. & PONTALIS, J.B. *Vocabulário da Psicanálise*. 6. ed. São Paulo: Martins Fontes, p. 638, 640.

afronta aos deuses e à ideia do sublime. A noção de sublimação é a apresentação da repressão ao sublime.

Na nossa experiência secular, na nossa vida comum, no plano da alma, talvez por conta do monoteísmo, estamos afastados da categoria do sublime. É como se estivéssemos impedidos de viver o sublime como uma categoria psicológica; e a psicologia, a psicanálise, as psicologias profundas em geral contribuem para isso. Mas o anseio ao puro, ao sublime, ao santo está lá. Sofremos esse anseio, e ele não está detectado; não temos ferramentas psicológicas, ou educação psicológica, não só para registrar como também para atender à nossa necessidade do sublime. Santo para nós só pode ser pensado e vivido dentro do ambiente espiritual, já moralizado.

Gostaria de pensar nosso anseio pela experiência de uma busca pelo sublime não colorida, por um lado, pelos tons moralizantes do ambiente espiritual, especialmente cristão e, por outro, pelos tons depreciadores, abstratos e rebaixadores da psicanálise, com a ideia da sublimação. Penso que a experiência do sublime – e do santo, que é uma palavra difícil de ser usada – é uma experiência necessária, é uma necessidade da alma.

Esse anseio foi sempre identificado e instrumentalizado pela religião, assim como também pelas psicanálises. Mas a forma distorcida dessa compreensão cria patologias. O sublime é vivido patologicamente. Então, como psicólogo devo fazer a pergunta: se essas são realidades arquetípicas e se estão reprimidas, onde está o retorno do reprimido? Todo reprimido retorna como doença, como rebaixamento, como neurose, como literalização. Onde está o sublime reprimido? Minha desconfiança é que está nos sintomas obsessivos; a negação do sublime, ou o impedimento de sua experiência, num plano psicológico, não espiritual e não moral, nos leva às patologias dos Transtornos Obsessivo-compulsivos. Se não consigo ter a experiência com o sublime, ele pode se apresentar para mim patologizado, adoecido. Nesses transtornos, parece-me concentrar-se uma busca pelo puro, pela pureza absoluta – mas uma busca patologizada, literalizada. Isso pode nos trazer uma outra compreensão dos transtornos obsessivos: proponho enxergar neles a repressão ou a incapacidade de vivermos o sublime. Eles me parecem ser a repressão de Apolo e Ártemis, um ataque a esses deuses. Assim como atacamos a Ares, Afrodite, a Hermes, e de tantas formas, esse é o ataque a Ártemis e a Apolo – vivê-los num nível individual patologizado que busca por uma pureza impossível, louca, inatingível, moralizada, que precisa então ser perseguida repetidamente, em ciclos fechados, pois está secularizada, separada do seu componente arquetípico, divino, maior, transcendente, mais que humano. Na patologia podemos ter as "ritualizações", mas não temos os rituais, os deuses não estão ali – ou estão ali apenas degradados.

É uma hipótese muito razoável que o nosso esquivamento ao sublime nos leve aos transtornos obsessivo-compulsivos. Eles são uma aparição patologizada do anseio pelo sublime: ocultam uma fantasia inconsciente de pureza e elevação.

Por outro lado, a ausência do sublime também parece uma espécie de incapacidade de experimentarmos o êxtase. Introduzirmos a ideia de êxtase nessa reflexão traz para ela a presença de Dioniso. Dioniso também é um caminho para se experimentar o sublime, via êxtase. Apolo e Ártemis são maneiras de experimentarmos o sublime via distanciamento, pureza, purificação. Essas características são muito difíceis de serem pensadas na psicologia: pureza, santidade. Essas características estão absolutamente impregnadas de mais de dois mil anos de moralismo cristão-monoteísta. Então é bem difícil apreciá-las psicologicamente, mas temos de fazer um esforço para acessá-las do ponto de vista psicológico porque elas são arquetípicas, estão em nós o tempo todo, esses deuses nos dão notícia sempre de sua existência, dizem o tempo todo que esses são anseios em nós. A experiência do sublime está sempre disponível.

A categoria do sublime é diferente da categoria da sublimação. E, repito, não temos ferramentas nem reflexão para uma apreciação psicológica em torno da categoria do sublime. No entanto, Walter Otto está nos dizendo: Ártemis e Apolo podem nos ensinar algo sobre o sublime, sobre as nossas experiências com o sublime. Apolo e Ártemis não fazem nada para serem sublimes; eles são o sublime.

Bem, a nossa dificuldade de entender essas categorias que o mito nos propõe – como o sublime, o santificado, o puro – está sempre em deixarmos o arcabouço moral judaico-cristão para trás. Precisamos fazer um esforço para então apreciarmos a psicologia que está aí, no paganismo, no mito politeísta; um esforço de desmoralizar essas ideias, de encará-las sem julgamentos morais, para extrairmos delas a sua sabedoria multifacetada. O pensamento moral, ao contrário, é sempre binário: bom ou mau, legal ou ilegal, certo ou errado, lícito ou ilícito. Um ou outro. A ideia de santidade que temos é extremamente espiritualizada, cristianizada, refere-se aos santos da Igreja; ou mesmo está ligada a outras tradições religiosas, os monjes orientais, os anacoretas, os sacerdotes, os lamas, os xamãs, um tipo de gente muito especial. Mas como ficam essas categorias retiradas do seu ambiente espiritual? É como a virgindade, a solidão, a inveja, o ciúme – o sublime, o santo, o puro nos chegaram já dentro de um ambiente moralizado cristão; então, para entendermos a psicologia disso tudo temos que fazer um esforço para recuperarmos o sentido original que tiveram essas noções anteriormente ao mito cristão, ou mesmo *fora* do mito cristão. O sublime pode ser uma categoria espiritual – mas como se dá essa experiência no plano psicológico, da alma? O que esses deuses têm a nos dizer sobre essa experiência, e o que é sua negligência?

Todos temos um anseio pelo sublime, como uma experiência de alma, não espiritual. E eu diria mais, embora seja chocante: todos temos dentro de nós um anseio pelo "santo". O santo é aquele que vive a pureza na carne. Pode haver um heroísmo espiritual aí, reconheço, embora a experiência do sublime, da santidade, do puro e, portanto, do curador que Apolo nos apresenta, não tenha um caráter heroico. Tem um caráter, a meu ver, iniciatório: inicia-nos na realidade da alma.

A experiência do sublime, ou da pureza, tem a ver com essas experiências de Ártemis e de Apolo como distanciamento e elevação. Apesar de todas as encrencas em que eles se metem, a sanguinolência, a caça, a matança, eles se mantêm como figuras que buscam esse distanciamento. Talvez o sublime só seja alcançado em momentos de distanciamento. Porque é quando eles estão distantes que são considerados "sublimes", quando eles se retiram. Pois quando eles se retiram, eles vêm para si mesmos, vêm ao encontro daquilo que são: os distantes. Apolo *é* esse flecheiro, solitário e distante. Talvez aí, nesse momento de "ser um consigo mesmo", seja quando podemos estar abertos para vivermos experiências do sublime. Sem essa qualidade do isolamento, do distanciamento de Apolo, da solidão de Ártemis, não há possibilidade de termos uma experiência do sublime. Teremos experiências de sublimação apenas, e as experiências de sublimação, de um ponto de vista mitológico, são uma afronta ao sublime. Antes de tudo, porque é uma defesa do ego – na sublimação é possível estar numa *defesa contra o sublime*, pois o sublime é muito difícil de ser vivido, e tem de nos encontrar purificados, santificados, mesmo que por um instante apenas.

Essas me parecem ser lições desses deuses, que são lições difíceis. Estamos tentando perceber mistérios. Os deuses são mistérios, não são conhecimentos; eles são, num certo sentido, "desconhecimentos". Eles são o que a imaginação politeísta nos entrega como uma apresentação dos mistérios.

Se trouxermos o sublime para uma categoria de experiências a serem encontradas no cotidiano, poderemos perceber que ele está na beleza, no horror, no prazer, nos orgasmos, e que alguns o encontram na natureza, outros na arte, outros ainda nos sonhos. Os sonhos, por exemplo: nosso contato com os nossos sonhos poderia ser uma experiência da ordem do sublime. Mas não os vivemos assim. Eles podem ser vistos como uma defesa do ego ou como a apresentação dos desejos reprimidos (Freud), ou uma compensação às atitudes da consciência (Jung), como uma mensagem para uma vida melhor (oráculo) – ou como uma experiência com o sublime. Podemos entrar em contato com um sonho como algo sublime, a experiência de uma realidade paralela, divina, extraordinária, mágica, poderosa, que nos retira para longe, que nos acerta como uma flecha, e que de alguma forma nos mata – mata o que fomos, lançando-nos na realidade psíquica. Quando se fala em entrar em relação com o sonho como algo de sublime – embora a palavra, em nossa cultura, esteja já cheia de contaminações –, mas talvez a palavra sublime, do ponto de vista grego, mitológico, esteja querendo nos apontar o que é divino, o que é puro, o que é a essência arquetípica de alguma coisa. Então teremos uma relação com o sonho como a *visitação dos deuses*, da realidade arquetípica, uma verdadeira experiência de "realidade aumentada" – e não a sublimação do seu desejo reprimido por isso ou por aquilo. Todas as culturas assim chamadas primitivas têm relações com o sonho como o contato com uma realidade que só pode ser descrita como sublime. Se você sentar e conversar sobre sonhos numa tribo indígena brasileira, eles *sabem* que estão numa relação com o sublime, postam-se com o respeito de uma pessoa que esteve em contato com uma realidade muito poderosa que tem esse caráter de sublime. Podemos usar termos menos evocativos, como arquetípico, ou o inconsciente. Nós "sublimamos" o sublime e idealizamos essa noção, e isso faz parte desse impedimento de viver experiências como essas. O seu sonho é algo sublime porque é uma visitação de uma realidade paralela, divina, extraordinária, mágica. A simples experiência de nos lembrarmos de um sonho, e de nos engajarmos com ele, ou até mesmo antes disso, de sermos visitados por um sonho, é uma experiência com o sublime e pode ser vivida dessa forma.

Há o sublime no amor, no gozo, no trabalho, na música, numa inspiração, num olhar, numa palavra, num ato falho – o sublime permeia diversas experiências que não são vividas como sublimes. E quando essas experiências precisam ser entendidas pela psicologia profunda, a compreensão utilizada é "mecanismo da sublimação". Acho isso uma aberração – do ponto de vista mítico, mitológico, arquetípico, a ideia de sublimação é uma aberração.

O sublime é algo que muda, transforma radicalmente nossa percepção de todas as coisas, especialmente do tempo e do espaço. Altera o estado de consciência.

Então temos a experiência do sublime e da pureza vindo desses dois deuses – Ártemis e Apolo. E de Dioniso também. Apolo, pela dimensão da pureza, pelo fato de ele ser o purificador, e o curador no sentido do purificador. Ártemis, pelo distanciamento, pela pureza, pela virgindade. Também em Dioniso temos a experiência do sublime, ainda que por outra via – a da mistura, do êxtase, do movimento de sair de si. Aqui vemos como as coisas que se relacionam – em Ártemis e Apolo o sublime é um encontro consigo mesmo. Em Dioniso, podemos dizer que o sublime é encontrado no sair de si mesmo: a experiência da embriaguez é sublime; a experiência de uma representação teatral, mesmo como espectador, é o sublime.

Somos muito pequenos para a dimensão da "lonjura" e da "proximidade" desses deuses. O máximo a que chegamos é ao belo, mas ainda assim sem o componente de *assombro* que permeia a experiência do sublime.

5
A Criança Divina e a Grande Mãe

futuro • criança • espírito • princípios •
agricultura • matéria • mãe • terra

> *Deméter sou, veneranda: sou eu aquela que a máxima Graça e benesse prodigo aos imortais e aos mortais.*
> *Hino homérico II*, a Deméter, v. 268-269.

5.1 A criança arquetípica

Vamos agora iniciar uma reflexão sobre mais um desses pares míticos: a Criança Divina e a Grande Mãe. Diante dessas duas figuras, também estamos visualizando dois arquétipos extremamente importantes para a psicologia e para a compreensão das coisas de modo geral. Queremos mergulhar agora nesse tandem, nessa dupla, bastante complexa. Queremos entender essa relação: a criança que está na mãe, a mãe que está dentro da criança.

Evidentemente, temos de trazer a ideia dos deuses-crianças, dos deuses-meninos, e a ideia de Mãe. Para isso, vamos partir desses dois textos paradigmáticos na psicologia arquetípica desse assunto, muito interessantes, um de James Hillman, "Abandonando a criança"[270] – que leva adiante o famoso texto de C.G. Jung sobre o arquétipo da Criança Divina – e outro de Patricia Berry, sobre a mãe, "Qual é o problema com a mãe"[271].

Vamos convocar algumas figuras míticas: uma divindade que nos faz perceber, de forma particularmente profunda, a meu ver, a psicologia da mãe é, claro, Deméter: Deméter, em si, e em sua relação com a filha, Core. Onde mais encontraremos essa psicologia é no famoso *Hino homérico a Deméter II*, que versa sobre o entrelaçamento dessas duas deusas – mãe e filha. Deméter, no mito grego, é a figura que mais nos entrega uma poética da maternidade e, portanto, uma psicologia da maternidade.

Não quero separá-los, ou seja, falar da mãe e depois falar da criança. Acho que não podemos fazer isso. Mas devemos inicialmente caracterizá-las para sabermos qual é a *ideia* do que é a mãe e a *ideia* do que é a criança. A tarefa é entendermos o tandem, aquilo que entrelaça a mãe e a criança, porque essas são duas figuras míticas.

A criança é, também, um arquétipo. Temos deuses crianças em todas as religiões, em todas as mitologias – em nossa cultura, por exemplo, o menino deus, Jesus menino. A mitologia cristã sob a qual estamos vivendo está bastante fundamentada nesse menino deus.

Esse tema é enorme, gigantesco, recorrente. Em geral, na psicologia arquetípica, somos muito críticos ao arquétipo da mãe ou, como diriam os junguianos, à Grande Mãe, com maiúsculas, que é o modo de grafar único desse arquétipo na literatura junguiana. Não

---

270 HILLMAN, J. *Uniform Edition of the Writings of James Hillman, Mythic Figures*. Op. cit.

271 BERRY, P. *O corpo sutil de Eco*: contribuições para uma psicologia arquetípica. Tradução de Marla Anjos e Gustavo Barcellos. Petrópolis: Vozes, 2014.

por acaso; ela é "grande" mesmo, no seu alcance, no seu efeito, na sua influência. Jung parece nos deixar a impressão de que esse é o arquétipo mais importante com o qual temos de nos haver – o que já é uma observação bastante monoteísta, pois já coloca o tema numa imaginação hierarquizada.

Mas, de qualquer forma, é um arquétipo muito forte, e na nossa cultura ocidental – não sei me referir a outra – ele penetra e penetrou a quase totalidade das áreas da vida, da experiência vivida. Se refletirmos bem, muitas delas estão, em alguma medida, sombreadas, penetradas, ou tonalizadas pelo arquétipo da mãe. É uma força arquetípica muito absorvente. A psicologia não é exceção. E aí inicia-se um importante pensamento crítico, que vem de Hillman, e que nos ajudou, desde os anos de 1970, a enxergar a enorme presença da mãe na psicologia. A mãe e a sua criança: tudo é culpa da mãe – ela absorve praticamente todos os *insights* psicológicos; a mãe explica tudo. Ela está presente tonalizando as psicologias de um modo geral, tudo começa e termina na mãe. A psicologia profunda, a psicanálise, a psicologia analítica, alinham-se fortemente com a mãe; entende-se o adulto pela criança, o homem e a mulher adultos pelas crianças que foram na sua relação com a mãe. A relação com a mãe é inaugural e é a mais importante, a que nos molda, ainda mais que o influxo paterno. Em meu livro, *O irmão: psicologia do arquétipo fraterno*, tenho a pretensão de ter questionado isso. As relações horizontais com irmãos podem ser tão formadoras – a meu ver até mais – e de fato tão instituidoras daquilo que somos quanto a relação com a mãe.

A preocupação com a origem, com a fonte, saber de onde as coisas vêm, é uma preocupação que está na psicologia de forma muito forte como uma explicação para todas as coisas. E não só na psicologia. Está na cultura, também. Normalmente, quando queremos entender alguma coisa, a primeira pergunta é: de onde isso vem? Se tenho um sentimento, ruim ou bom, pergunto: de onde isso vem? Se acontece algo importante na rua, na sociedade, na cultura, o primeiro questionamento que fazemos é: de onde está vindo isso? Essa pergunta é: qual o nome da mãe? quem é que pariu? A presença da mãe é enorme! Está presente no modo como nossa cultura está estruturada; essa parece ser a única pergunta, aquela que para nós explicaria as coisas. Parece ser nosso único caminho de compreensão: entender a origem. Com essa questão, entendemos que a fantasia prevalente que temos para a compreensão das coisas é procurar pela origem. E "origem" é uma fantasia bifurcada: indica tanto o início de algo, quando e onde algo começa, quanto o fundamento de algo, aquilo que lhe dá a base, a sustentação.

Jung foi uma voz que se levantou contra isso, porque o ponto de vista teleológico – o "para quê?" junguiano – que ele trouxe para a psicologia, é uma revolução quântica, retira a preocupação da origem e a coloca no fim, na finalidade. Para onde as coisas estão indo, ou seja, onde elas terminam, onde têm o seu fim, sua finalidade, serve igualmente, talvez mais, para explicar a natureza de algo. Mas isso não está inteiramente absorvido, certamente não na cultura de um modo geral. Aqui podemos detectar uma certa contradição em Jung que, ao mesmo tempo, sugere o arquétipo materno, referente às origens, como o mais importante a ser enfrentado.

Isso tem a ver com o arquétipo da mãe, claro; mas, ouso dizer, talvez tenha a ver com o arquétipo da criança também. Estamos falando de um tandem: não existe uma mãe pura; a criança está na mãe o tempo inteiro. Ela só é mãe porque tem um filho. E a criança só é criança porque tem uma mãe. É um tandem, uma relação imbricada. Não há como ter uma cosia sem a outra. É como querer ter Afrodite sem Ares: em todo amor há um nível de batalha, de guerra, de disputa. Uma coisa está embutida na outra. A mãe está embutida na criança, e a criança, na mãe. Esse deus-menino é o mais importante da nossa cultura. Esse impulso que nos diz que a maneira mais importante de entendermos uma coisa é perguntando sobre sua origem tem, claro, a ver com a mãe, mas também há nisso, quero crer, a criança, pois *origem* é a criança também. Entrelaçamos os dois arquétipos. Origem também está personificada na criança. Embora – e o trabalho de Jung e de Hillman deixam isso muito claro – a criança seja, ao mesmo tempo, a origem e o futuro. Ela é o passado e o futuro. Isso é muito interessante no arquétipo da Criança Divina – essas duas polaridades, esse paradoxo dentro dessa figura: a criança é origem, mas é também o destino, ao mesmo tempo início e fim. A criança é isso. Não é meio. Toda criança é uma imagem de início, mas é uma imagem de futuro, do que virá a ser. Esse é o menino deus – glorioso!

O mitologema do retorno ao lar, embutido nessas preocupações, é uma configuração arquetípica em si mesmo. Ele aparece em sonhos, em nossos processos psicológicos, na arte, na literatura, está no mito, o retorno do filho pródigo. Mas é análogo ao tema da mãe, às mitologias da mãe, pois o tema da casa é a "mãe". É paralelo ao tema do arquétipo da mãe – o retorno ao "lar", à "casa", à "terra natal". É um retorno à terra original, que é um dos símbolos da mãe. Terra é uma ideia que caracteriza o que é Mãe. É aquilo que fixa, onde estamos fixados. Vejo aí um anseio pela mãe.

A mãe e o herói é outro desses tandens análogos: todo herói é o herói da mãe. O herói mais paradigmático no mito grego tem o nome de "perto da glória de Hera": Héracles. O herói se define pela mãe – por adesão ou por oposição a ela.

* * *

Esse tema é muito complexo e amplo. Não temos a pretensão de esgotá-lo. Dentro da nossa psicologia, existem ensaios muito importantes e conhecidos de Jung sobre a Grande Mãe e sobre a criança arquetípica, que estão no volume *Os arquétipos do in-*

consciente coletivo[272]. No campo junguiano, há também o grande trabalho de Erich Neumann sobre o assunto[273]. Depois, o trabalho de Karl Kerényi e James Hillman. Queremos entrar nesse tema para tirar algumas conclusões, mas é um tema de grandes proporções, abordado por esses grandes autores.

Em 1940-1941, Karl Kerényi e C.G. Jung lançaram juntos um livro com o seguinte título: *Essays on a Science of Mythology* [*Ensaios sobre uma ciência da mitologia*][274]. Foi uma grande novidade, e o livro continha ensaios, dois de cada um dos autores, sobre a Criança Divina e sobre Core, a donzela – o mito de Deméter e Perséfone. Tornou-se uma referência. Kerényi tinha um estudo mitológico sobre o arquétipo da Criança Divina, e pediu para Jung fazer um comentário psicológico. A novidade, naquele momento, foi propor essa sugestão de uma "ciência da mitologia". Eles inauguraram, com esse livro, essa forma de olhar para a mitologia como uma ciência. Claro que não é uma ciência de laboratório, de jaleco branco, mas ciência no sentido das humanidades. Encarar a mitologia como algo científico nesse sentido.

* * *

Se somos tocados pelo arquétipo da criança, estamos tocados pelo novo, pelo início, pelo inaugural, pela fonte. A criança tem, do ponto de vista do alcance mítico, dois aspectos: ela é *fundação*, portanto origem, onde alguma coisa começa; e *fundamento*, no sentido de princípios, fundação das culturas, algo que dá a base e a direção.

---

272 JUNG, C.G. "Aspectos psicológicos do arquétipo materno" e "A psicologia do arquétipo da criança". In: *Os arquétipos do inconsciente coletivo* (OC 9, I). Petrópolis: Vozes.

273 NEUMANN, E. *A Grande Mãe* [1955]. São Paulo: Cultrix, 2011.

274 JUNG, C.G. & KERÉNYI, K. *Essays on a Science of Mythology*: the myth of the divine child and the Mysteries of Eleusis. Princeton: Princeton University Press, 1949 [Mythos Series, 1993].

Jung:
> Talvez não seja supérfluo mencionar um preconceito de caráter leigo, que sempre tende a confundir o motivo da criança com a experiência concreta da "criança", como se a criança real fosse o pressuposto causal da existência do motivo da criança. Na realidade psicológica, porém, a representação empírica da "criança" é apenas um meio de expressão (e nem mesmo o único!) para falar de um fato anímico impossível de apreender de outra forma.

Que "fato anímico" é esse? O fato das origens, quando alguma coisa começa, quando algo tem o seu início. O arquétipo da criança tem a ver com a nossa experiência com a criança real, mas só até certo ponto; no nível arquetípico, ele ganha um sentido que vai muito além disso, "é um fato anímico impossível de apreender de outra forma", nos diz Jung. E continua:

> Por este motivo, a representação mitológica da criança não é de forma alguma uma cópia da "criança" empírica, mas um símbolo fácil de ser reconhecido como tal: trata-se de uma Criança Divina, prodigiosa, não precisamente humana, gerada, nascida e criada em circunstâncias totalmente extraordinárias.

A criança arquetípica, divina, que é a apresentação de fatos anímicos bastante complexos, que vão além da experiência com a criança real, normalmente aparece, diz Jung "em circunstâncias totalmente extraordinárias". O mito cristão é coerente com isso. A Criança Divina do mito cristão foi gerada, nascida e criada em condições absolutamente extraordinárias, a começar pelo fato de uma concepção imaculada – uma geração sem um dos pais. É uma partenogênese (nascimento sem concepção), como com Atena, Hefesto.

Quase todos os deuses gregos, pelo menos os Olímpicos, os homéricos, foram crianças divinas nascidas, normalmente, em condições muito extraordinárias; é sua marca. Portanto, seguem essa regra que Jung reconhece. Há um Zeus criança. Há um Dioniso criança, um Apolo criança em Delos, um Eros criança. E há um Hermes criança – talvez seja ele o que tem a mitologia mais complexa e descritiva de um deus criança no mito grego. Este é um primeiro ponto para nossa reflexão. É uma dica psicológica interessante: só é Criança Divina, e assim está dentro desse arquétipo apontando para as coisas que ele aponta, se houver essas características.

E Jung continua:

> Seus feitos são tão maravilhosos ou monstruosos como sua natureza ou constituição corporal. [Pense em Hermes, Hermes criança, a bagunça que ele faz.] É unicamente graças a essas propriedades não empíricas que temos necessidade de falar de um "motivo da criança". Além disso, a "criança" mitológica varia: ora é deus, gigante, ora o Pequeno Polegar, o animal etc., o que aponta para uma causalidade que é tudo menos racional ou concretamente humana[275].

Esta é uma caracterização que está numa nota de rodapé do ensaio de Jung. Trazendo um pouco mais de Jung, em observações que julgo importantes no sentido de caracterizar esse arquétipo:

> O motivo da criança ocorre, não raro, no campo da psicopatologia. A criança imaginária é comum entre mulheres doentes mentais e é, geralmente, interpretada no sentido cristão. *Homunculi* também aparecem, como no famoso caso Schreber, onde se manifestam em bandos e maltratam o doente. Mas a manifestação mais clara e significativa do motivo da criança na terapia das neuroses dá-se no processo da maturação da personalidade, induzido pela análise do inconsciente, que eu denominei processo de individuação. Trata-se aqui de processos pré-conscientes, os quais passam pouco a pouco, sob a forma de fantasias mais ou menos estruturadas, diretamente para a consciência, ou se tornam conscientes a partir dos sonhos ou, finalmente, por meio do método da imaginação ativa. Estes materiais contêm abundantes motivos arquetípicos, entre os quais, frequentemente, o da criança[276].

---

[275] JUNG, C.G. & KERÉNYI, K. *A Criança Divina*: uma introdução à essência da mitologia. Petrópolis: Vozes, 2011, p. 123, nota de rodapé 20.

[276] Ibid., p. 120.

Não é raro observarmos sonhos com criança em pacientes que nos procuram. Procurar uma psicoterapia, ajuda, muitas vezes indica que já está iniciando-se uma virada de jogo, um movimento rumo a uma nova vida, e isso é apontado pela aparição da criança. Não é a criança no sentido do que alguém foi, ou da criança interior, a criança pessoal, a criança que se manifestou em você agora – isso é outra coisa. Isso também faz parte do arquétipo da criança – mas aqui trata-se de seu aspecto numinoso, aponta para o que Jung está falando. Uma nova forma, um novo início, uma nova fonte, uma nova origem e possibilidade. E, portanto, como é origem e possibilidade é, simultaneamente, ainda que paradoxalmente, passado e futuro.

Jung continua:

> Muitas vezes a criança é formada segundo o modelo cristão, porém mais frequentemente ela se desenvolve a partir de níveis antigos não cristãos, ou seja, a partir de animais ctônicos, tais como crocodilos, dragões, serpentes ou macacos. Às vezes, a criança aparece no cálice de uma flor, sai de um ovo dourado ou constitui o ponto central de um mandala. Nos sonhos, apresenta-se como filho ou filha, como menino, jovem ou uma virgem. Ocasionalmente, parece ter origem exótica: chinesa, indiana, de pele escura ou mais cósmica sob as estrelas, ou ainda com a fronte cingida por uma coroa de estrelas, filho do rei ou de uma bruxa com atributos demoníacos. Como um caso especial é extremamente mutável, assumindo todos os tipos de formas possíveis, pedra preciosa, pérola, flor, vaso, ovo dourado, quaternidade, esfera de ouro etc. Pode ser intercambiada com essas imagens e outras semelhantes[277].

Jung, como um fenomenólogo *avant la lettre*, olha para a aparição do arquétipo da criança. O mestre de obras era uma criança. Sobre o caráter futuro do arquétipo:

> Um aspecto fundamental do motivo da criança é seu caráter de futuro. A criança é o futuro em potencial. Por

---

277 Ibid., p. 121.

> isso, a ocorrência do motivo da criança na psicologia do indivíduo significa em regra geral uma antecipação de desenvolvimentos futuros, mesmo que pareça tratar-se à primeira vista de uma configuração retrospectiva. A vida é um fluxo, um fluir para o futuro e não um dique que estanca e faz refluir. Não admira, portanto, que tantas vezes os salvadores míticos são crianças divinas. Isso corresponde exatamente às experiências da psicologia do indivíduo, as quais mostram que a "criança" prepara uma futura transformação da personalidade[278].

Encontramos muitos sonhos com esse sentido, com esta aparição da criança.

Quis trazer estas observações para podermos entender que estamos falando de um arquétipo e, portanto, sua aparição tem conotações muito complexas, que vão além do significado da experiência da criança propriamente dita.

* * *

O texto de Patricia Berry, "Qual é o problema com a mãe?"[279] trabalha com algumas noções de mãe. Estamos aqui para ganharmos mais um pouco de compreensão sobre esse arquétipo da Mãe – que é imenso, e com relação ao qual somos geralmente tão críticos. A própria psicologia arquetípica é necessariamente crítica para denunciar o excesso de maternalidade e maternalismo na psicologia; assim, não nos detemos, pelo menos no âmbito da psicologia arquetípica, para entender, além da reflexão crítica, esse mistério que é a maternidade.

O mito grego nos oferece oportunidades de compreender melhor os diversos aspectos desse arquétipo, os diversos níveis de sua manifestação. Aqui o que Patricia Berry trabalha em seu texto: há pelo menos dois níveis para pensarmos a mãe, que no mito grego nos

---

278 Ibid., p. 126-127.
279 BERRY, P. *O corpo sutil de Eco...* Op. cit.

são apresentados por duas deusas – Gaia e Deméter. É interessante, a princípio, tentarmos distingui-los: aquilo que está apresentado no nível de Gaia, e o que está apresentado no nível de Deméter. Na mítica grega, a primeira apresentação desse mistério, desse nume que é a maternidade, é chamada Gaia.

5.2 Níveis de maternidade: Gaia

Claro, no nível de Gaia, que é anterior, estamos mais próximos da indicação de um princípio cosmogônico. Mais próximos da Terra, em seu sentido original apresentado na *Teogonia* hesiódica: Jaa Torrano, helenista brasileiro que traduziu o poema para o Português, recorre a uma solução bastante eloquente para a versão de um epíteto de Terra, "de todos sede irresvalável sempre"[280]. A Terra é a mãe, a base, fundamento e princípio de toda vida que, dessa forma, não oferece escape, de onde não se resvala nunca, aquilo onde estamos fundados como a "segurança e firmeza inabaláveis, o fundamento inconcluso de tudo"[281]. É uma potente descrição da base/fonte da vida, que podemos ouvir metaforicamente como referindo-se ao arquétipo materno e sua dinâmica em nossa interioridade psicológica. Da mãe nunca se escapa. Como origem, só é base doadora de vida, verdadeira criadora, se oferecer a sede original de onde tudo descende. *Sedes*, em grego, diz assento.

Junito Brandão, no seu *Dicionário Mítico-etimológico da Mitologia Grega*, diz, também fazendo diferenciações, no verbete de Deméter: "Distinta de Geia, a Terra concebida como elemento cosmogônico, Deméter é a divindade da terra cultivada"[282].

O que o mito está querendo dizer? Um princípio cosmogônico está menos personificado, é mais primário, mais primitivo – como o primeiro Eros, que também é tido como um princípio cosmogônico.

---

280 TORRANO, J. "O mundo como função de musas". Op. cit., p. 40.
281 Ibid.
282 BRANDÃO, J.S. *Dicionário Mítico-etimológico da Mitologia Grega*. Op. cit., p. 164.

O mito então está dizendo que há um nível mais inconsciente, mais profundo da existência, um princípio cosmogônico que é da ordem do maternal, ou seja, daquilo que é fonte, sustento, chão, que mantém as coisas como elas são, porque lhes fornece a sua base.

É interessante observar o mito grego em que as figuras vão se diferenciando ao longo do tempo, até chegarem aos deuses olímpicos propriamente, homéricos que, como diz Hillman, são figuras míticas absolutamente personificadas, com uma subjetividade mais nítida, aparente, delimitada. Já os primeiros deuses referem-se mais ao que os mitólogos chamam de "princípios cosmogônicos".

Esse percurso não precisa ser encarado como desenvolvimento, evolução, sequência. Pode ser entendido, a meu ver, como duas faces da mesma coisa. Uma face mais ao fundo, uma face mais à superfície. É como Eros, por exemplo: um princípio cosmogônico, pois nos dá a oportunidade de perceber que há um princípio de ligação que faz com que todas as coisas existam e, em um outro momento, em sua face mais personificada, ele é um menininho alado, um *daimon* terrível, que faz muita gente se ligar apaixonadamente a determinadas coisas ou pessoas.

Então, a maternidade, aquilo que é materno em termos de origem e de base, é também, nessa perspectiva, um princípio cosmogônico. O que isso quer dizer? Um princípio que cria um cosmos, ou seja, não há cosmos que seja criado sem a concorrência desse princípio – assim como tem que ter a concorrência de outros princípios, Eros, Caos. Mas o mito está nos entregando, em minha leitura, a observação do fato de que as coisas se constituem porque há um princípio de base, cosmogônico, que sustenta, e isso é a ordem do *materno*.

Caos é outro desses princípios cosmogônicos, e eles se entrelaçam: Eros, Caos, Terra, Tártaro – a origem de tudo. Percebemos que o mito está nos apresentando esse nível mais cosmogônico, mas isso não quer dizer que Deméter, como a personificação mais nítida, mais subjetivada desse princípio, venha depois. Porque no mito não há cronologia. Há genealogia – pode-se dizer que um deus é filho do outro, mas isso se dá dentro de uma lógica que obedece outras concepções de tempo que não somente a cronológica. O tempo do mito é outro:

> Para a cultura da Época Arcaica, note-se bem, o tempo não flui num único e irreversível sentido, mas cada acontecimento, grande ou pequeno, tem o tempo que qualitativamente lhe é próprio e que a ele se vincula com patente e inextricável solidariedade.
> [...] uma concepção de tempo que se estrutura sobre a concomitância e simultaneidade sem quaisquer indícios da relação de causa e efeito [...] uma concepção de tempo na qual, portanto, tendem a se desfazerem e a perderem o sentido as relações de anterioridade e de posterioridade[283].

Talvez seja um erro, do ponto de vista psicológico, colocar essas etapas necessariamente em sequência, no entendimento de um tempo do tipo linear escoativo-irreversível. Prefiro pensar que são faces das mesmas coisas – algum aspecto de sua manifestação está num determinado nível, e outro está em outro nível – níveis mais aparentes, mais bem-acabados, ou menos bem-acabados (no sentido de serem forças mais primevas ou primitivas). "Cada deus nasce e é num tempo que só tem origem e ser na origem e ser desse deus que o instaura ao instaurar-se em seu ser"[284].

Dessa forma, temos a possibilidade de enxergar Gaia e Deméter como duas faces da maternidade, que nos entregam fenômenos, características e natureza diferentes do mesmo tema. Prefiro considerá-las como coincidentes na experiência. Não é que uma vem depois de outra. A própria questão da filiação na mitologia, a meu ver, não precisa ser entendida de modo linear, como entenderíamos dentro de uma perspectiva racional, egoica, cronológica. Filiação quer dizer que uma coisa está *dentro* da outra. De acordo com o que

---

283 TORRANO, J. "O mundo como função de musas". Op. cit., p. 56.
284 Ibid., p. 85.

está exposto na *Teogonia* hesiódica, Jaa Torrano explicita que "a descendência é sempre uma explicitação do ser próprio e profundo da divindade genitora: o ser próprio dos pais se explicita e torna-se manifesto na natureza e atividade dos filhos", pois "as conexões genealógicas... embora pareçam implicar a sucessão de pai a filho, não impõem às fases cósmicas nenhuma relação de sucessividade, porque os filhos já estão (implícitos) nos pais assim como os pais estão (explícitos) nos filhos"[285]. No tempo do mito, os subsequentes geram os antecedentes.

Tento compreender essas observações psicologicamente, por meio do que aprendo com Hillman e Jung: filiação é quando uma coisa sai da outra, e se uma coisa sai da outra é porque ela já está dentro da outra. É como se houvesse uma camada de Gaia e uma camada de Deméter; como círculos concêntricos em expansão. Colocar o mito grego numa linearidade de tempo cronológico, num encaixe sequencial e causal, me parece ir contra a lógica do mito, a mito-lógica que, evidentemente, é muito diferente da nossa habitual. Filiação, para nós, numa lógica cartesiana, racional, é algo que está dentro do tempo sequencial: algo é sucedâneo a outro – o antes e o depois.

Gaia e Deméter são instâncias, atributos do mundo. Assim como Urano, Cronos e Zeus são simultâneos, embora um tenha sido filho do outro, ou seja, um saiu do outro; não é porque há um filho que o pai deixa de ser um aspecto essencial e fenomenológico do mundo. Na hora em que o filho destrona o pai, o pai continua presente. O mito continua a falar de Urano e de Cronos depois, no reinado de Zeus[286].

---

285 Ibid., p. 57-58.
286 Relembrando, há três fases, ou três linhagens, na mítica grega: o reinado do Céu (Urano), o de Cronos e finalmente o de Zeus. Caracterizar cada uma dessas fases, que "não se dispõem numa sucessão propriamente cronológica, embora também não sejam simultâneas", não está no escopo dessa nossa exposição. Para um melhor entendimento, refiro o leitor ao capítulo "Três fases e três linhagens", de Jaa Torrano, que está no estudo introdutório à sua tradução da *Teogonia* de

Eles não desaparecem. Assim como temos dois momentos de Eros, por exemplo, ou de Hermes – o Hermes criança e o Hermes adulto. Mas quando há o Hermes adulto, não é que o Hermes criança ficou para trás. Ele está lá pronto para aparecer a qualquer momento. Em nossa vida funcionamos assim. Vivemos sempre a fantasia de superação – já passou! Mas continuamos sempre nos relacionando com os aspectos que foram "destronados", nossos dramas passados. Eles continuam conosco, e continuam como "destronados". Não desaparecem.

    O mito é como um sonho, não há o que aconteceu antes e depois. Para narrarmos um sonho, dizemos: "Entrei no carro. Dirigi até o mar. Saí do carro e entrei na água". Até parece que foi assim. Mas os arquetípicos – Patricia Berry, James Hillman, López-Pedraza e tantos outros –, em seus ensaios sobre imagens[287], insistem muito que o sonho é uma imagem única, como um quadro que está na parede. A simultaneidade da imagem. O sonho é uma imagem única, tudo está acontecendo ao mesmo tempo agora, e há um encaixe entre o que está acontecendo que não é causal. Da forma como nossa consciência está estruturada, temos a necessidade de colocar as coisas numa linearidade cronológica – primeiro entrei no carro e depois dirigi até o mar –, mas entrar no carro e dirigir até o mar, dentro da lógica onírica, é uma coisa só, uma única ação.

    O mito parece obedecer uma lógica bastante semelhante, pois, afinal, sonho e mito são oriundos da mesma fonte. Então compartilham da mesma lógica. Se a indicação é olhar para os sonhos dessa forma, podemos transportar essa perspectiva muito facilmente para o mito.

    Quando falamos de Gaia e Deméter, estamos falando de dois níveis do mesmo fenômeno, que são concomitantes ou coeternos,

---

Hesíodo: "O mundo como função de musas" (cf. HESÍODO. *Teogonia*: a origem dos deuses. Op. cit.).

287 Cf. HILLMAN, J. *Uma investigação sobre a imagem*. Tradução de Gustavo Barcellos. Petrópolis: Vozes, 2018. • BERRY, P. "Uma abordagem ao sonho". In: BERRY, P. *O corpo sutil de Eco...* Op. cit.

assim como com Hebe e Hera, Core e Perséfone. De Gaia a Deméter, no entanto, temos o percurso em que Terra, a base de toda vida física, sede irresvalável, torna-se Mãe, a frutífera, multinutriz: Terra vira Mãe-Terra. Embora Gaia seja uma terra-mãe, ela não é uma mãe-terra.

Se eu fosse descrever uma pintura, por exemplo, posso falar primeiro de um rio, depois de um bosque, e assim por diante. Mas o quadro é tudo isso ao mesmo tempo. Ao descrever aquele quadro, dizemos: havia um rio com águas tranquilas que passava num bosque e havia uma montanha atrás e o céu estava meio nublado – isso é uma história, uma narrativa de tempo linear. Mas o mito não é uma narrativa nesse sentido, mas uma narrativa num sentido muito diferente, não linear, numa outra lógica, e aí está o "pulo do gato": se entendermos essa lógica do mito fica mais fácil entendermos a lógica da psique, o modo do funcionamento da psique. Essa é a importância de fazermos esse exercício.

Estamos tentando nos aproximar da lógica do mito. Quando Jung afirma que a psique é mitológica, o que ele quer dizer com isso? Não quer dizer uma coisa simples do tipo: "somos feitos de historinhas". Não é só isso, nem principalmente isso. Jung está falando que somos feitos da matéria dos mitos. Essa é a lógica da alma, uma lógica tão estranha, tão diferente, tão afastada da racionalidade de um ego consciente e coerente – pelo menos da maneira como a consciência está estruturada para nós no Ocidente contemporâneo. Mas esse é um exercício absolutamente fundamental, e o mito nos entrega esse exercício. A alquimia também nos entrega esse exercício, porque segue o mesmo padrão lógico dos sonhos, da poesia, do mito, dos contos de fada. Grande parte do trabalho de Jung e de Hillman, especialmente com a mitologia e a alquimia, é buscar a compreensão dessa lógica, porque nessa compreensão está a compreensão daquilo que chamamos de alma.

* * *

Nosso assunto é a mãe, tentar entender esse mistério que é a maternidade, por mais que tenhamos algum preconceito com relação a ele. Mas vamos tentar afastar esse preconceito para entender esse mistério – até porque ao entendê-lo melhor nos protegemos dele, já que é uma força, realmente, muito poderosa. O mito grego está nos entregando essa concepção de dois níveis – num determinado nível, a maternidade, a maternagem, a geração da vida, o fundamento, a base, essa origem das coisas tem a ver com um princípio cosmogônico. Isso quer dizer, em termos mais simples, que nada se forma sem esse princípio, se não houver uma base muito bem colocada – nada passa, nada resvala dele. Patricia Berry, em seu texto, mostra-nos isso de forma muito nítida: ela está diferenciando o princípio Gaia e o princípio Deméter: "Gaia, Terra: a primeira forma, o primeiro princípio, alguma coisa, um dado"[288]. Ora, o que é "a primeira forma, o primeiro princípio"? É o que os mitólogos chamam de "princípio cosmogônico" – porque é o princípio que gera um cosmos, que cria alguma coisa a partir do caos. Mas, de novo, isso é bastante complexo, pois o caos não vai embora, o caos pertence à ordem, como a ordem pertence ao caos. Ouvindo esses enunciados do mito temos a possibilidade de compreensões de realidades psicológicas.

Dos dois níveis em que a mãe deve ser considerada, o primeiro é esse que Berry chama de "um substrato universal" – a mesma coisa que dizer "um princípio cosmogônico". Ela liga, como os mitólogos também o fazem, a questão desse nível do princípio cosmogônico da mãe com a matéria. Esse é o campo semântico, simbólico e fenomenológico onde estamos aportando com esse tema: mãe, *mater*, matéria, terra. E, num primeiro momento, essa terra é justamente, como diz Berry, "o mais concreto, tangível, visível e corpóreo"[289].

---

288 BERRY, P. "Qual é o problema com a mãe?" In: BERRY, P. *O corpo sutil de Eco...* Op. cit., p. 10.
289 Ibid., p. 11.

263

Isso é Gaia, como uma terra primordial. Berry fala de alguns de seus atributos: "Outro atributo da mãe Gaia é a imobilidade. Gaia tornava as coisas fixas. A mãe/matéria enquanto inerte torna-se agora a mãe que assenta, estabiliza, liga"[290]. Irresvalável. Esse é o primeiro nível da maternidade. Diferente do nível de Deméter, que é o nível da nutrição, da alimentação.

Mas, para entendermos bem esse nível da maternidade – aquilo que assenta, estabiliza, dá a base –, é preciso entender então que é impossível fazer qualquer coisa sem esse princípio. É impossível que qualquer coisa que nasça possa se estabelecer; a criança precisa da mãe, nesse sentido primeiro, cosmogônico – a fundação. Na psicologia, podemos pensar sobre isso concretamente na experiência de mães com filhos, mas pense nisso também metaforicamente: qualquer coisa que você gere necessita desse princípio cosmogônico, do contrário não sai do caos, não vira forma – uma ideia, um planto, um projeto, uma profissão, uma ação no mundo, qualquer coisa que seja a criança do momento, o novo, o que nasce. Berry fala de "matriz sustentadora".

5.3 Deméter: a metáfora-cereal

Junito Brandão fala de Gaia, relembremos agora, como o elemento concebido como princípio cosmogônico e Deméter como a divindade da terra cultivada. São os dois níveis: se um é a terra como base, o outro é o que posso fazer com essa terra, ou seja, cultivá-la.

Deméter é a face mais personificada dessa força que é o materno. Walter Otto: "Deméter: nome assinalado de maneira inolvidável pela maternidade"[291]. Portanto, a deusa tem a ver diretamente com maternidade. Outra indicação, de Junito Brandão: "Tanto no mito quanto no culto, Deméter está indissoluvelmente ligada a sua filha

---

290 Ibid., p. 17.
291 OTTO, W. *Os deuses da Grécia*. Op. cit., p. 137.

Core, formando uma dupla quase sempre denominada *Duas Deusas*"[292]. Ela é a mãe.

É a mãe: a mãe de uma filha, com toda a problemática de perder essa filha, e de querer reaver a filha. O sofrimento de Deméter é aquele de perder uma filha. Então, o que define Deméter é a *maternidade*, nessa que é a história mítica da relação de Deméter com Core/Perséfone. Mas ela é a Mãe – antes disso ou ao mesmo tempo – no sentido de ser a deusa da agricultura, ou seja, a deusa do cereal. Ela é a maternidade que alimenta. No mito grego, num nível mais diferenciado da ideia de maternidade, ela é *aquilo que alimenta* – vejam isso como uma metáfora, o cereal como uma metáfora.

Contudo, um aspecto importante dessas deusas mães está indicado por Patricia Berry, e quero mencioná-lo aqui já para sombrearmos um pouco a extrema vitalidade desse arquétipo e nossa reflexão sobre ele, no sentido de não entendê-lo unilateralmente:

> Precisamos perceber que a Terra Gaia está tão em casa com os mortos e o mundo das trevas quanto está junto às aparentemente mais vitais atividades da agricultura e da vegetação. Para ela não há uma real contradição entre vida e morte, mundo diurno e mundo das trevas[293].

Então, a Mãe participa do mundo dos vivos e do mundo dos mortos, simultaneamente. E, no caso de Deméter, não só pela filha; claro, sua filha Core/Perséfone é um desdobramento seu, que participa do mundo das trevas, da morte. Mas não é só por isso que ela também participa da morte. Recordemos que, quando ela perde a filha, fica muito irada – e o mito não fala em depressão, o mito fala em *ira*. Ela fica furiosa! Sim, é verdade que depois ela entristece, vai para seu templo, que havia mandado erigir em Elêusis, e por um tempo se esconde lá "meio deprimida", Mãe Dolorosa – mas, na verdade,

---

292 BRANDÃO, J.S. *Dicionário Mítico-etimológico da Mitologia Grega*. Op. cit., p. 165.
293 BERRY, P. "Qual é o problema com a mãe?" Op. cit., p. 16-17, nota de rodapé 5.

não se trata de depressão, mas de luto[294]. No *Hino homérico*, toda a descrição de seu estado emocional posterior a ela perceber que perdeu a filha para a morte – pois a filha *morre*, sofre um rapto da morte – é de ira. A emoção é de raiva, e essa emoção faz com que ela tenha uma ação no mundo semelhante a de seu irmão Hades, o Senhor do Reino dos Mortos: porque ela provoca a morte interrompendo a fertilidade da terra. Então ela é "uma" Hades! Afeta homens e deuses. Tudo aquilo que está em sua esfera, que é alimentar os homens, ela interrompe. E isso afeta os deuses também – "No hino mesmo se mostra que os deuses são beneficiários (e dependentes) das dádivas dessa indispensável provedora: quando ela se afasta e retira seus dons, os imortais ficam privados de sacrifícios, das oferendas com que os homens os honram"[295]. Então, vira uma antimãe, ou vira uma face da morte, uma face de Hades. Ela faz com que a terra torne-se infértil e não possa mais oferecer alimento: é a morte.

Detalhe: trata-se de uma mesma família, e há naturalmente algo de muito "incestuoso" no mito. Se pensarmos bem, Core é filha de Deméter com Zeus, que é seu irmão. Quem entrega a filha para Hades é Zeus. Hades é irmão também. É o pai entregando a filha para um tio, que é uma filha sua com outra irmã. Se uma pessoa entrasse e dissesse isso no consultório... – imaginem Deméter procurando um psicoterapeuta, porque está muito irada e um pouco deprimida, dizendo: "Doutor, eu tive uma filha com o meu irmão, e ele a entregou para o próprio tio em casamento, pois ele estava vivendo muito sozinho, e agora eu a perdi e sinto saudades, pois

---

294 Patricia Berry defende que o humor primordial de Deméter é a depressão, pois enxerga em seu comportamento "muitos atributos classicamente psiquiátricos: ela para de se banhar, oculta sua beleza, nega o futuro (suas possibilidades de renovação e produção), regride para uma forma de serviçal aquém de suas possibilidades (ou vê suas tarefas como subalternas), torna-se narcisista e autocentrada, vê (e, de fato, engendra) catástrofe em todo o mundo, e chora incessantemente" (BERRY, P. "A neurose e o rapto de Deméter/Perséfone". In: *O corpo sutil de Eco...* Op. cit., p. 38).
295 SERRA, O. "Breve estudo: Hermes e a tartaruga". Op. cit., p. 188.

somos muito ligadas e não posso viver sem ela!" Também não deixa de haver pedofilia, pois se trata de uma menina, uma *koré*. Acho que cada um de nós ficaria muito horrorizado. O mito grego tem essas coisas, é uma família só.

Enfim Deméter, em sua ira, se comporta como Hades, como a morte. Eles estão unidos. Deméter é deusa da vida, deusa do grão, do cereal, aquela que ensina os humanos a se alimentar – o princípio da alimentação, digamos assim, pois ela "inventa" a nutrição – portanto apresenta-se como uma deusa da vida, e não deixa de sê-lo, claro, mas onde há vida, há morte. Esse é um ensinamento desse mito. Deméter e Hades estão em união sinistra: Senhora dos Vivos, Senhor dos Mortos.

Deméter aparece como uma deusa da morte, pois tem a força de banir os grãos da terra, de interromper a agricultura e assim reverter a ordem natural, tornando a terra infértil. Mas ela é ainda uma deusa da morte sob outro aspecto, pois o grão tem de morrer duas vezes para virar alimento, coisa que alguns mitólogos apontam: o grão morre primeiro na terra, mas, para ser alimento, tem ainda que morrer de novo no fogo. Ninguém come o grão cru, ele tem de passar pelo fogo, tem de ser cozido – e ali morre outra vez. Então a deusa da vida é simultaneamente a deusa da morte. Ou seja, a maternidade tem um aspecto paradoxal, duplo, ambíguo: vida e morte ao mesmo tempo.

Olhar a mãe é enxergar esse paradoxo: ela é aquela que dá a vida e aquela que tira a vida, aquela que mata. Isso é simultâneo. O mito está nos entregando essa verdade na história de Deméter e Core/Perséfone.

* * *

Contudo, os mitos deixam muito claro a ideia de que Deméter tem a ver principalmente com maternidade. Kerényi pergunta sempre qual a "ideia" daquilo que apareceu para os gregos antigos como um determinado deus: Qual a "ideia" Hermes? Qual a "ideia" Deméter? O que apareceu aos gregos como Deméter? A ideia da maternidade, *méter panton*, mãe de tudo: "O núcleo da ideia demeteriana tem *grão e maternidade* como seu revestimento e seu disfarce"[296]. "Vicejante", "Viçosa", "Frútil", "Pomífera", "De Belo Florescer", "Dadivosa" – esses são alguns dos epítetos mais conhecidos de Deméter multinutriz.

Ordep Serra, tradutor do *Hino homérico a Deméter II*, num ensaio que acompanha sua tradução, diz: "A maternidade é um traço essencial de Deméter. Os mitos e ritos que lhe correspondem acentuam de modo ineludível esta sua característica definitiva. [...] O termo *méter* compõe seu nome: diz-se que Deméter é Mãe"[297]. A deusa mãe. *Magna Mater*.

Se queremos entender a mãe e o filho, o filho e a mãe, todo esse enlace da maternidade e da criança, temos de ir a Deméter. Claro, há outros mitos em outras mitologias que dão conta desse mistério, mas dentro da mítica grega é ela que nos apresenta, de forma mais nítida, mais clara, todos os paradoxos, as contradições e a profundidade do que vem a ser a maternidade.

Claro que vamos também encontrar Gaia no consultório – porque é um princípio cosmogônico. Podemos encontrar inclusive a *ausência* de Gaia, naquela pessoa que não consegue assentar ou criar as condições para que alguma coisa se crie em sua vida. Talvez isso seja uma ausência de Gaia. Essa pessoa não consegue "maternar" uma coisa num plano muito primitivo. Antes de alimentar o bebê, é preciso gerar o bebê. Gaia é essa geração. Agora, uma vez gerado, a maternidade tem de mostrar a outra face – a face da nutrição, da alimentação, do sustento, do crescimento. Então é preciso alimentar,

---

[296] KERÉNYI, K. "Kore". In: JUNG, C.G. & KERÉNYI, K. *Essays on a Science of Mythology...* Op. cit., 1993, p. 115.

[297] SERRA, O. "Prelúdio". In: HOMERO. *Hino homérico a Deméter II*. Tradução, introdução e notas de Ordep Serra, São Paulo: Odysseus, 2009, p. 60.

nutrir, proteger. Bem, novamente escutemos isso tudo como uma metáfora para diversos processos criativos, não estamos falando apenas da questão literal de mãe e filhos.

Berry: "No entanto, não devemos nos esquecer do outro lado da natureza da mãe, sua existência arquetípica enquanto falta, ausência e privação. [...] Em outras palavras, o que assumimos como o mais real, por exemplo, nossa mãe, é ao mesmo tempo o que nos dá uma sensação de insegurança"[298]. Ou seja, trata-se de um arquétipo, como tantos outros – mas talvez de forma ainda mais dramática – muito ambíguo, muito paradoxal: vida e morte. Pensando naquela pessoa insegura, que não cresce, isso se dá exatamente por não compreender, não aceitar essa realidade e querer, de novo, se agarrar ao peito da mãe; querer entender a mãe só como doadora de vida. Pois ela doa a vida e doa a morte, ao mesmo tempo. Ficar com só metade da história, isso não se sustenta.

Apesar de haver essa ambivalência, tanto da vida quanto da morte na própria mãe, poderíamos nos perguntar se o arquétipo materno em si não puxa para o lado da vida mais do que para o lado da morte. Digo que não sei, porque a vida depende da morte. Só se o grão morrer é que posso ter a vida que ele me dá. Essas coisas são indissociáveis, estão misteriosamente ligadas. É como uma condição.

Gaia e Deméter estão juntas o tempo inteiro, ao mesmo tempo. É nisso que estou insistindo: são dois níveis da mesma coisa. O filho da mãe precisa constelar Gaia, precisa primeiro aterrar, para poder deixar de ser filho da mãe. Até para se separar da mãe, precisamos da mãe. Mas essa questão de se separar da mãe, na verdade acho que não existe. A questão psicológica talvez não seja tanto se separar da mãe, como querem tantas psicologias, porque, se me separo da mãe, o que isso significa? Literalmente, significa não estar mais ligado a esse arquétipo, então não realizo nada, não nutro nada, não gesto, não

---

298 SERRA, O. "Breve estudo: Hermes e a tartaruga". Op. cit., p. 20.

faço alguma coisa crescer e se desenvolver. Talvez isso seja válido do ponto de vista literal – claro que, em algum momento, devo me afastar da minha mãe histórica, pessoal, não posso ficar na barra de sua saia, não posso deixar que ela faça o serviço que tenho eu que fazer. Tenho que viver essa relação de outra forma, interiorizá-la.

Talvez o próprio mito já diga alguma coisa sobre isso. Quando Perséfone sobe, quando retorna à luz (seu *ánodos*), acompanhada em cortejo pelas Horas, pelas Cárites e pelas Moiras, ela volta diferente. Ocorreu uma transformação. Nesse momento já são duas rainhas, duas mulheres adultas conversando. Ela deixa de ser Core, a donzela. Ela não é apenas uma filha. É a filha, mas é a mulher também.

E aqui, na verdade, há uma "pegadinha" de Hades, uma "manobra", como preferem os tradutores desse verso do hino: "Ele, porém, de melíflua/Romã lhe deu a comer um grão, sub-reptício,/A manobrar assim para que ela não ficasse/Pra sempre com sua mãe, Deméter do peplo escuro"[299]. Aqui há um aspecto muito importante: ela fica sem comer nada o tempo todo, mas, na subida, ela come o que ele lhe oferece. Comer algo no Mundo das Trevas, sabemos, significa não mais poder sair de lá definitivamente, ligar-se ao mundo dos mortos de forma indissolúvel. Contudo, para o mundo grego antigo, "aceitando alimento do varão que a levou consigo para sua casa, uma mulher grega (ou romana) cumpria um rito cujo efeito era ligá-la definitivamente ao esposo"[300]. É então o jeito que Hades dá para amarrar a esposa, para não perder tudo. Trata-se de um *logro* de Hades, lembre-se, feito na presença de Hermes, que havia sido enviado por Zeus para o resgate da moça. Aidoneus, o Multinominado, está ameaçado de perder tudo, pois nesse momento há uma reversão do que foi estabelecido. Fica deflagrada então, segundo os mitólogos, uma "crise cósmica". Vejamos.

---

299 HOMERO. *Hino homérico a Deméter II*. Op. cit., versos 371-374, 2009, p. 129.
300 SERRA, O. "Breve estudo: Hermes e a tartaruga". Op. cit., p.198.

Por que uma "crise cósmica"? Porque Zeus tem de voltar atrás em suas determinações, e isso é inédito: ele tinha acordado que a menina iria com o tio. E Zeus, lembrem-se, é aquele que proporciona a ordem e a autoridade – a ideia de um cosmos ordenado vem de Zeus, faz parte da "ideia" Zeus[301]. Zeus é respeitado e obedecido por todas as figuras míticas, não porque ele é experimentado como uma "autoridade" do modo como nós respeitamos uma autoridade num ambiente monoteísta; ele não é respeitado literalmente como uma espécie de chefe ou patrão; não se trata exatamente de uma reverência ou mesmo medo de uma autoridade regente, que manda e diz como as coisas devem ser de acordo com seu pensamento e sua vontade – ainda que esses elementos estejam presentes. Num ambiente politeísta, o respeito por Zeus dá-se em função de ele ser aquele que "arranja" o cosmos, que carrega a própria ideia de cosmos como seu atributo. Desrespeitá-lo, não obedecê-lo ou, como aqui, fazê-lo voltar atrás numa decisão, significa mexer com a ordem do cosmos, o que prejudica a tudo e a todos. Isso se refere à supremacia de Zeus: "qualquer coisa que a perturbe resulta em subversão do cosmos, em ameaça ao mundo por ele ordenado"[302].

Então a ordem era essa: a menina ir com o tio! Bem, mas a irmã, Deméter, mãe da menina, impõe uma tal pressão – causando uma revolução com sua ira – que instaura uma crise cósmica. Um mal-estar para todos, homens e deuses. Primeiro ela deixa o convívio com os deuses – sai do Olimpo e vem para a terra, viver entre os humanos. Assim, ela quebra um protocolo: "...seu irado luto, que vai revelar-se terrível, afasta-a perigosamente da assembleia dos deuses. O pacto olímpico está rompido, o cosmos de Zeus já sofre

---

[301] "A religião grega, em sua forma clássica, é a religião da ordem do mundo estabelecida por Zeus, como relata Hesíodo" (KERÉNYI, K. "The Primordial Child in Primordial Times". In: JUNG, C.G. & KERÉNYI, K. *Essays on a Science of Mythology...* Op. cit.,, p. 65).

[302] SERRA, O. *Cantando Afrodite...* Op. cit., p. 102.

uma ruptura"[303]. E depois ela arrasa com a terra, determinando a escassez que gera a falta de alimento e de oferendas, mexendo com tudo. Percebam a força desse arquétipo. A ira de Deméter instaura uma crise cosmológica, pois altera a ordem das coisas, rompe o equilíbrio existente, impõe uma reversão do jogo. Mexe com toda a ordem cosmológica: Zeus tem que voltar atrás, recuar, devolver a menina à mãe, e Hades tem que dar um jeito para não perder totalmente a esposa. As coisas mudam, e quem muda a ordem do cosmo é a mãe, é Deméter! Ela é a única deusa que tem a força de instaurar uma tal crise. E isso tudo por conta do vínculo com a filha, por causa da maternidade. Portanto, isso serve para compreendermos a dimensão do nível materno na nossa cultura e nos nossos pobres seres. Talvez a única coisa que realmente possa operar uma crise dessas proporções dentro de nós, e em nossas vidas, seja a mãe:

> Seu protesto é tremendo. Se na primeira reação à perda dolorosa ela parou de alimentar-se com néctar e ambrosia, manteve rigoroso jejum, quebrado apenas com a instauração de um preceito seu, agora ela impõe privação a homens e deuses. [...] O retiro sinistro, a furiosa greve da Mãe irada produz uma crise cósmica. A hierarquia divina é contestada: o Supremo vê-se obrigado a voltar atrás em sua deliberação, baseada em acordo com o poderoso Senhor dos Mortos – um trato feito por dois membros da trindade máxima, com apoio da Terra onigênere[304].

Não é à toa que este é o único arquétipo que acabamos chamando espontaneamente de "Grande": a Grande Mãe. Não há o Grande *puer*, o Grande Pai, o Grande Velho Sábio, a Grande Anima. E esse "grande", em inglês, é *great* (*the Great Mother*) – *great* é mais que grande (*grand*), é grande no sentido de importantíssimo, de imponente, de magno. É superlativo.

---

303 Ibid., p. 236.
304 Ibid., 255-256.

A crise de Deméter é algo que inclui todo o cosmos: ela consegue puxar para a sua dor o Céu, o Olimpo, a Terra, o Mundo das Trevas, o Hades; os homens, os mortos e os deuses. Os três níveis da existência. Isso é muito poderoso. Que deus fez isso? Não há, na mítica dos gregos antigos, relato de coisa semelhante.

Agora, vamos ouvir isso no plano psicológico – é uma força que tem a capacidade de mexer com os três níveis ontológicos da existência: céu, terra e inferno, ao mesmo tempo. Envolve esses três níveis numa crise única. E isso tudo por causa da maternidade. A maternidade mexe com tudo. Isso tudo ocorre porque ela perdeu a filha. É uma morte, ela é mãe de uma filha morta, pois Hades, para quem ela a perde, é a morte.

* * *

O *Hino homérico* conta essa história do mito de Deméter e Perséfone, que não está na *Ilíada*, nem na *Odisseia*. A *Teogonia* hesiódica apenas a menciona. Os *Hinos homéricos* são poemas, uns mais longos, outros mais curtos, que fazem invocações dos deuses: poemas encantatórios para propiciar o deus, para fazer o deus baixar, para chamar aquela energia. São teofânicos, e são muito bonitos.

Um pouco mais da descrição de Deméter por Ordep Serra: "[...] uma divindade telúrica e maternal, essencialmente feminina. [...] Mulher magnífica, Mãe dedicada, fértil, nutrícia, misteriosa... Assim era a deusa chamada também Ctônia, ligada ao solo e suas profundezas"[305]. Aqui, uma curiosidade com relação a ela ser referida como uma divindade *feminina* – Aristóteles (*De gen. anim.* P. 716a), citado por Serra numa nota de rodapé em seu ensaio, faz uma diferenciação que nos interessa do ponto de vista psicológico: "Masculino denominamos nós o vivente que gera em outro; femi-

---

305 Ibid., p. 62-63.

nino o que gera em si mesmo"[306]. Como Ceres/Deméter é o próprio grão, e é a própria terra, gerando em si mesma, então isso faz com que o mitólogo diga que Deméter é uma "divindade essencialmente feminina" – nesse sentido aristotélico. Sinto que é uma definição que nos ajuda muito a caracterizar tudo que é feminino e o que é masculino em nós, e em nossos processos psicológicos.

Os interesses próprios da deusa, segundo Serra, o atestam: "a fecundação e o nascimento, o renovo dos brotos que despontam do chão, os frutos das eiras (e dos úteros)"[307]. Ela é essa geração! "Aqueles que a adoravam viam em Deméter uma fecunda mãe divina, *Magna Mater* profundamente ligada à Terra e, sim, cerealífera: numerosos documentos a dizem responsável pela geração dos cereais, matriz venerável dos grãos que nutrem os homens"[308]. Portanto, ela é o nume[309] que "cria" o cereal, deusa "instituidora do regime alimentar humano"[310]. Poderosíssima: o cereal nutre os homens; é a comida por excelência; faz o pão, o alimento arquetípico. No *Hino homérico a Deméter II*, os humanos são descritos como "a raça dos comedores de pão". Portanto, ela define o humano; a mãe é uma definidora. Dentre os cereais, ela é a "inventora do trigo" – o cereal por excelência, pois é o cereal com o qual se faz o pão – "o pão nosso de cada dia" – o alimento arquetípico, primordial, o protoalimento: farinha de trigo e água, é universal. É, também, o alimento civilizatório[311]. Deméter é uma deusa civilizatória, na medida em que ela traz a possibilidade de cultivar o grão e, com o grão, fazer o pão.

---

306 Ibid., p. 62, nota de rodapé 40.

307 Ibid., p. 63.

308 Ibid., p. 62.

309 O vocábulo *nume*, ou *númen*, refere-se a um ser divino, uma deidade mitológica e sua inspiração.

310 SERRA, O. *Cantando Afrodite...* Op. cit., p. 252.

311 A arte do cultivo agrícola correspondia, para os gregos, "à conquista da cultura, ou seja, à plena humanização do homem" (SERRA, O. *Cantando Afrodite...* Op. cit., p. 75). "[...] os cereais, alimento especificamente humano, que implica o trabalho

Dessa forma, Deméter é o nume em nossa vida vegetativa, tudo aquilo que em nós acontece num plano psíquico vegetativo, que cresce em nós e aponta sempre para a renovação periódica, e que se dá por ciclos naturais que retornam sempre como o tempo circular das estações.

Assim podemos compreender que o pensamento mítico grego, ao menos nas configurações que chegaram até nós, alinha o mistério da maternidade, da nutrição e do crescimento a uma fantasia essencialmente agricultural, ao grão que é cultivado e nasce da terra, como o alimento da vida por excelência. Mãe é mãe-terra, fundada na fantasia da semente e ligada à imaginação do elemento *terra*. O mito grego pensa a base nutriz da vida coincidente com o solo, a terra cultivada e, portanto, dentro do enlace linguístico existente entre *mater*, mãe e matéria. *Magna Mater*. Em nosso mundo monoteísta, e via de regra, as fantasias com as quais compreendemos e penetramos no mistério nutridor e materno, ao contrário, estão alinhadas às imagens do úbere, do leite e da amamentação, fantasias mamíferas, fundamentalmente ligadas à imaginação do elemento *água*. *Madonna*. O contraste pode ser apreciado na medida em que a mãe-base no mundo grego precisa que a terra seja cultivada para dela ser extraído o grão doador de vida, enquanto que a teta, na vaca ou na mãe, está pronta e disponível para verter o leite que amamenta, que também já está pronto. A primeira fantasia está no plano vegetal, a segunda, no plano animal. Psicologicamente, a diferença é imensa.

* * *

Os deuses não são ensinamentos. Os deuses não nos ensinam nada. Eles não são professores. Eles são a *apresentação* de mistérios.

---

agrícola, representam aos olhos dos gregos o modelo das plantas cultivadas que simbolizam, em contraste com uma existência selvagem, a vida civilizada" (VERNANT, J.-P. *Mito e religião na Grécia antiga*. Op. cit., p. 65).

Cabe a nós compreendê-los. Eles são as realidades arquetípicas que apresentam. São o que são. E somos afetados pelo que eles são. São fundamentalmente incompreensíveis, são *numes* – luzes, poderes. Kerényi nos diz: "O destino de Deméter é o destino do grão"[312]. O destino de Deméter e o destino do grão são o mesmo. Deméter e grão são a mesma coisa. Deméter, nutrição, alimentação, maternidade, nesse nível, são a mesma coisa. Ela é esta epifania.

O grão é um presente (a presença) de Deméter, não seu atributo. *É* seu próprio mistério. É a própria deusa. Como com Héstia – a lareira não é um atributo seu, *é* Héstia. Afrodite não ensina o amor aos homens; ela é o gozo, a realidade do amor. Deméter não ensina o cultivo da terra e o que fazer com os grãos; ela é o grão e a fertilidade nutridora maternal. O fato de não estarem nos ensinando não quer dizer, contudo, que não possamos aprender com eles. O grão é um presente de Deméter, o amor é um presente de Afrodite e de Eros, a ordem é um presente de Zeus, e esses presentes são mistérios. No mistério do grão está o mistério da maternidade. E mistérios são para serem vividos, não explicados ou ensinados. Isso é a essência do paganismo.

Serra:
> Seja como for, é inegável a ligação de Perséfone e Deméter com o trigo, os cereais, os frutos da terra de que vivem os homens. Este alimento, esse dom vital que caracteriza o regime propriamente humano, assinalado pela arte do cultivo, [...] exsurge da terra que abriga os mortos – e seu consumo caracteriza a condição dos mortais[313].

O pão vem do lugar onde estão os mortos, para manter a vida. Observem como vida e morte estão presentes nas constelações dessas deusas, Deméter e Perséfone, o tempo todo.

---

312 KERÉNYI, K. "Kore". In: JUNG, C.G. & KERÉNYI, K. *Essays on a Science of Mythology...* Op. cit., p. 114.

313 SERRA, O. *Cantando Afrodite...* Op. cit., p. 102, p. 75.

Já que mencionamos Perséfone, uma nota sobre o rapto, e o que ele tem a ver com maternidade: o rapto é um arrebato, é um arrebatamento. No caso de Perséfone, ele é, segundo o poeta do *Hino homérico*, consentido, "senão pela moça arrebatada, por seu pai"[314], que assim a entregava ao irmão num acordo sagrado.

Patricia Berry nos ensina algo com relação à maternidade e nossas noções de terra, que tem a ver com as questões do rapto:

> É possível, num sentido curioso, que o efeito da negatividade da mãe seja fazer-nos retornar para a alma. Ao destruir a camada superficial daquela terra em que pisamos, ou seja, nossas projeções literais sobre a terra (adquirindo sempre cada vez mais, estabelecendo-nos cada vez mais solidamente – nosso materialismo), talvez ela nos esteja dando oportunidade para um solo mais profundo, uma terra psíquica por debaixo das aparências superficiais e em contato com as musas[315].

O interessante que Berry está trabalhando, nesse texto, é o deslocamento de uma ideia de terra, de um nível mais concreto e literal, para uma terra psíquica, onde a base não é mais a mãe, mas a alma. O abandono da mãe pode marcar o encontro com a alma. Se lembrarmos do mito de Eros e Psiquê, lá há também um afastamento com relação a Afrodite, que ali se apresenta como uma figura materna – pois Afrodite, no conto Eros e Psiquê, está no seu papel de mãe (mãe de Eros), e apresenta um enlace terrível com a Mãe, tanto para Eros quanto para Psiquê. Os dois precisam se afastar dela, para alcançarem a alma como base, essa outra terra, uma terra psíquica.

* * *

---

314 Ibid. Op. cit., p. 217.
315 BERRY, P. "A neurose e o rapto de Deméter/Perséfone". In: *O corpo sutil de Eco...* Op. cit., p. 22-23.

Minha intenção era trazer essa imagem muito potente, que é de uma força extraordinária, da ordem do olímpico, portanto da ordem de algo mais diferenciado, e que tem a ver com aquilo que ela mesma institui, ou seja, a maternidade nutridora: a imagem de uma crise cósmica – a única força, dentro da mítica grega, que consegue fazer isso. Essa imagem é um dos presentes mais fortes desse mito, onde vemos a força do arquétipo materno.

Claro, toda essa história é uma metáfora. Não é para ser entendida como a perda literal da filha. Então, apoiado no mito, eu diria: no rumo natural das coisas, toda mãe perde o seu filho[316].

Como vemos isso no consultório de psicologia? Essa é uma realidade o tempo todo – mães perdendo filhos e o que fazer com essa raiva. Filhos, não apenas no sentido literal, das crianças que tivemos – há uma hora em que o filho sai, vai virar adulto, vai se "casar" com outras coisas, vai ser arrebatado pelo mundo –, mas também no sentido de nossos próprios planos, projetos de vida, sonhos. *A realidade da maternidade é perder o filho*, metafórica mas também literalmente: perdemos o filho sempre, porque o filho de dois anos não é igual àquele que tinha um. Vamos perdendo os filhos, e sentimos saudade, sentimos a sua falta. Contudo, o que o mito nos coloca, temos de lê-lo como se lê um sonho – como uma realidade

---

316 Aqui, é bom lembrar que Deméter perde filhos duas vezes: não só perde Perséfone, mas também Demofonte, filho caçula do casal que a recebera em Elêusis, Celeu e Metanira, disfarçada de ama velha, e a quem ela é encarregada de cuidar: "[...] deusa não lhe dava leite, mas, após esfregá-lo com ambrosia, o escondia, durante a noite, no fogo [...] a cada dia o menino ser tornava mais belo e parecido com um deus. Deméter realmente desejava torná-lo imortal e eternamente jovem. Uma noite, porém, Metanira descobriu o filho entre as chamas e começou a gritar desesperada. A deusa interrompeu o grande rito iniciático" (BRANDÃO, J.S. *Dicionário Mítico-etimológico da Mitologia Grega*. Op. cit., p. 165). Ela havia "adotado" o menino, numa clara substituição da filha perdida. Este é o momento em que a deusa finalmente se revela e, contrariada, devolve o menino à mãe; ou seja, perde mais um filho. Nesse momento, "volta-lhe a dor tétrica, acende-se de vez sua cólera profunda" (SERRA, O. "A mãe, a moça, a morte e o mundo". In: HOMERO. *Hino homérico a Deméter II*. Op. cit., p. 254).

anímica, humana, e aqui uma realidade particular da maternidade. A realidade da maternidade é gerar e perder.

A maternidade não é só uma coisa arrumadinha, de gerar e cuidar, e alimentar – a nutrição de Deméter. Este é apenas um lado; mas está embutida na história, na experiência da maternidade, a perda. Toda maternidade traz uma perda. Se não trouxer, é porque estamos entrando num campo, propriamente, neurótico – que se caracteriza pelo "filho da mãe", que a psicologia analítica confundiu com o *puer* (o arquétipo da juventude eterna), mas que não é o *puer*. Sabemos disso por meio do importante trabalho de James Hillman com esse arquétipo – que o *puer* se alinha com o *senex*, o novo e o velho, sendo o velho que determina o novo e vice-versa, toda a identidade do *puer* se instaura no seu contraste com o velho, e não em seu contraste com a mãe. Hillman corrigiu esse aspecto[317]. Bem, mas no campo neurótico há o filho (ou a filha) da mãe, aquele que não se separou da mãe, que não foi raptado. Mas o que o mito está falando, em condições normais de temperatura e pressão, é que a perda do filho é um fato da maternidade; que isso gera raiva; e que é preciso dar um encaminhamento para essa raiva.

O encaminhamento que o mito mostra ou apresenta para essa raiva está naquilo que se articulou ritualmente como "Os mistérios de Elêusis", o de maior prestígio e brilho na Grécia clássica. Toda essa história desemboca num rito, num ritual, que são os Mistérios de Elêusis, onde as pessoas eram iniciadas, acredita-se, no mistério da maternidade como ele está apresentado enquanto um mistério da vida e da morte. Estando à margem da religião cívica oficial, mas não em conflito ou contradição com ela, eles eram celebrações às quais acorriam multidões de espectadores, que acompanhavam os mistes em procissões entre Atenas e Elêusis, até sua entrada no recinto

---

317 Cf. HILLMAN, J. *O livro do puer* – Ensaios sobre o arquétipo do *puer aeternus*. Seleção e tradução de Gustavo Barcellos. São Paulo: Paulus, 1999.

do santuário, momento a partir do qual tudo passa a ser segredo e silêncio, e "nada devia transpirar para o lado de fora":

> A proibição era suficientemente poderosa para ter sido respeitada ao longo dos séculos. Mas, embora os mistérios tenham mantido seu segredo, hoje podemos tomar como certos alguns pontos. Não havia em Elêusis nenhum ensinamento, nada que se assemelhasse a uma doutrina esotérica. [...] Plutarco, por sua vez, evoca o estado de espírito dos iniciados, que passa da angústia ao arrebatamento. Essa subversão interior, de ordem afetiva, era obtida por *drômena*, coisas encenadas e imitadas; por *legómena*, fórmulas rituais pronunciadas; e por *deiknymena*, coisas mostradas e exibidas. Pode-se supor que elas se relacionavam com a paixão de Deméter, a descida de Core ao mundo infernal e o destino dos mortos no Hades. O certo é que, terminada a iniciação, depois da iluminação final, o fiel tinha o sentimento de ter sido transformado por dentro[318].

Aqui devemos entender que essa é a dimensão da mãe; no entanto, a dimensão da filha é trevosa, pois ela vai para as trevas. E, em nossa metáfora psicológica, esse trevoso, infernal, ínfero, o mundo das trevas é, para nós, a indicação da realidade psíquica. Core sai de uma realidade natural, material, inocente, imediata – os verdes campos de Deméter, onde ela é uma moça, uma *koré*, uma donzela, com toda a ingenuidade de um donzela – e entra na realidade psíquica, quando ocorre um aprofundamento. E quando se é raptado pelo inconsciente, há uma violência, algo trevoso. É da ordem da treva, da ordem da morte, algo morre em nós – porque Core é raptada pelo Senhor da Morte, mas morte aqui como metáfora para as realidades invisíveis, não ingênuas e mais profundas.

Hades irrompe das profundezas da terra, irrompe de baixo, abre a terra de Deméter, provocando assim, sem saber, um rasgo no próprio coração da deusa, no coração natural da vida vegetativa.

---

318 VERNANT, J.-P. *Mito e religião na Grécia antiga*. Op. cit., p. 73.

Esse rapto tem, portanto, um elemento de violência – é um arrebatamento, aparentemente "não consentido", como se fosse uma surpresa. Mas naquele momento, no instante em que se dá o rapto propriamente dito, ela olha na pupila dos olhos de Hades e se vê ali, ou seja, ela está indo para o lugar certo, para onde ela já pertence, está voltando para casa – e em algum nível ela sabe disso. Vejam a magnífica descrição da cena por Roberto Calasso:

> No lugar em que os cães não conseguem seguir a pestilência por causa do violento perfume das flores, num prado sulcado pela água, que se eleva nas margens para depois se precipitar entre rochas íngremes, no umbigo da Sicília, perto de Enna, ocorreu o rapto de Core. No momento em que a terra se abriu e apareceu a quadriga de Hades, Core estava observando o narciso. Observava o olhar. Estava a ponto de colhê-lo. Core foi então raptada pelo invisível rumo ao invisível. Core não significa apenas "donzela", mas também "pupila". E a pupila, como disse Sócrates a Alcibíades, é "a parte mais excelente do olho", não apenas porque é "aquela que vê", mas porque é aquela onde quem olha encontra, no olho do outro, "o simulacro de quem olha". E se, como queria Sócrates, a máxima délfica do "conhece-te a ti mesmo" só pode ser entendida se for traduzida por "olha para ti mesmo", a pupila se torna o único meio para a consciência de si. Core observa o amarelo "prodígio" do narciso. Mas por que esta flor amarela, que adorna ao mesmo tempo as guirlandas de Eros e dos mortos, é tão prodigiosa? O que a diferencia das violetas, dos açafrões, dos jacintos que enchiam o prado vizinho à região de Enna? Narciso é também o nome de um jovem que se perdeu ao olhar-se a si mesmo.
> Core, a pupila, estava portanto no umbral de um olhar em que teria visto a si própria. Estava estendendo a mão para colher aquele olhar. Mas irrompeu Hades. E Core foi colhida por Hades. Por um instante, o olhar de Core teve de desviar-se do narciso e encontrar-se com o olho de Hades. A pupila da Pupila foi acolhida por uma semelhante, na qual viu a si própria. E aquela pupila pertencia ao invisível.

> Houve quem escutasse um grito naquele momento. Mas o que significava aquele grito? Era apenas o terror de uma donzela raptada por um desconhecido? Ou foi o grito de um reconhecimento irreversível? Alguns poetas antigos insinuaram que Perséfone experimentou um "funesto desejo" de ser raptada, que se uniu com um "pacto de amor" ao rei das trevas, que se expôs sem peias ao contágio do Hades. Core viu a si mesma na pupila de Hades. Reconheceu no olho que observa a si mesmo o olho de um invisível outro. Reconheceu pertencer àquele outro. Superou naquele momento a fronteira que estava prestes a superar enquanto observava o narciso. Era o umbral do Elêusis[319].

Mas, insisto, a questão da violência é importante, no sentido de que a alma, representada por Perséfone, e também por Hades, nos rapta quase sempre de forma violenta. A nossa captura pela alma para uma realidade anímica é, via de regra, violenta. Refiro-me ao sofrimento, aos sintomas, às patologias, às coisas que não dão certo e que fazem com que deixemos nossa ingenuidade rumo a uma compreensão reflexiva mais profunda ou psicológica das coisas.

Mas é preciso deixar claro que o rapto só é essencial àquelas condições virginais ligadas à Core/Deméter, ou seja, nossas condições inconscientes, vegetativas, onde estamos mais alojados numa perspectiva natural e ingênua da vida, ligados apenas ao mais aparente e material, sem profundidade, numa apreensão superficial ou literal do mundo de cima apenas. Nessas condições, podemos perceber uma resistência à alma, ao psíquico como profundo e desvirginador.

Esse é um ponto importante para retermos como um ensinamento básico desse mito de Deméter e Perséfone, que é um dos mitos mais importantes do mundo grego antigo, e é importante porque ele é rigorosamente iniciático: com ele enxergamos o lance entre a Grande Mãe e a Criança Divina. Embora Core não seja exatamente

---

[319] CALASSO, R. *As núpcias de Cadmo e Harmonia*. Op.cit., p. 145-146.

uma Criança Divina, ela está, acredito, dentro do nosso tema: trata-se aqui de uma Grande Senhora e uma Moça Divina.

Então, resumindo, há principalmente aqui esses dois aspectos: a imensa força desse arquétipo, o da Grande Mãe, que pode instaurar uma crise cósmica envolvendo todos os níveis de nossa existência; e a questão de vida e morte, dadas como realidades paradoxalmente simultâneas. A Grande Mãe é a doadora da vida – c é importante enxergamos a Grande Mãe pela lente de Deméter, que é a lente mais nítida, mais diferenciada para enxergarmos a maternidade, pois ela é a deusa que institui a nutrição, o cereal, aquilo que mantém os humanos vivos, portanto é a maternidade num nível bastante direto e absoluto – mas, ao mesmo tempo, é a Mãe Destruidora, que detém o poder de destruição. Ela dá e tira a vida. É impactante saber que aquilo que dá a vida é o mesmo que a tira. Quando na raiva, ela pode secar exatamente aquilo tudo que ela deu: a fertilidade agricultural, o alimento; é ela que dá o alimento e, portanto, tem o poder de tirar o alimento. Nesse sentido, ela atua também como uma deusa da morte.

Essa noção, parece-me ser a segunda grande imagem impactante do mito. A maternidade nos envolve com a vida e a morte. Essa é uma energia dupla, ambígua, paradoxal. Não existe apenas a realidade da mãe ser só a nutridora, o cereal, Ceres – essa é uma visão muito simplista. Ela também tem, como vimos, uma conexão com o mundo das trevas. Em outras palavras, exatamente aquilo em nós que cria projetos, também pode destruí-los. Prover e privar fazem parte da mesma constelação arquetípica.

Mas, num nível ainda mais sutil, o mito de Deméter/Perséfone, as Duas Deusas (*tò theo*), sobre a maternidade, em função de que a filha, Perséfone, retorna, de algum jeito, a seu convívio, mostra a indissolubilidade desse laço.

O mito nos ensina que a Terra é nossa mãe e nossa filha ao mesmo tempo.

6
Eros, Psiquê e Afrodite

beleza psíquica • amor • alma • desejo • inveja • ciúme • vingança

> *E vê que ele mesmo era*
> *A Princesa que dormia.*
> FERNANDO PESSOA. "Eros
> e Psiquê".

Tenho sugerido pares ou tríades de figuras míticas para que possamos estudar e compreender melhor. Seguindo esse método, vamos mergulhar na dinâmica do mito de Eros e Psiquê que, na verdade, também é uma tríade, pois não é só Eros e Psiquê – o estudo é sobre Eros, Psiquê e Afrodite. Afrodite é aqui uma terceira figura que determina toda a ação e que é tão importante quanto as outras duas. Costuma-se referir a esse mitologema, porque é assim que ele nos está apresentado, de um ponto de vista mais vigoroso, como a história do entrelaçamento e das necessárias diferenciações entre essas três figuras: Eros, Psiquê e Afrodite.

Na verdade, sabe-se que não é exatamente um mito, ele é compreendido como um conto popular, embora ele tenha as características de um mito. É a narrativa de um conto popular, que hoje poderíamos dizer tem a estrutura de um conto de fadas. Mas seus personagens, as figuras envolvidas nessa trama, são míticas, são mitológicas. Esse conto, vocês sabem, chegou até nós por meio de um relato, não grego, mas latino. Seu autor é Lúcio Apuleio de Madaura (*c.* 125-*c.* 170 d.C.), do início da era cristã. Os personagens no conto estão referidos pelos seus nomes latinos: Vênus, Cupido, Psiquê – embora, nas nossas discussões, voltamos a chamá-los pelos seus nomes originais gregos: Afrodite, Eros e Psiquê. Apuleio escreveu um livro chamado *Metamorfoses* ou *As transformações* – que é um livro longo, que conta as diversas narrativas de como um jovem teria se transformado em asno até sua conversão mística final. O outro nome do livro, pelo qual ficou mais conhecido, é *O asno de ouro*. Durante sua narrativa, aparece esse enredo que enreda essas três figuras, como uma história incidental. O que nos interessa aqui é mergulhar na profunda sabedoria sobre o entrelaçamento inexorável, complexo e muito profundo dessas duas figuras principais, as figuras de Eros e Psiquê, o Amor e a Alma.

O conto, evidentemente, serviu a muitas interpretações. Temos interpretações literárias, filosóficas, e psicológicas, pois é um conto muito paradigmático; também houve vários artistas ao longo da história da pintura que retrataram diversas cenas dessa história muito interessante e muito cativante. É um conto muito cativante porque ele é muito dinâmico, nele acontecem muitas coisas.

Falando de arte, a imagem que mais me agrada, retratando essas duas personagens, é a tela de um pintor francês que foi inspirado por esta história muitas vezes, chamado William-Adolphe Bouguereau, *O rapto de Psiquê*, de 1895 – ou seja, bem no ponto de ebulição de *A interpretação dos sonhos*, de Freud, e do início da psicanálise.

A propósito, nosso século psicológico foi aberto pelo livro *A interpretação dos sonhos*, de Freud, publicado em 1899 – um marco que entendemos como nosso retorno à alma. Hillman costumava dizer que, com esse livro, fecha-se uma era e abre-se outra em nosso relacionamento com a alma.

No nosso campo da psicologia profunda junguiana, temos basicamente quatro importantes interpretações desse conto. A primeira é de Erich Neumann[320] – ele foi um colaborador da primeira fase da psicologia analítica. Ele faz uma longa interpretação de coloração bastante clássica, uma abordagem onde o que há basicamente é um estudo sobre aquilo que ele entende que o conto entrega de uma descrição da iniciação do feminino. Acredito que já estamos num ponto um pouco mais avançado dessa compreensão.

A segunda interpretação importante no campo junguiano é de autoria de Marie-Louise von Franz, colaboradora de Jung: *O asno de ouro: o romance de Lúcio Apuleio na perspectiva da psicologia analítica junguiana*[321].

Mais próxima de nós, há a reflexão muito interessante sobre esse mito que é o trabalho de Rafael López-Pedraza, em seu livro *Sobre Eros e Psiquê: um conto de Apuleio*[322]. Trata-se da transcrição de um seminário que ele deu na Universidade de Caracas. A maioria de seus livros são transcrições de seminários que ele deu, em Caracas, para a turma do Curso de Letras. Isso é interessante e decisivo: muitos dos estudos de mitologia de López-Pedraza são seminários dados no Departamento de Letras, e não no Departamento de Psi-

---

320 NEUMANN, E. *Amor and Psyche*: the psychic development of the feminine, a commentary on the tale by Apuleius. Princeton: Princeton University Press, 1973 [Bollingen Series LIV, 1973].

321 FRANZ, M.-L. *O asno de ouro* – O romance de Lúcio Apuleio na perspectiva da psicologia analítica junguiana. Tradução de Inácio Cunha. Petrópolis: Vozes, 2014.

322 LÓPEZ-PEDRAZA, R. *Sobre Eros e Psiquê*: um conto de Apuleio. Petrópolis: Vozes, 2010.

cologia[323]. Ele foi um dos iniciadores da psicologia arquetípica, e foi um gigante da psicologia, um profundo conhecedor e estudioso da psicologia da mitologia. Aqui, vamos seguir esse livro bem de perto, porque a interpretação que ele faz é bastante interessante, e acredito que vai muito além da de Neumann.

E por fim, esse que será também um texto-base para nossas reflexões aqui, de autoria de James Hillman, "Sobre a criatividade psicológica", primeiro ensaio de seu livro *O mito da análise* – uma extraordinária interpretação que lhe permite falar sobre a psicologia e sobre a análise[324]. O assunto de Hillman é o entrelaçamento de amor e alma: de que forma e por que eles estão entrelaçados, o que significa essas duas entidades estarem envolvidas da forma em que estão?

Temos agora que falar um pouco sobre o mito. Esse é o mito sobre uma mocinha problemática, que tem ideações suicidas, Psiquê. Os pintores pré-rafaelitas gostavam muito disso, e retratam as várias faces dessa moça.

O que há de interessante, logo de início, e já adiantando o que o ensaio de Hillman trabalha, é esse enredo inexorável entre essas duas personagens, que são consideradas duas figuras míticas – embora elas sejam também, ambas, além de pessoas míticas, aquilo que a mitologia chama de *princípios cósmicos*. Há nelas, portanto, dois níveis. O que é um princípio cósmico, dentro do pensamento mítico? É algo que perpassa todas as coisas; algo que, invisivelmente, está presente no arranjo de todas as coisas, dando-lhes base e sustentação. Assim, tanto Eros quanto Psiquê precisam ser compreendidos em dois níveis. O que estudaremos é o movimento pelo qual esses princípios cósmicos são personificados.

---

323 P. ex., além de *Sobre Eros e Psiquê: um conto de Apuleio*, também *Ártemis e Hipólito: mito e tragédia* (Petrópolis: Vozes, 2012).
324 HILLMAN, J. *O mito da análise*: três ensaios de psicologia arquetípica. Op. cit.

6.1 Beleza

A história de Eros e Psiquê trata de um mito grego bastante antigo, recontado à moda de um conto de fadas. O conto tem elementos simbólicos bastante interessantes e complexos, que vão nos mostrando a natureza de Eros e de Psiquê, e mais, da natureza das relações que se estabelecem entre essas personagens. Se quisermos olhar para a mitologia do ponto de vista relacional, temos esses dois pontos de vista: a relação de Eros e Psiquê, a mais aparente sobre a qual versa o mito; mas há também as relações triangulares de Afrodite com esse casal – a *mater*, a "mãe" que está por trás da narrativa desde o começo. E ela faz relações de um determinado tipo tanto com o filho Eros – que também estabelece relações com ela de maneira bastante problemática – como há a relação dela propriamente com Psiquê.

No que diz respeito às relações de Afrodite com Psiquê, é importante notar o que todos os intérpretes apontam, e que nos faz pensar: essa história começa por causa da beleza e termina por causa da beleza. A questão da beleza está no início e está no final da história. Lembremos que Psiquê abre, no final da história, a caixa da beleza de Perséfone, do unguento de Perséfone, que ela fora buscar no mundo das trevas. Então, tudo isso já nos conta uma coisa bastante interessante para a nossa reflexão psicológica: que Psiquê está envolvida com beleza, ou que o envolvimento da alma com a beleza define muito do que ela é e dos seus caminhos. Portanto, há uma questão com a beleza.

O dado com o qual a história começa é que Psiquê é tida como uma donzela muito bela, tão bela quanto a deusa da beleza, Afrodite. Talvez até mais bela que Afrodite. Ela começa a ser adorada como uma semideusa, e isso enfurece a deusa Afrodite. Faz com que ela fique ciumenta, invejosa. Há aqui uma noção de que os deuses são ciumentos. Há ciúme. Há inveja dos deuses. Falaremos logo mais sobre ciúme e inveja.

Ao final do conto, na quarta tarefa, que é a mais importante, Psiquê deve ir ao mundo das trevas, encontrar-se com Perséfone no Hades, no mundo inferior. O que é isso? O conto está falando das nossas almas.O conto está falando das nossas almas, falando metaforicamente dos nossos processos psíquicos. Não há uma iniciação no psíquico, no que é psicológico, se não fizermos essa *katábasis*, se não formos ao encontro do profundo. E para o quê? Em busca da beleza! O que ela precisa apanhar lá é a beleza. A beleza está no profundo. E a psicologia, evidentemente, desconhece isso, negligencia isso ao permanecer apenas com os influxos ascendentes.

Nesse episódio, parece que o conto está novamente nos dizendo, de forma misteriosa, que há um envolvimento, um entrelaçamento de alma, profundidade e beleza que é arquetípico – de novo, o conto começa por causa disso e termina por causa disso, como tanto já dissemos, e talvez seja um grande périplo em torno da ideia ou do desafio da beleza, por conta da atração ou do envolvimento de Psiquê com Afrodite. Na nossa tradição filosófica, mas certamente também na nossa tradição psicológica, negligenciamos essa verdade que o mito está nos contando, de que há um profundo enlace entre Psiquê e Afrodite.

A beleza é a última coisa de que se fala na psicoterapia. É a última das preocupações, pois nos parece banal, supérfluo, irrelevante, desprezível, como se não fosse um assunto, de fato, importante. Você nunca pergunta a uma pessoa o que ela acha bonito, belo, não está preocupado em entender a pessoa por meio daquilo que ela acha belo. A ideia da beleza está reprimida na psicologia. Podemos admitir, mais ou menos conscientemente, mais ou menos reflexivamente, uma ideia de que a alma é desejante. Aprendemos que a alma é desejante. Mas, e o belo? Aquilo que acho belo diz-me muito sobre quem eu sou. Nesse sentido, aquilo que acho atraente, a beleza que me atrai, traria informações importantes sobre o que sou e o que deixo de ser, pois revela as inclinações da alma.

Psiquê é bela! Está envolvida com beleza; ela se acha e se perde por causa da beleza. Então, há aqui uma questão central que precisa entrar nas considerações da psicoterapia. A noção que está no mito grego é que alma é atraída pelo que é belo, e que rejeita o feio: rejeitamos, nos afastamos, normalmente, daquilo que achamos feio.

Estou querendo chamar nossa atenção para a repressão da beleza na psicologia. É uma categoria que não é, sequer, considerada. A própria linguagem é feia, uma chuvarada de conceitos, de gráficos e de esquemas, de sistemas e mais sistemas numa linguagem desgastada e pouco preocupada em ser uma linguagem da alma. Os textos são feios, os termos são horrorosos. As descrições são banais. E, lembremos, não se trata de *beleza* nesse sentido moderno e estetizado, de embelezamento, não apenas no mero sentido decorativo, como entendemos embelezamento mais modernamente, mas beleza no sentido grego da *aiesthesis*, do despertar dos sentidos. Beleza no sentido grego do belo, que é bom: o atraente, aquilo que pode despertar a alma.

Ao contrário, na escrita de Hillman, em sua preocupação com a linguagem, vejo aquilo que chamo de "consciência da linguagem" – toda a problemática do uso da linguagem, a linguagem que possa carregar os *insights*, que carrega a sua psicologia, no sentido de ser uma compreensão alma. Isso tem a ver com a separação entre ética e estética, própria dos monoteísmos, e do monoteísmo cristão: "o que é belo não é bom"; "só é bom se não tiver o apelo ao belo". Nossa cultura separou o que a cultura grega não separa: o ético do estético – *kalos kai agathon* (καλός καὶ ἀγαθός) – é belo porque é bom, é bom porque é belo. "Belo" e "Bom" não estão separados. Na cultura monoteísta judaica-cristã, o belo é desconfiável, não confiável – o belo é entendido como algo desviante. Então, recuperar um pouco uma perspectiva pagã tem a ver com a recuperação de uma atitude perante as coisas que volta a unir o belo e o bom, ética e estética: a compreensão de que não existe uma coisa sem a outra.

Precisamos agora passar um pouco de tempo tentando entender essas duas figuras, Eros e Psiquê, às quais só temos acesso direto através das suas personificações.

6.2 Eros

Eros é considerado um *daimon*. Ora, o que é esse Eros?

No livro de Junito de Souza Brandão, *Mitologia grega – Vol. II*, há um longo capítulo sobre Eros e Psiquê[325] que é muito interessante, embora suas observações, em termos de interpretação, restrinjam-se muito aos principais *insights* de Erich Neumann. Mas ele reflete sobre algumas coisas que interessam a nosso estudo. Para compreendermos o entrelaçamento de Eros e Psiquê temos de entender, a princípio, o que seja Eros e o que seja Psiquê. Brandão fala inicialmente do nível cosmogônico, ou seja, do nível onde Eros é compreendido como um princípio cósmico. Ele é como o Caos, realidades muito primitivas, pois são as primeiras entidades mitológicas. É o início. Tártaro, Gaia, Urano, a Noite, o Dia, o Céu, a Terra, todas essas primeiras divindades, dentro da mítica grega, são divindades ainda pouco diferenciadas. Elas se referem mais a princípios ontológicos do que a figuras propriamente ditas, então entendemos isso psicologicamente como energias psíquicas mais profundas, mais inconscientes, mais primitivas, às quais temos em nós um acesso mais indireto.

Em sua *Teogonia*, Hesíodo enumera as quatro potestades que estão na origem de tudo, que formam um mundo. São elas a quádrupla fonte da totalidade: *Kháos*, Terra, Tártaro, Eros.

---

[325] BRANDÃO, J.S. *Mitologia grega*. Vol. II. Petrópolis: Vozes, 1998, cap. VIII: "Eros e Psiquê", p. 209-251.

Eros e Caos são importantes cosmogonicamente. Aqui há algo a se aprender, do ponto de vista psicológico. Há, no mito grego, segundo observa Torrano, duas formas de procriação: por união amorosa e por cissiparidade.

> Tal como *Éros* é a força que preside a união amorosa, *Kháos* é a força que preside à separação, ao fender-se dividindo-se em dois. A imagem evocada pelo nome *Éros* é a união do par de elementos masculino e feminino e a resultante procriação da descendência desse par. A imagem evocada pelo nome *Kháos* é a de um bico (de ave) que se abre, fendendo-se em dois o que era um só. *Éros* é a potência que preside à procriação por união amorosa, *Kháos* é a potência que preside à procriação por cissiparidade. Se a palavra *Amor* é uma boa tradução possível para o nome *Éros*, para o nome *Kháos* uma boa tradução possível é a palavra *Cissura* – ou (e seria o mais adequado, se não fosse pedante): *Cissor*[326].

Portanto, as coisas podem ser criadas tanto pelo princípio da união, Eros, quanto pelo princípio da separação, Caos. Eros e Caos, ambos são criadores. Isso nos interessa, pois podemos ganhar outra perspectiva quanto a nossos momentos caóticos, e corrigir nossas ideias preconcebidas e moralizantes com relação ao caos. Na *Teogonia*, *Éros* é estéril, "dele mesmo não surge nenhum rebento, ele de si mesmo nada produz. *Kháos*, princípio de divisão e separação, é prolífico e tem... numerosos descendentes"[327]. Nossos momentos caóticos, nossas "separações", podem ser entendidos também como momentos em que algo é engendrado, como momentos criativos. Patricia Berry também o registra: "cada caos gera a si mesmo numa forma. [...] Cada momento de caos tem formas dentro dele; e cada forma incorpora um caos específico"; portanto, em termos terapêuticos, "isso implica que não nos livremos muito rapidamente de

---

326 Ibid., p. 42.
327 Ibid., p. 44.

sentimentos caóticos [...] seria melhor conter, e até mesmo alimentar, o caos para que suas formas possam também existir"[328].

Eros, em primeira instância, é entendido dessa forma como um princípio que pareia com *Kháos* – eles são "irmãos" e devemos dizer algumas coisas para fazermos um quadro a fim de entender o que é Eros, e o que é Caos. Acho que isso deveria interessar a todos, ou seja, termos alguma compreensão mais aprofundada do que é Eros e Caos, porque estão agindo em nossas vidas constantemente. Ambos são princípios criadores, criadores de mundos, que geram. Então é possível entender que aquilo que criamos, ou que se cria para nós em nossas vidas, pode ter uma dessas duas origens: união ou separação. São processos psicológicos. A separação, a cissiparidade, também é um princípio gerador.

Com relação a Eros, a primeira observação que Junito Brandão faz me parece bem importante: ele diz que Eros (*éros*) significa "o desejo incoercível dos sentidos"[329]. Incoercível, ou seja, irrefreável. Eros é aquilo que não tem freio. Acho que é bem fácil reconhecermos isso, mas, de novo, a mentalidade grega está entendendo o desejo incoercível como um princípio cósmico, que portanto a tudo rege. Já está presente em todos nós, é o que está por trás das nossas vidas, na nossa vida física, psíquica, emocional. "Ele é um desejo de acasalamento que avassala todos os seres, sem que se possa opor-lhe resistência: ele é solta-membros (*lysimelés*)"[330].

Em seu *Dicionário Mítico-etimológico da Mitologia Grega,* Junito Brandão diz o seguinte: "[...] a força fundamental do mundo [que] garante não apenas a continuidade das espécies, mas a coesão

---

328 BERRY, P. "Qual o é problema com a Mãe". Op. cit., p. 10-11.
329 BRANDÃO, J.S. *Mitologia grega*. Vol. II. Op. cit., p. 209.
330 TORRANO, J. "O mundo como função de musas". Op. cit., p. 41.

interna do cosmo"[331]. Acho muito feliz essa sua descrição daquilo que os gregos chamavam de Eros: "coesão interna do cosmo".

Eros é irmão de Caos: quando uma coisa deixa de ser caos, é porque ela virou um cosmo. O que é um cosmo? Cosmo é um arranjo de coisas; quando alguma realidade se arranja logicamente, quando alguma coisa está arranjada internamente, ela entrou numa ordem, tem uma ordem: "uma ordem que se afirma mediante a definição de limites, a circunscrição de domínios diferenciados, a operação de distinções e o concerto de relações; um arranjo que estrutura e mantém em equilíbrio um universo bem configurado"[332]. Essa é a ideia mais elaborada de cosmos, a ideia e o sentido de Zeus, e onde entra também uma noção de beleza, de embelezamento – donde vem nossa palavra *cosmético*. Pois bem, para que do Caos alguma coisa se transforme em Cosmo é preciso que seja o resultado da ação de uma força; essa força se chama Eros para os gregos. Cosmo é tudo que existe, ou seja, o que o mito está nos dizendo é que tudo existe porque tudo está unido, há algo que faz com que tudo se una a tudo, que haja uma *coesão interna*. A imaginação grega observa isso, que se alguma coisa existe – e isso é válido tanto para a realidade material quanto para a realidade imaterial – é porque existe um princípio coesivo, existe algo que mantém tudo ligado, uma liga. Os alquimistas chamaram isso de "cola". Então, para que algo possa existir, existe uma "cola", uma coesão interna, um princípio, uma força atraente fundamental: essa força é Eros.

Aqui entram algumas observações interessantes, porque o "princípio coesivo" que mantém alguma coisa unida foi chamado pelos gregos de *amor*. Aquilo que mantém alguma coisa unida tem essa qualidade, a qualidade amorosa. Se alguma coisa está junto da

---

[331] BRANDÃO, J.S. *Dicionário Mítico-etimológico da Mitologia Grega*. Op. cit., p. 213.
[332] SERRA, O. "A mãe, a moça, a morte e o mundo". In: HOMERO. *Hino homérico a Deméter II*. Op. cit., p. 290.

outra, ao fato de elas estarem juntas chamamos amor. É uma definição de amor. O amor é o que une; portanto, não o que separa. É o que atrai uma coisa à outra – que pode ser uma pessoa, uma ideia, uma casa, uma paisagem, um projeto, o que quer que seja.

O amor é a busca dos contatos, é a superação dos antagonismos. É união. Tudo o que une traz a marca de Eros.

Então, Eros é aquilo que mantém as coisas juntas. Por quê? Porque ele é o "princípio incoercível da atração entre todas as coisas", que faz com que as coisas se atraiam; ora, quando há atração entre as coisas, elas formam um Cosmo. Ele é incontrolável, a ação que ele tem sobre o Caos ordena, resulta em ordem, resulta em Cosmo. Mas essa ação tem essa qualidade que é "grudar" as coisas, a atração no sentido de fazer as coisas se juntarem; se as coisas não se "grudam", se estão soltas, esse é o Caos. E, no momento em que alguma coisa "gruda", forma um Cosmo, forma uma ordem. Essa é a noção mais primitiva de Eros, e a compreensão mais primária, mais primitiva do Cosmo.

É uma intuição da mentalidade grega a respeito do que faz as coisas serem o que são. É como se o grego dissesse: as coisas são o que são porque sofrem uma permanente atração.

Estamos entendendo isso no nível do plano do princípio cósmico, mas vocês estão, evidentemente, também fazendo as analogias e as relações com aquilo que chamamos de Eros em psicologia, no sentido mais sexual, ou desejoso, do termo. Portanto, quando Eros depois aparece personificado, quando aparece de forma mais imediata, já como uma criatura, como um deus, ele é a personificação do desejo. É como se os gregos estivessem intuindo que, por trás de todas as coisas, existe o desejo; o desejo é o pano de fundo de qualquer Cosmo. Não é à toa que a psicanálise começa com o desejo.

A força fundamental do mundo, a coesão interna do cosmo, na medida em que vai se diferenciando – e não apenas dentro da nossa experiência desse princípio, mas na própria mitologia grega – vira

295

uma criatura propriamente dita, que é esse menininho de asas, voador, que chamamos de Cupido, que chamamos de Eros, que é, como os gregos se referem a ele, um *daimon*, um demônio. Isso é muito importante para nós que estamos tentando penetrar no entendimento do que é Eros, para depois tentar o mesmo com Psiquê.

Os gregos mais próximos da época de Homero entendem que Eros aparece sob uma forma específica, personificada por uma criança, por um menino alado, que, na imaginação grega, é um *daimonion,* ou *daemon*.

Mas o que "demônio" quer dizer? Estamos usando a palavra demônio para nos referir a Eros e há outros tantos demônios na mitologia grega, outros tantos *daimones*. Temos que entender que o sentido da palavra demônio hoje é completamente diferente do sentido grego antigo. A palavra demônio foi "demonizada", foi diabolizada, e isso é muito recente. O demônio é uma invenção do Novo Testamento[333], porque demônio para o grego era uma espécie de "deus inferior". Ele é um guia, um psicopompo, e também um anjo.

Junito Brandão: "Demônio, em grego *daimónion*, significa deus, deusa, divindade, deus de categoria inferior, como por vezes aparece em Homero; gênio tutelar, intermediário entre os deuses e os mortais, [...] voz interior que fala ao homem, guia-o, aconselha-o, como o *demônio* que inspirava Sócrates"[334]. Os gregos antigos dividiam os *daimones* em duas espécies: aquilo que chamaram de *eudaimones*, significando a felicidade, o bem-estar ou a prosperidade; é o *daimon* do bem. E *kakodaimones*, que é justamente o mal demônio, o que traz a infelicidade, o espírito malevolente.

---

333 Como atesta Brandão, "Em princípio, portanto, *demônio* não tem conotação alguma pejorativa, como o 'diabo'. Com o sentido de satanás, diabo, demônio não é documentado no *Antigo Testamento*. Ao que parece, com o sentido que hodiernamente se lhe atribui, o 'demônio' surgiu a partir dos *Septuaginta* (séc. III e II a.C.), generalizando-se depois no *Novo Testamento*" (BRANDÃO, J.S. *Mitologia grega*. Vol. I. Petrópolis: Vozes, 1998, p. 187, nota de rodapé 135).

334 Ibid.

Vejamos: voz interior que guia, que aconselha, gênio tutelar, voz interior que fala ao homem – ora, dentro de uma perspectiva cristã, a voz interior que fala ao homem, e que não é aquela que está nas Escrituras Sagradas, é o demônio, no sentido de ser o diabo, que, ao contrário, tenta o homem, desvia o homem, porque não é o Deus judaico-cristão, não é o Deus "certo". Qualquer voz que não seja de Deus é do "outro" – e este "outro" é o diabo. Então todas as vozes que posso escutar, que podem estar querendo me guiar, me tutelar, me aconselhar, dentro de uma perspectiva cristã do Novo Testamento, desde que não seja a voz de Deus, são diabólicas, do mal, e precisam ser reprimidas, descartadas, desconstruídas, deve-se desconfiar delas – não é a voz certa.

Esse sentido original de Eros – Eros entendido como um demônio, um *daemon* que nos fala do nosso desejar, a voz que nos faz desejar e desejar no sentido bastante sensorial do termo – está no conto que estamos estudando: essa figura é esse demônio que estamos querendo estudar. Esse demônio tem várias faces, porque na mitologia grega, na mentalidade politeísta, na imaginação clássica, as coisas têm múltiplas faces, não são preto e branco, como no ambiente monoteísta: bom e mau, em cima e embaixo, superior e inferior. Assim, um *daimon* ao mesmo tempo que tutela e guia, também desencaminha e brinca com você, pois não há muita separação entre anjo e demônio – o brilho da mentalidade grega é poder entender que essas duas coisas de fato acontecem ao mesmo tempo. Aquilo que está entendido pela imaginação grega como um *daimon* nos traz justamente a percepção de que essa força, aquilo que está personificado por Eros, tem um aspecto benéfico e outro maléfico, é anjo e demônio simultaneamente; constrói e destrói no mesmo momento, ajuda e desvia, é uma força terrível.

Isso é um paradoxo insuportável para a mentalidade monoteísta cristã. Tudo ali já está mais ou menos pronto, você não precisa imaginar, o livro diz tudo o que você tem que fazer, você só tem que seguir. Já a mentalidade politeísta, como a mentalidade grega, por exemplo, dão um enorme trabalho; você tem que imaginar essas coisas o tempo inteiro, você tem que entender os paradoxos e as nuanças o tempo todo, entender que a mesma coisa que o envenena lhe salva, que o seu anjo é o seu demônio, que *onde você se desvia é o lugar onde você pode se achar* – é isso que a mitologia grega está nos dizendo o tempo todo. Isso é extremamente psicológico.

* * *

Há várias genealogias para Eros: filho de Hermes e Ártemis; filho de Hermes e Afrodite Urânia. Também há uma genealogia com os pais Ares e Afrodite. O que importa é que ele foi sendo personificado, foi virando um deus, que não é exatamente ou somente um deus, também, porque ele é entendido como um *daimon*, para Platão, Sócrates. Mas, diz Brandão: "[As versões] que mais se impuseram fazem de Eros, ora filho de Afrodite Pandemia, ou seja, da Afrodite vulgar, da Afrodite dos desejos incontroláveis, e de Hermes, ora filho de Ártemis, enquanto filha de Zeus e Perséfone, e de Hermes. Este último Eros, que era alado, foi o preferido dos poetas e escultores"[335].

Eros foi concebido da união de Poros, que Brandão traduz como "expediente", e Penia, que é a "pobreza" – no mito, em sua versão personificada, ele então seria filho dessas duas forças, expediente e pobreza.

> Em face desse parentesco tão díspar, Eros tem caracteres bem definidos e significativos: sempre em busca de seu *objeto*, sempre ansiando, como Pobreza e "carência", sabe, todavia, arquitetar um plano, como Expediente, para atingir o objetivo, "a plenitude"[336].

---

335 Ibid. p. 187-188.
336 Ibid., p. 187.

Eros é uma força, Junito Brandão a chama de *enérgueia* (atividade ou ser-em-ato): "Assim, longe de ser um deus todo-poderoso, Eros é uma força, uma *enérgueia*, uma 'energia', perpetuamente insatisfeito e inquieto: uma carência sempre em busca de plenitude. Um sujeito em busca do objeto"[337]. Walter Otto nos diz que até a *Teogonia* conhece Eros como "primeva potência geradora, ao lado de Caos. [...] este Eros, que segundo Platão, em si mesmo é carente e anseia pela plenitude"[338].

Depois, na medida em que o personificar da mentalidade grega vai avançando, esses impulsos vão se diferenciando. E Eros vai se tornando, cada vez mais, essa figurinha do menininho alado com flecha e tocha na mão, que é a personificação do desejo, do amor, do impulso, do anseio. E, na versão mais conhecida, ele é então entendido como filho de Afrodite.

Aqui, temos de observar algumas diferenciações entre a mãe e o filho. A primeira distinção que precisa ser feita, para começarmos a fazer uma psicologia, a destrinchar uma psicologia que está aqui dentro, ou seja, a fazer distinções psicológicas de realidades anímicas ou de realidades interiores, diz respeito a isso: Eros é dito "o deus do amor", assim como Afrodite também é "a deusa do amor". Walter Otto, em seu livro *Teofania*, diz: "Afrodite é o amor; mas não como Eros, que a *Teogonia* conhece como a primeira potência geradora, ao lado de Caos, e que mais tarde surge como seu filho – este Eros que, segundo Platão, em si mesmo é carente e anseia pela plenitude do belo para nele gerar. [...] Afrodite em sua essência não é o amante e sim o amado, não o que possui como Eros e sim o que fascina até o arrebato do êxtase"[339]. Os dois são deuses do amor, mas Afrodite é a deusa do amor no sentido de que ela não é aquela que ama, ela é aquilo que provoca o amor,

---

337 BRANDÃO, J.S. *Dicionário Mítico-etimológico da Mitologia Grega*. Op. cit., p. 213.
338 OTTO, W. *Teofania...* Op. cit., p. 127.
339 Ibid., p. 65.

é o alvo e o provocador. Se amo alguma coisa, é porque essa coisa me fez amá-la; esse não é um movimento inteiramente meu. Se amo essa mesa, é porque alguma coisa nela, de belo, atraente e irresistível, provocou em mim esse anseio por ela.

Vênus/Afrodite é a deusa do amor, é a deusa da atração, mas naquilo que *produz* a atração. Afrodite é aquilo que causa o amor, que impõe a possibilidade de nos despertar a atração, é a beleza que causa o amor. Eros por outro lado é, em si, o amor. Nesse sentido, ele é o deus do amor na sua concepção masculina, aquele que ama, que faz o amor. Essa é uma diferenciação importante; e uma coisa é filha da outra. No mito, Eros é filho de Afrodite, ou seja, a possibilidade de amar é filho, ou vem da possibilidade de ser atraído. Walter Otto diz isso de uma maneira melhor:

> [Eros] desempenha, por um lado, um papel importante nas especulações cosmogônicas e, por outro, um papel bem acanhado no culto. [...] Ele é o espírito divino do desejo de procriar e da atividade da procriação. [...] Afrodite não é a amante, ela é a beleza e a graça risonha, que fascina[340].

Afrodite é aquele brilho em todas as coisas, aquela camada dourada em tudo, que nos provoca a atração, que nos faz sorrir sorrindo para nós, aquilo que chamamos de beleza – e a beleza provoca sempre uma atração. Eros é a realização dessa atração. Eros é o que possui; Afrodite é o que é possuído. Eros é aquela força psíquica, cosmogônica, que torna alguém um amante. Afrodite é a qualidade em alguma coisa que a torna uma coisa amável e irresistível. Eros é, ao contrário, o que possui, o que penetra, ele é o deus do amor no sentido de ser *a capacidade de amar*. É o amante. Na descrição de Plotino, em "Sobre o Amor", Eros "é o olho com o qual é dado ao desejante ver o objeto do seu desejo"[341].

---

340 OTTO, W. *Os deuses da Grécia*. Op. cit., p. 90-91.

341 PLOTINO. "Sobre o Amor". In: *Tratados das Enéadas*. Tradução, apresentação, notas e ensaio final de Américo Sommerman. São Paulo: Polar, 2002, p. 105.

Essa é uma primeira diferenciação importante a ser feita entre esses dois deuses, Afrodite e Eros, que a mitologia grega nos refere como sendo os deuses do amor – porque o amor é muito complexo. A mentalidade grega politeísta diferencia as coisas para nós. E haveria ainda outras diferenciações, de acordo com outros deuses, sobre essa questão do amor. O capítulo "Amor" é muito vasto, muito multifacetado; e as mitologias politeístas nos ensinam a caminhar por um terreno tão complexo e vasto como esse.

E Eros, o amor, é sempre masculino, tem um caráter masculino, penetrativo, penetrante, flecheiro – por isso ele tem uma flecha. Essa é a segunda distinção importante:

> Aos poucos, todavia, sob a influência dos poetas, Eros se fixou e tomou sua fisionomia tradicional, passou a ser apresentado como um garotinho louro, normalmente com asas. Sob a máscara de um menino inocente e travesso, que jamais cresceu (afinal, a idade da razão, o *lógos*, é incompatível com o amor), esconde-se um deus perigoso, sempre pronto a traspassar com as suas flechas certeiras, envenenadas de amor e paixão, o fígado e o coração de suas vítimas[342].

Essa imagem nos diz alguma coisa sobre Eros, esse "demoninho" que a imaginação grega representa como aquilo que mais inferniza nossa vida, que é responsável pelos nossos maiores erros (e, talvez, acertos). O grego imagina aquela criatura como um garotinho loirinho, cabelinho encaracolado, branquinho, com asinhas, e isso quer dizer muitas coisas: primeiro, quer dizer que o amor é sempre jovem, sempre criança; o amor não envelhece. O amor, a paixão, meu desejo – não o amor concebido de uma maneira mais romântica, ou o amor pelas lentes do *senex*, mas esse amor da paixão, o amor do encanto, que faz a ligação, que dá a flechada. Ele lança a flecha porque por trás dele há um "princípio cósmico", ele é uma figura personificada que está a serviço de um princípio maior que é

---

342 BRANDÃO, J.S. *Dicionário Mítico-etimológico da Mitologia Grega.* Op. cit., p. 188.

unir, juntar. Estamos falando de uma energia psíquica cujo trabalho é a atração, cuja qualidade é juntar, e que não vai medir esforços para isso acontecer. Pois bem, isso em nós é sempre jovem, é novo, e nos torna novos, nos renova. Quando estamos apaixonados nos sentimos jovens, como uma criança, para bem e para mal, porque uma criança faz besteira também.

Esse sujeito aqui não é confiável, é uma força complexa, construtiva e destrutiva ao mesmo tempo. Faz o que ele quer. Mas Junito Brandão dá essa informação que me parece muito interessante: sua flecha quer trespassar o fígado e o coração de suas vítimas. O fígado foi, tradicionalmente, entendido como a sede das emoções, muito mais do que o coração. A noção do coração como a sede das emoções, do amor e do sentimento é muito recente, vem dos românticos. Tradicionalmente, a sede dos amores, das paixões, da vida emocional ou daquilo que os gregos chamam de *thymos*, é o fígado. Em algumas imagens, a flecha não está direcionada para o peito, ela está direcionada mais embaixo. A flecha não está direcionada para o coração, ou pelo menos não só para o coração; ela está direcionada para o fígado.

Em todos os relatos mitológicos, a flecha atinge o fígado e o coração – estamos acostumados a ver nos cartões-postais do Dia dos Namorados que a flecha atinge o coração. Mas o mito fala do fígado também. É claro que essa flecha tem que atingir o fígado das criaturas.

Quase a totalidade da representação iconográfica de Eros é como um menino. E tem a flecha, um elemento simbólico importante, um elemento fálico. Assim, a imaginação grega concebe essa energia psíquica a que damos o nome de Eros como masculina – ela não é da ordem do feminino, e há entre os junguianos essa noção de que o Logos é masculino e o Eros feminino. No mito mesmo, Eros é de uma qualidade masculina, e a flecha como imagem fálica é uma imagem de penetração, atesta para a masculinidade nessa figura.

Então, desejar é masculino, embora isso possa ser feito com alma, espera-se; mas, amar, desejar, significa querer penetrar alguma coisa, "entrar" nela, e isso é arquetipicamente da ordem do masculino: a flecha, a tocha, o falo.

Temos que entender que aquilo que o mito está se referindo como Eros, tanto no seu nível mais primitivo, como "princípio cósmico", quanto no nível mais imediato, mais diferenciado de uma figura divina, diz respeito ao aspecto da existência de atração, desejo, amor, daquilo que impulsiona e faz ligar, e que essa atração, em função da fertilidade, sempre gera alguma coisa.

Eros, porque é um demônio, uma força que não se detém, quer fazer uma determinada união de qualquer maneira, mesmo que ela não seja boa para você. E isso pode ser sentido como destrutivo, o que muitas vezes é.

6.3 O não do *daimon*

Eros é um *daimon* – e o modo de agir do *daimon* é o "não": "Não é isso!", "Não faça aquilo!" Ele não diz o que fazer, ele diz o que não fazer. Em Hillman, lemos o seguinte:

> O *daimon* instiga uma mudança abrupta de padrão de comportamento e, ao mesmo tempo, oferece uma razão consciente ou uma explicação verbal. Este *daimon* era localizado, ou agia, no *thymos* (que se imaginava situar-se no peito ou no diafragma), a sede da consciência emocional[343].

A diferença entre vivos e mortos é que os vivos têm *thymos* e os mortos não. *Thymos* é o sangue, a vitalidade, a vida emocional. O *daimon* age no *thymos*, ele age na vida emocional. "E era até possível conversar com ele. O duplo aspecto do demônio/*daimon* – instigador e inibidor de um padrão de ação – começa com Homero [...]"[344].

---

343 HILLMAN, J. *O mito da análise.* Op. cit., p. 71.
344 Ibid.

O *daimon* instiga a uma ação, mas ele diz: "Não é por aí". Esse "não" é interessante, porque ele se transforma, a meu ver, em um método na psicoterapia arquetípica. Se você não disser "não" – "Não é isto!" – não avança. Se você concorda com o seu paciente, muitas vezes a reflexão estanca, acaba ali. Ao dizer "não", você age como o *daimon*. Provoca a imaginação, segue imaginando. E isso faz com que as coisas avancem, se aprofundem.

> Para Platão, Eros era um *daimon*, assim como o eram psique e outras "funções" vagamente concebidas (*Banquete*, 202E). Mas a experiência individual do *daimon* pessoal, como aparece na sua forma mais articulada na pessoa psicologicamente criativa de Sócrates, seria ela própria Eros? Se o *daimon* de Sócrates – seu espírito interno prudente, o "não" que "nunca aconselha uma ação positiva", o momento inexplicável da intervenção, da inibição e da pré-ciência que engendra a realidade psíquica e, ao mesmo tempo, faz a conexão com os poderes arquetípicos – é o princípio de eros, então Eros é o Deus da realidade psíquica, o verdadeiro senhor da psique e nós descobrimos nossa paternidade, o princípio criativo que engendra a alma e é o patrono do campo da psicologia[345].

Esse *daimon* Eros nunca aconselha uma ação positiva: ele é a inibição que engendra a realidade psíquica. Se você não disser "não", você não faz a reflexão, não duvida, não cria espaço interno.

O *daimon* está a serviço da alma – Eros está a serviço da alma. Este é um ponto crucial que Hillman salienta. E é aquilo que os ancestrais Freud e Jung chamavam de "via negativa". Exemplo: o inconsciente – quando você se refere ao inconsciente, está se referindo ao "não consciente". Inconsciente é uma "não coisa", é o "não ainda". O sonho, as emoções, os sintomas são vias negativas. Entendemos que o trabalho psicoterapêutico que está a serviço da

---

345 Ibid., p. 72.

alma se dá pela "via negativa" – essa é uma outra maneira de falar a respeito desse "não" do *daimon*.

Esse *daimon* é concebido como um guia tutelar, um psicopompo – mas ele atua pela via negativa: ele guia "desguiando", não direcionando, ele guia sem guiar, dificultando, inclusive. Hillman: "O despertar da psique depende inteiramente do *daimon* de eros"[346].

A mesma fórmula pode ser perfeitamente invertida: onde quer que Eros vá, algo psicológico está acontecendo. Onde há alma, há Eros, e onde há Eros, há alma, ou deveria haver – e se não há, estamos doentes.

6.4 Psiquê

Agora, podemos começar a entrar no próprio conto, porque o outro lado disso tudo, o outro lado dessa história, desse par, é o que os gregos chamavam de alma, *psyché*. E aqui, também, temos a compreensão de que, na imaginação mitológica grega, a alma também é um princípio cósmico, também é algo que perpassa todas as coisas, como o elemento psíquico em todas as coisas, ou aquilo que é formulado na filosofia grega como *anima mundi* – a alma é, de uma certa forma, algo que está presente ou atravessa, perpassa todas as coisas.

Vamos encontrar esse princípio personificado por uma donzela, por uma menina, digamos, problemática, ou aquilo que Jung chama de *anima* – a versão personificada de um princípio geral cósmico. Entramos em contato com esse princípio como uma pessoa.

E.R. Dodds, em seu *Os gregos e o irracional*[347], elucida muito a mentalidade grega, e esse mundo grego tem muito a ver com o modo como fazemos psicologia. A psique é um princípio que anima

---

346 Ibid., p. 76.
347 DODDS, E.R. *Os gregos e o irracional*. Tradução de Paulo Domenech Oneto. São Paulo: Escuta, 2002.

o corpo, antes de ela ser essa menina, essa donzela, quando ela pode ser compreendida por meio de seu comportamento – e é isso que está no conto, o comportamento de uma menina que é suicida, que é deprimida, superproblemática, frágil, indecisa. É uma candidata séria para psicoterapia. Mas ela é entendida, no conto, como um *thymos*, o ardente para o grego. "A 'alma' não era nenhuma prisioneira relutante do corpo, mas sim a vida, o espírito do corpo, sentindo-se perfeitamente à vontade ali"[348].

"A *psyche* é mais ativa quando o corpo está adormecido ou, como acrescenta Aristóteles, quando ele se encontra prestes a morrer"[349]. Para o grego, a psique está mais ativa como um princípio que nos anima quando estamos dormindo, porque estamos inteiramente entregues ao mundo psíquico, mundo dos sonhos, das imagens, e estamos fora da vida, estamos no reino do outro lado, da Morte, no Hades.

Dodds também traz citações de Píndaro e Xenofonte, que têm a ver com as compreensões da imaginação grega quanto ao que seja a alma, a psique:

> "Cada corpo humano", afirma Píndaro, "segue o chamado da dominadora morte, mas ainda permanece acesa uma imagem de vida, e é apenas isto que nos vem dos deuses. Esta imagem adormece quando nossos membros estão ativos, mas quando é o homem que dorme ela lhe indica um sonho que algo alegre ou adverso está a caminho." Xenofonte apresenta esta mesma doutrina em prosa simples, e nos oferece os liames lógicos que a poesia tem o direito de omitir: "É durante o sono que a alma (*psyche*) exibe melhor sua natureza divina. É durante o sonho que ela atinge uma certa intuição do futuro, e isto porque é no sonho que ela se encontra aparentemente mais livre"[350].

* * *

---

348 Ibid., p. 143.
349 Ibid., p. 143-144.
350 Ibid., p. 139.

Entrando agora mais diretamente no conto de Eros e Psiquê, ele tem uma estrutura de conto de fadas, mas se refere a arquétipos. Há uma diferença entre mito e contos de fadas – e quem trabalha muito bem com isso é David Miller, num ensaio chamado "Conto de fadas ou mito"[351], onde ele reflete sobre a diferença existente entre essas duas narrativas.

Mas essa história tem estrutura de conto, ou seja, é como uma "novelinha" que tem diversos elementos simbólicos em cada momento: o que acontece antes, o que acontece no meio, o que acontece depois com relação à maldição que se coloca em torno dessa donzela Psiquê, e depois toda a questão em torno de Afrodite, e ainda depois a questão das tarefas.

A história tem basicamente quatro momentos. Esses quatro momentos são revestidos de elementos simbólicos que podemos analisar, mas não vamos fazer isso aqui; quem quiser realmente mergulhar numa leitura desse tipo, deve ir ao livro de Marie-Louise von Franz, ou mesmo ao de López-Pedraza para um exame mais a fundo de cada elemento simbólico.

O que podemos aprender com essa história é, vamos dizer assim, a compreensão mais elaborada do que seja esse princípio eros e esse princípio psique – através do comportamento de Eros e de Psiquê, como eles funcionam, como eros trabalha em nós e em todas as coisas, o que é importante para ele e para a psique.

Então, entra esse terceiro elemento que é a mãe dele – Afrodite, que serve para desarrumar a coisa toda. Aqui, percebe-se que, dentro dessa questão da relação de Eros e Psiquê, um dos elementos importantes é a questão da beleza. Como já mencionamos, o conto começa com uma questão em torno da beleza e termina com uma questão em torno da beleza. O "motor inicial" da história é o ciúme,

---

[351] MILLER, D. "Fairy Tale or Myth?" In: *Spring 1976*: an Annual of Archetypal Psychology and Jungian Thought. Nova York: Spring Publications, p. 157-164.

o enfurecimento e a inveja que se dá em Afrodite porque essa "tal" donzela, que é uma mortal, nesse momento é tida como muito bela.

Relembrando rapidamente, Psiquê é uma princesa, filha de um rei e de uma rainha, uma princesa de uma beleza extraordinária que começa a ser adorada pelas pessoas por causa exatamente de sua beleza, a ponto de acharem que ela é uma deusa, a ponto de chamarem-na de "a nova Afrodite". A deusa da beleza e do amor, Afrodite, fica então enfurecida por que os mortais estão desviando a atenção que ela merece, que deveria ser dada a ela, para essa simples e reles mortal – esse é o início da história. A história começa com essa disputa e, depois, no final da história, também aparece a mesma questão – pois na quarta e última tarefa, ela tem de ir até o Mundo das Trevas, o Hades, para pegar o "creme da beleza" de Perséfone para trazer para Afrodite. Nesse momento, ela não se controla e abre a caixa, caindo num sono mortífero – mas é a curiosidade de Psiquê pela beleza, seu anseio por beleza que está sendo mostrado.

Isso não é por acaso: o conto está dizendo que a vida psíquica tem um entrelaçamento profundo com a beleza, e que temos que nos dar conta disso. O conto, em sua imensa sabedoria, nos diz: a primeira característica que este mito vai apontar em Psiquê – ou seja, quem é a alma? – é que ela é *bela*. Essa é sua primeira e principal característica: ela é bela; não é nobre, não é gorda, não é inteligente, não é sensível, não é alta, não é baixa, não é mal-encarada, manca ou coxa, ou qualquer coisa desse tipo – aquilo que mais a descreve no mito é a beleza. Isso é, ao mesmo tempo, uma bênção e uma maldição.

A filosofia grega também vai formular que a alma tem uma tendência ao belo, e uma repulsa ao feio. Temos uma atração pelo belo, psicologicamente falando; a alma em nós, conforme a observação dos filósofos gregos, tem uma tendência para a beleza.

Afrodite chama seu filho, Eros, porque ela fica muito enfurecida com a princesa, e quer castigá-la. A deusa da beleza e do amor quer castigar essa princesa pelo amor – o jeito que a deusa do amor tem de soltar uma maldição é pelo amor. Ela quer castigar pela concorrência que se estabeleceu entre elas, e a arma que ela tem é o amor, que ela conhece muito bem. Então, ela elabora com o filho de que ele faria Psiquê se envolver amorosamente com o pior dos mortais: um homem abjeto, feio, sem saúde, sem riqueza, sem posição social, sem nada – um verdadeiro monstro. A maldição da deusa do amor se dá por uma maldição de amor. Temos então aqui uma mãe e seu filho, e o conto vai ser também a história desse filho se libertando dessa mãe. Aqui, a versão que Junito Brandão narra:

> [...] a deusa chamou a seu filho Eros, menino alado e de maus costumes, corruptor da moral pública e provocador de escândalos, e deu-lhe uma incumbência urgente. Levou-o à cidade, onde vivia a linda Psiquê, e pediu-lhe que a fizesse apaixonar-se pelo mais horrendo dos homens. Beijou-o, muitas vezes, com os lábios entreabertos e retornou a seu habitat preferido, o bojo macio do mar[352].

Esses beijos de Afrodite e Eros, com "lábios entreabertos", indica uma relação de tom incestuoso, e também mostra a força desse vínculo entre mãe e filho. O que acontece depois, e que todos sabemos, é que Eros apaixona-se pela moça, e ordena que o vento Zéfiro a leve dali para seu castelo, onde viveria com ela.

Os junguianos olham muito para Psiquê, para seu desenvolvimento, para a iniciação no feminino. O conto nos conta a respeito da iniciação no psíquico, e essa iniciação tem a ver com compreendermos o quanto o psíquico e o amoroso estão ligados; um não existe sem o outro. Mas o conto também nos fala alguma coisa sobre Eros propriamente dito: está nos dizendo que esse filho precisa se separar dessa mãe, que essa mãe exerce uma influência extraordinária sobre esse filho, que precisa ser superada. Ele só vai se tornar um amante de fato na hora que superar ser o filho da mãe. O conto está dizendo que o amor tem alguma coisa muito complexa ligada com a beleza, e com uma beleza de uma certa qualidade, pois é preciso distinguir

---

352 BRANDÃO, J.S. *Mitologia grega*. Vol. II. Op. cit., cap. VIII: "Eros e Psiquê", p 210.

entre essas duas belezas, como o mito nos permite fazer: a beleza de Afrodite e a beleza de Psiquê. Afrodite refere-se à beleza física, sensorial, sensual; com Psiquê, temos acesso à beleza psíquica. A beleza de Psiquê entorpece, a beleza de Afrodite desperta. Há um jogo entre essas duas manifestações da beleza. São experiências com a beleza.

Mas o que é a beleza psíquica? Acho que quem vai responder isso é James Hillman: a beleza psíquica é a beleza das imagens, da interioridade das imagens. Ele fala que, em função de sua última tarefa, em que ela entra na profundidade do reino das trevas, ela ganha uma profundidade insondável, e vira imagem – e então, depois disso, pode ascender aos céus, ao Olimpo. Psiquê ganha a profundidade da beleza, e assim a beleza psíquica é a beleza da profundidade, que Afrodite não tem. Afrodite é a beleza imediata, a beleza da aparência do mundo, a sedução encantada do mundo. Ela é extrovertida, é diurna, do Sol. Essa beleza que é do dia, que é do mundo, que é a delícia de vivermos nesse mundo – ou seja, a atração de todas as coisas, das cores, dos aromas, dos apetites, de toda apresentação diurna, solar, iluminada, que todas as coisas nos oferecem – isso é Vênus, isso é o venéreo, o amor pela sensualidade da vida, o deleite na sensualidade e na sensorialidade de todas as coisas. Isso é essencial, é divino. É extrovertido. Está nas superfícies. É aquilo que a mentalidade grega chama de Vênus/Afrodite.

Afrodite é toda texturas, odores, sons. O frêmito do amor no nível de Afrodite é vivido nas (e pelas) mucosas.

Com Psiquê temos um outro tipo de beleza: noturna, introvertida, profunda, bidimensional, imagética, profunda, algo deprimida, interior, obscura, insegura. E o que o conto nos apresenta é um embate entre essas duas belezas, e a migração de Eros de uma para outra. Muito se fala na iniciação de Psiquê, mas me parece interessante ler o que o conto fala de uma iniciação de Eros. O conto apresenta uma iniciação de Eros, e também a iniciação no erótico. Se ele se move do dia para a noite, da superficialidade para a profundidade, daquilo que é extrovertido para alguma coisa que é introvertida, parece-me que está no bojo dessa história apontar para essa iniciação erótica. Trata-se da possessão por esse algo que nos fascina. Eros é o impulso a querer possuir ou amar aquilo que me fascina e que é amável. Por isso essa flecha na mão dessa criança: eros como algo eternamente jovem, eternamente flecheiro, eternamente apontado e penetrante.

O amor de Afrodite é algo indiferenciado; o de Psiquê, não: tem e quer ter foco. O de Venus é um amor que surge da água – o nascimento de Afrodite é na água, o de Psiquê é na terra. É um amor aquático, permeia tudo. O de Psiquê é na terra; como humana, ela brota da terra. São tipos de amor diferentes. O amor de Afrodite aprisiona Eros, como se ele não pudesse ir adiante, não pudesse seguir. Na clínica, podemos fazer essa correlação com as pessoas que ficam nesse amor de Afrodite e não caminham para o amor de Psiquê. Não fizeram essa iniciação. O conto de Eros e Psiquê conta sobre iniciações. Uma iniciação no amor e uma iniciação no psíquico. E é também uma iniciação do psíquico pelo amor, e do amor pelo psíquico.

Em *O mito da análise*, Hillman nos remete a esse "amor aguado":

> A tentativa de suicídio por afogamento de Psiquê também pode ser entendida em termos dos elementos associados aos dois tipos de amor: lançar-se às águas significaria retornar a Afrodite, que nasceu do mar e era venerada ao lado de Poseidon; ao passo que Eros inflama. "É morte para as almas tornarem-se água", disse Heráclito (Frag. 36), e no pensamento neoplatônico isto significava que as almas úmidas desciam sempre mais profundamente no princípio meramente generativo, uma dissolução na natureza primordial, sobre a qual reinava a deusa do amor, da sexualidade e da fertilidade[353].

---

353 HILLMAN, J. *O mito da análise*. Op. cit., p. 67, nota de rodapé 63.

Lembramos outro aforismo de Heráclito: "As almas secas são as melhores" (Frag. 118). Aqui temos os elementos água (Afrodite) e fogo (Eros). Mas com Psiquê estamos no elemento ar: o final do conto é uma ascensão de Psiquê, ela vai para o céu, para junto dos deuses, ela é tornada uma deusa, é aceita pela família. Nora e sogra terão de conviver – Afrodite tem de aceitar essa ascensão ao final, porque Zeus a aceita, e todos aceitam Psiquê. O mito está colocando uma direção para o caminho da alma que é ascendente, não descendente. Há uma descida primeiro, uma *katábasis*, mas depois há uma ascensão.

No nível do conto, há uma mãe que não quer deixar de ser mãe, não quer entregar o seu filho para uma "outra mulher". Essa é uma história clássica, todo mundo conhece isso. Mas, no nível mítico, isso precisa ser compreendido e analisado. Há uma atração e um tipo de controle exercido pela beleza, por essa deusa, que tem a sua sombra também. Ela tem alguma coisa de terrível, não é só essa coisa divina, do brilho de todas as coisas. E aqui temos algo que o conto nos apresenta de forma magnífica, que é a psicologia da inveja e do ciúme. Esse é outro nível, outra camada, do texto. O conto também começa com inveja e ciúme. Afrodite está enfurecida porque tem inveja da beleza de Psiquê, pois, no fundo, ela sabe que está ameaçada, que ali há um exercício de beleza diferente do dela. Ela sofre um enfurecimento por inveja e também um enfurecimento por ciúme, porque ela pode perder o filho para uma outra mulher, e isso para ela parece insuportável. Portanto, o conto também nos dá acesso à psicologia da inveja e do ciúme.

6.5 Inveja e ciúme

As irmãs de Psiquê atuam a psicologia da inveja. Elas têm inveja e o conto nos traz algumas informações sobre o que é a inveja, especialmente no que tange a relação de Psiquê com as irmãs. A inveja é deflagrada por conta de um certo exibicionismo que as irmãs sentem em Psiquê. Ela está naquele castelo, casada com um suposto marido rico, interessante, numa casa maravilhosa, e as irmãs ficam muito invejosas. Mas ela mesma manda chamar as irmãs. Ela pede para Eros que chame as irmãs, que Zéfiro, o vento, as traga para poder conversar com elas, pois Psiquê está muito solitária nessa vida abastada e vazia. Muito ingenuamente, ela recebe as irmãs e fica mostrando a casa bonita, o carro, o vestido, as joias, os jardins, e isso detona a inveja das irmãs, que depois tramam uma armadilha para ela.

Mas, o que está aqui? Eros manda buscar as irmãs de Psiquê. Portanto, há alguma coisa que o conto quer nos mostrar sobre inveja e Eros. Há algum lance psicológico que envolve essas duas instâncias. Vejamos.

A inveja e o ciúme estão presentes na história de Psiquê, mas temos de fazer um certo esforço para compreendê-los, e López-Pedraza nos ajuda muito a entender essas emoções de um ponto de vista pagão, não do ponto de vista cristão. Se nos esforçarmos para entender essas emoções do ponto de vista pagão, elas podem revelar o que fazem para nós.

No mundo cristão, monoteísta, essas emoções não têm valor algum – o que nos é dito é que no aparecimento dessas emoções o que se deve fazer é descartá-las. López-Pedraza, sobre a inveja: "Para o cristianismo não há alternativa, se sente inveja isso é maldade. Não se trata de explorá-la, tem que se desfazer dela e reprimi-la"[354]. A inveja, inclusive, é entendida como um dos sete pecados capitais; e o ciúme é algo nem um pouco valorizado. Para o bom cristão, na hora que ele se depara com alguma dessas emoções – ciúme ou inveja – a recomendação é: livre-se disso a qualquer custo. O que em psicologia significa repressão, ou seja, um esquecimento especializado. Mas esses sentimentos não desaparecem.

---

354 LÓPEZ-PEDRAZA, R. *Sobre Eros e Psiquê...* Op. cit., p. 59.

Do ponto de vista do imaginário pagão, o ciúme e a inveja, como mostra essa história, são dois detonadores da ação – são os "gatilhos" que fazem com que a história aconteça. É muito interessante começarmos a perceber isso. Temos de diferenciar ciúme de inveja – emoções que aparecem pareadas, mas que são diferentes. Na inveja, desejamos o que uma pessoa tem. No ciúme, experimentamos o medo de perder o que temos, de que alguém leve o que é nosso.

Portanto, a inveja é importante. É isso que o mito está nos apresentando – nessa história, sem inveja não há movimento. Temos muita dificuldade com uma apreciação clara, não moralizada, dessas emoções, dificuldade de termos uma verdadeira apreciação psicológica. Estamos acostumados a "demonizá-las". Como psicólogos, queremos compreender as emoções, mas para as compreendermos temos de suspender os julgamentos morais, como os mestres nos ensinam. Temos de olhar para a inveja e o ciúme sem julgamento, aí aprendemos sobre essas emoções e os seus valores intrínsecos. Se elas estão em nosso coração, elas têm uma função. Demonizar a inveja é uma invenção do Novo Testamento.

Essa é uma das lições desse mito de Eros e Psiquê. Psiquê não teria ousado conhecer seu marido se a inveja das irmãs não a tivesse levado a fazê-lo. E mais, há outro detalhe importante no mito: a entrada dessas irmãs invejosas, sabendo que são invejosas, é ação do próprio Eros, por meio de um escravo seu, que é o vento Zéfiro. Ele manda buscá-las, e ele sabia no que ia dar. A história que o mito conta é multifacetada, mas há um entrelaçamento profundo e misterioso entre Eros e a inveja. Ou seja, invejar é um jeito de amar.

A inveja caminha sempre rumo ao que está exposto. Há o *invidere* (a palavra em latim de onde vem inveja), que quer dizer "ver dentro"; mas há também, no outro lado, a questão da exposição. As irmãs de Psiquê ficam alteradas quando veem o casarão, a mansão, cheia de empregados, caviar em cima da mesa, televisão de 50 polegadas, *home theater*, piscina aquecida, veem tudo aquilo e elas sem nada! Ora, o elemento visual está dos dois lados, de quem olha e também de quem mostra, daquilo que está à mostra e que detona a inveja – a exposição, a ostentação. O *invidere* é de mão dupla.

A inveja é o sentimento de querer o que o outro tem. Isso do ponto de vista cristão é uma coisa ruim, é maldade; mas, do ponto de vista de uma observação mais complexa da alma humana, como os gregos faziam, é uma força que põe em movimento. Há a expressão "inveja branca", que é uma distorção total, uma inexistência delirante. A inveja não é branca, é sempre "preta", digamos, para ser de verdade. "Inveja branca" – o que é isso? É a fantasia de querer limpá-la. Mas, digamos, ela não é suja, ou "preta". É um sentimento humano que tem uma função na alma.

É muito difícil tirarmos algumas lições de um conto como esse que vem de uma cultura tão diferente da nossa, porque estamos muito imersos na nossa mentalidade cristã, monoteísta, secular, moderna. É muito difícil, embora não seja impossível, ter uma apreciação da inveja que não esteja colorida por nossas informações judaico-cristãs. A inveja e o ciúme, do ponto de vista cristão, são sentimentos e emoções execráveis, que precisam ser eliminados, que não podem ser sentidos, que não fazem sentido, que não pertencem à ordem natural das coisas. Para a mentalidade grega, no entanto, que nos parece muito mais próxima do que seja o funcionamento psicológico, a inveja e o ciúme são forças importantes. Por isso Eros manda buscar as irmãs, porque vai detonar a inveja, a iniciação de Psiquê, vai detonar toda a história. É como se os gregos estivessem dizendo que a vida de todas as relações é inconcebível sem o aporte da inveja e do ciúme. São emoções cabíveis, importantes. É muito importante, para nós da psicologia, da psicoterapia, podermos fazer esse esforço de entrar em contato com emoções como essas sem o nosso arcabouço monoteísta cristão. López-Pedraza fala da inveja como uma das motivações humanas: "Os gregos acreditavam que o homem é invejoso por natureza. A inveja esteve sempre conosco, e os gregos eram suficientemente honestos para aceitar essa realidade da vida ao considerar as motivações humanas"[355].

> O relato de Apuleio é um conto pagão, e ler um conto pagão com lentes muito cristãs me parece um tanto difícil para não dizer impossível. Devemos ler o pagão a partir de nossos níveis pagãos[356].

O desafio do estudo da psicologia da mitologia é um desafio urgentíssimo, significa poder acionar os nossos níveis pagãos para um entendimento muito mais amplo da psicologia das emoções. Se quisermos entender as histórias de Zeus, Afrodite, Eros, Psiquê, Ares, Hermes, de todas as figuras míticas, temos que abrir mão de um olhar cristão, moralizante, do contrário não vamos acessar a psicologia que está ali. Aqui temos esse exemplo: não acessamos a psicologia da inveja e do ciúme se estivermos presos à mentalidade monoteísta cristã. Não percebemos que as histórias estão fazendo observações importantes sobre temas de caráter psicológico, a respeito do valor de emoções difíceis como essas. Já há em nós esse gatilho para sumir com a inveja e o ciúme: não se pode senti-los; não fazem parte da conduta do bom cristão, e assim não temos uma compreensão diferenciada delas. E isso não significa o elogio da inveja. No conto, ela serve como um detonador das experiências de iniciação que ele vai narrar depois, e isso é importante tanto para Psiquê quanto para Eros. Então ela é importantíssima.

López-Pedraza faz nesse ponto algumas observações:

> A inveja nos dará uma perspectiva histórica, nos mostrará que é uma emoção no viver pagão e como essa mesma emoção, na concepção cristã, aparece mais carregada de negatividade e se torna mais sombria. [...] Eros provoca o movimento que faz aparecer a inveja. Essa emoção altera a trama da história, e fará com que Eros e Psiquê saiam do encantamento do castelo[357].

---

355 Ibid., p. 57.
356 Ibid., p. 53.
357 Ibid., p. 53, 54.

No conto, a inveja "quebra" aquele estado paradisíaco, paralisado. Muitas vezes é por emoções como essas – ciúme ou inveja – que um estado paralisado pode ser alterado.

É claro que o mito fala que é importante sentir inveja, porque a inveja deflagra uma ação, põe as coisas em movimento. Mas, em algum momento, você tem de se livrar da inveja – Por quê? Porque na inveja você ainda está fazendo coisas por causa do outro, o outro ainda é importante. De alguma forma, você ainda está preso ao outro. Mas é claro que chegará um momento em que se deve ultrapassar a inveja, porque a inveja ainda nos mantém ligados ao outro. Medir a sua evolução pessoal em função do outro é válido, mas é válido até um determinado momento; em algum ponto você tem de prescindir do outro. Não podemos lidar com a individuação, permanecer trabalhando nossos processos, pendurados no outro. Então, em algum momento, temos que ultrapassar a inveja – mas mesmo para ultrapassar a inveja é preciso, primeiro, entender o trabalho que ela quer realizar nas nossas vidas. Essa é certamente uma das lições do conto. Portanto, aqui não há um, digamos, "elogio da inveja", como algo absoluto. López-Pedraza: "Na inveja – na rivalidade ou competição que ela gera – há forças que propiciam movimentos vitais, mas chega um momento em nossa vida adulta em que é necessário que aconteça de termos uma visão de nós mesmos que não se refira ao outro"[358]. A rivalidade que a inveja gera não é necessariamente destrutiva; a inveja não almeja necessariamente a destruição. Rivalizar significa diferenciar-se, um processo psicológico extremamente importante.

Inveja e ciúme são emoções muito próximas, mas que precisam ser diferenciadas. A inveja ocorre no contexto de um relacionamento que envolve duas pessoas, ou dois lados, enquanto o ciúme necessita de um triângulo. Dizemos que ciúme e inveja são a mesma coisa. Não são. Então, um indicador, inclusive na psicoterapia, para sabermos

---

358 Ibid., p. 57.

se estamos diante de ciúme ou de inveja, é ver o número de pessoas envolvidas: se há três, é ciúme; se há duas, é inveja. A inveja é uma emoção bidimensional: eu quero o carro que você tem, é um lance entre eu e você; no ciúme, a situação é tridimensional. O ciúme é o número 3 (três); a inveja, o número 2 (dois). Essas são algumas das complexidades de cada uma dessas emoções.

> Apesar de capturarem nossas almas às vezes de modo muito semelhante, e de podermos por isso confundi-las, inveja e ciúme são emoções bastante diferentes: numa desejamos o que uma pessoa tem; noutra experimentamos o medo de que alguém leve o que é nosso[359].

A inveja surge do latim *invidere*. É a cobiça, e a cobiça depende do olho. Só posso invejar se olhei lá dentro o que o outro tem. A cobiça (ou inveja) é uma emoção ocular, deflagrada pelo olho: ponho o olho dentro de algo, um olho malicioso. Se a inveja significa desejar o que o outro tem, para isso tenho que ter um bom olho, embora esse olho tenha sido entendido no mundo cristão como um "mau olho", o "mau olhar". "Olhar dentro" é um talento, uma capacidade muito especial, olhar com profundidade, olhar além das aparências. Só conseguimos desejar o que o outro tem se conseguirmos enxergar para além das aparências, o que na verdade é ter um "bom olhado". Mas isso é chamado na nossa tradição de "mau-olhado".

Lembremos um detalhe importante: *invidere* quer dizer "olhar dentro *com malícia*". Malícia é outra ação desprezada, desconsiderada dentro do universo cristão. Não podemos ser maliciosos, heréticos, malandros – isso tudo ganhou uma conotação negativa. Porém, são realidades da alma – sentimos essas coisas, o tempo todo – as pessoas que nos procuram, nos buscam para psicoterapia, estão sentindo essas coisas. Se considerarmos a inveja com olhares pagãos, se olharmos com malícia aquilo que o mito está nos apresentando, vamos ver a extrema necessidade da inveja, e

---

359 BARCELLOS, G. *O irmão*: psicologia do arquétipo fraterno. Op. cit., p. 84.

que ela aponta para um talento que deveríamos desenvolver – que é a capacidade de ter um determinado olhar para dentro das coisas.

O ciúme, por outro lado, não é isso. Não depende do olho. Depende mais da imaginação, é mais imaginativo e pode mesmo construir enredos e fantasiar situações. Pode ver onde não há nada a ser visto, por exemplo. O ciúme (*zelos*), estar cheio de zelo, quer dizer fervor em latim. O ciúme é fervoroso, quente, nos aquece. É um estado emocional mais complexo.

A inveja é fria. O que as irmãs de Psiquê exercem, aquilo de que são vítimas, é inveja. Elas olham a vida de Psiquê e desejam aquela vida para elas, porque elas levavam vidas infelizes, casadas com gente feia; e a menina era linda, casada com um homem rico que, no entanto, elas não veem. Veem o patrimônio. Elas não sabem quem ele é, e nem Psiquê sabe, mas ela sente a presença, e esse é um outro aspecto interessante.

A questão da inveja e do ciúme é muito central no conto de Eros e Psiquê, duas emoções tão presentes na vida, na psicoterapia, em nossos encontros conosco mesmos e com os outros. Insisto naquela observação de Rafael López-Pedraza de que é importante que possamos ouvir e nos dedicarmos ao estudo de um mito pagão, de um conto pagão, a partir dos níveis pagãos em nós, porque se partimos do nível cristianizado em nós perdemos as lições do mito, e daí não interessa mais estudarmos e buscarmos tão arduamente a psicologia que está nessas entrelinhas e na sabedoria embutida nessas histórias.

Psiquê recebe o ciúme de Afrodite e a inveja das irmãs. Psiquê tem de lidar com inveja e com ciúme. Nada fácil. Há ciúme em Afrodite por causa da beleza, e ainda mais por causa do sucesso que a menina está fazendo e que a deusa sente que lhe foi roubado. Há inveja nas irmãs em função da suposta felicidade e afluência de Psiquê.

O ciúme e a inveja são algo muito humano, mas são, também, algo presente nos deuses. O mito percebe essas emoções, está no seu radar. O conto de Eros e Psiquê começa com o ciúme de Afrodite – veja, uma deusa desse porte, olímpica, tão bem delineada, tão sofisticada, multifacetada e tão rica em termos de personalidade, está ciumenta. Então os deuses são ciumentos.

E.R. Dodds, abrindo caminho na mentalidade do mito, faz algumas referências a essa emoção, que em grego é *phthonos*, a inveja, o ciúme dos deuses. Há uma expressão de Heródoto, que ele cita, sobre a divindade, no caso Afrodite:

> É este sentimento que Heródoto exprime ao dizer que a divindade está sempre "ciumenta e pronta a interferir". [...] Seria melhor dizer que a ideia que está em jogo é a de que os deuses ressentem em nós algum sucesso ou felicidade capaz de elevar nossa mortalidade acima de seu *status* normal, usurpando, dessa maneira, algo que seria prerrogativa das divindades[360].

Então, esses deuses homéricos são fundamentalmente ciumentos – como escutar isto, sem o preconceito em torno do ciúme? O ciúme e a inveja dos deuses ocorre quando os mortais são bem-sucedidos. Os deuses têm inveja dos humanos quando esses estão felizes. Então, a felicidade dos humanos não parece ser algo que os deuses perdoam, nem desejam. Há uma informação interessante aqui: se você quiser entender os deuses – em outras palavras, o inconsciente coletivo, o nível arquetípico em nós, a dimensão para além do ego – deve ter uma relação com essa dimensão com maior respeito e piedade. "Para os antigos gregos, a religiosidade era definida em termos de 'piedade', isto é, do respeito e das homenagens devidas às divindades"[361]. Não cabe à pessoa humana fomentar a inveja dos deuses – é a ideia de *metron* (a medida). É o que se abate sobre Afrodite: uma história onde beleza e inveja estão entrelaçadas de alguma maneira. Dodds: "Os homens sabiam o quão perigoso

---

360 DODDS, E.R. *Os gregos e o irracional*. Op. cit., p. 36.
361 RIBEIRO JR., W.A. "Ares". In. *Hinos homéricos*. Op. cit., p. 41, nota de rodapé 3.

era ser feliz"[362]. Esse é o início da nossa história, tão paradigmática para entendermos a alma, a psique, o amor. Dodds faz ainda outra observação interessante: "Na *Ilíada*, o heroísmo não traz felicidade. A única e suficiente recompensa para o heroísmo é a fama"[363]. São coisas que vamos buscando a fim de compreender melhor o que é o ciúme ou a inveja dos deuses. Os deuses se ofendem rapidamente.

* * *

Um outro ponto interessante no conto, especialmente nesse momento em que nos detemos nas emoções da inveja e do ciúme, é que ele mostra que as relações mais determinantes para Psiquê são as relações com suas irmãs. O conto não fala de pai e de mãe, não explora e nem põe importância nas relações assimétricas verticais. Eles são mencionados no começo, claro, pois há também aquela maldição do oráculo de Apolo, que fala que a menina tem que ser levada para uma montanha e deixada ali, e que haverá um casamento para ela com um ser feio e velho, um monstro – é a maldição que recai sobre Psiquê e os pais obedecem. Aqui está o "motivo do abandono", que é um motivo bastante conhecido e frequente na mítica: a criança abandonada. Mas, daí em diante, as coisas de importância que acontecem a Psiquê se dão num nível mais horizontal. Tanto com Eros, na questão conjugal, quanto com as irmãs, na questão fraterna da horizontalidade. O mito de Eros e Psiquê, que é importante por tantos outros motivos, é também por este: as relações horizontais e de fraternidade são mais determinantes no decorrer dessa história psicológica. López-Pedraza:

> No conto de Apuleio, o pai e a mãe de Psiquê não são muito importantes, obedecem ao oráculo e nada mais. Se fossem importantes, Psiquê não seria Psiquê, por

---

362 DODDS, E.R. *Os gregos e o irracional*. Op. cit., p. 38.
363 Ibid., p. 36.

assim dizer, e ficaria ao longo da narração lutando para libertar-se e realizar-se fora dos pedaços de sua história da relação de seu pai e sua mãe. Apuleio, este grande conhecedor da alma, foi diretamente à alma, sem cometer a tremenda estupidez que temos cometido, os estudiosos de psicologia do século XX, ao ficarmos estancados na história que concerne ao pai e à mãe de nossa Psiquê[364].

Para você realmente entender a alma, papai e mamãe talvez não sejam mais tão importantes, como quis crer ou crê ainda a psicanálise, e a maioria das psicologias. O indivíduo, do ponto de vista da alma, depende hoje menos de pai e mãe para ser compreendido – e isso já estava explícito nesse conto. Aqui, devo referi-los a meu livro *O irmão: psicologia do arquétipo fraterno*[365], onde este tema é aprofundado em suas múltiplas faces.

Isso, claro, diz respeito a Psiquê. Com relação a Eros, a problemática toda é com a mãe, como veremos. O complexo materno está ali, a história nos apresenta toda a complexidade desse vínculo, e como ele tem de se livrar da mãe para poder se transformar.

Em termos muito simples, o que quero apontar e reforçar aqui tem a ver com a questão das irmãs, ou seja, deslocar o foco da investigação psicológica dos braços da mãe, da origem, do pai, da problemática "de onde eu vim", ou seja, das relações assimétricas, para as relações simétricas, que são mais próximas, com as irmãs. E o próprio mito, do ponto de vista de Eros, apresenta a questão de deixar a mãe. López-Pedraza conclui: "O princípio do psíquico é que Eros se mova para fora do materno"[366]. Essa é uma das lições mais importantes desse mito, e é o caminho que Hillman trilha e que está muito bem colocado por López-Pedraza novamente: ele fala do "princípio do psíquico" – princípio no sentido daquilo que move, que rege alguma coisa, não princípio no sentido da origem, do começo, mas princípio no

---

364 LÓPEZ-PEDRAZA, R. *Sobre Eros e Psiquê...* Op. cit., p. 52.
365 BARCELLOS, G. *O irmão*: psicologia do arquétipo fraterno. Op. cit.
366 LÓPEZ-PEDRAZA, R. *Sobre Eros e Psiquê*. Op. cit., p. 74.

sentido de *regência*. Eros deve se mover para além do princípio do materno. Então, a história, agora do ponto de vista de Eros, trata da transformação do psíquico como um todo, de tirar Eros dos braços da mãe; e é isso que ela, Psiquê, busca – busca um Eros que seja psíquico e não mais materno. Isso já está dado no conto, acredito, pois, como já salientamos, os pais não têm muita importância nessa história. A mãe tem importância apenas do ponto de vista de Eros, mas para Psiquê, se enxergarmos o conto como uma descrição da iniciação do psíquico, não. Aqui, pai e mãe não entram e, no entanto, nos outros mitos que já informaram toda nossa tradição psicológica – Édipo em Freud, o Herói em Jung – a ênfase é toda genealógica: "diz-me de onde vens que te direi quem és". Aqui, é: "diz-me com quem estás te irmanando, e te direi quem és". Hillman enxergou isso muito cedo, seu ensaio é de 1969, um de seus primeiros trabalhos de psicologia arquetípica – enxergou que deveríamos nos mover, na prática da psicologia, da psicoterapia, para um outro paradigma, porque esse outro paradigma mostrará com maior riqueza de compreensão e proximidade a coisa psíquica. Esse paradigma é o da fraternidade, das relações horizontais.

6.6 O mito da análise

Primeiramente, é preciso observar que uma das motivações para as reflexões de James Hillman em torno desse mito de Eros e Psiquê – que está, como já referimos, no primeiro ensaio de seu livro *O mito da análise*, "Sobre a criatividade psicológica" – é enxergar um outro mito para a análise. Claro que, sendo ele mesmo um pagão, um politeísta, não vai dizer que este é "o" mito da análise, "o" mito psicológico por excelência, mas ele propõe enxergarmos esse como um dos muitos mitos importantes para o trabalho psicológico. Hillman escreveu outras reflexões sobre os mitos que aparecem na análise – principalmente Héstia, Hermes, Dioniso, Hades –, pois a psicoterapia é um empreendimento, digamos, multimítico, politeísta, onde vemos a incidência de muitos mitos que formam a atividade, que delimitam e encaminham a atividade analítica. Há muitos deuses presentes na realização da psicoterapia, na própria prática da psicoterapia. Mas, nesse momento, Hillman propõe esse mito, Eros e Psiquê, como um mito importante para pensarmos não só a questão da análise em si, mas também a questão psicológica como um todo.

Precisamos preparar a mente de modo mítico a fim de compreendermos melhor as reflexões de James Hillman sobre Eros e Psiquê – suas interpretações, suas reflexões, que vão resultar nessa questão da unidade de Psiquê e Eros. Esse texto de Hillman, em *O mito da análise*, muda nossa concepção de Psiquê e de Eros, mas também de nossa prática de psicoterapia. Ele está, nada mais nada menos, movendo todo o campo da psicologia profunda do mito de Édipo e do mito do Herói para Eros e Psiquê, propondo um outro mito.

Então esse mito cabe perfeitamente. Hillman entende que ele está em operação o tempo todo em nós, e isto quer dizer que nossas vidas, e principalmente nossas dores, podem ser encaradas como a encenação eterna e incoercível da busca de amor por alma e de alma por amor. Então, o "resumo da ópera" seria: nossas vidas, despidas dos seus detalhes sórdidos, comuns e banais, são sempre a encenação dessa eterna busca e desse eterno desencontro entre o amor e a alma.

Amor e alma se buscam o tempo todo, se encontram e se desencontram, e é isso que estamos encenando em nossas vidas. As nossas dores, aquilo que chamamos os nossos sofrimentos, os nossos erros, as nossas mazelas, as nossas patologias, podem ser encaradas como os momentos em que essas duas instâncias estão em desencontro, separadas, porque o que elas anseiam é estarem juntas.

Ora, isso nos permite muitas leituras, uma série de reflexões, traz para nós uma série de pressupostos. O primeiro é que, se a Alma anseia por Eros assim como Eros anseia por Alma, é porque a alma é em si desejosa. Então, estamos prontos para encarar aquilo que é psíquico em nós, fundamentalmente, como algo *desejante* – a alma deseja sempre alguma coisa. Freud percebeu isso, com a questão da libido, da pulsão, embora, talvez, segundo o diagnóstico do próprio Hillman, tenha permanecido nos braços de Afrodite – pois ele se refere fundamentalmente a uma *jouissance* sexual. O anseio, para ele, é sexual.

Jung também entendeu isso, quando fala da *teleologia* da psique, que a psique é uma instância intencional, que está sempre se dirigindo para um lugar, um fim, que ela tem finalidade. Não é apenas que ela tem um desejo, um anseio – mas que ela está impregnada de desejo. E, do ponto de vista de Eros, também: aquilo que Eros mais anseia é por alma, ou seja, profundidade, conexão, uma realização do desejo com conexão.

Hillman propõe que coloquemos o mito de Eros e Psiquê como uma lente para entendermos as mazelas e as histórias, não só as que vivemos, mas, também, as que nos chegam. Há uma frase de Hillman, aqui citado por Francesco Donfrancesco em seu *No espelho de psique:* "O desejo da alma, aquilo que guia o seu trabalho parece ser o de conhecer-se e refletir-se nas imagens que a constituem"[367]. Entendemos isso: o desejo da alma é conhecer a si mesma, refletir-se nas imagens que ela produz, nas imagens dos sonhos, dos sintomas, das histórias. Hillman se coloca de uma forma onde pode compreender que o desejo é aquilo que define a alma.

Pois bem, que tipo de fala é essa? É uma fala que encara a alma como algo desejante em nós. Hillman está tentando enxergar o que é a alma pela lente do desejo. Depois, em *Ficções que curam*, ele diz:

> A alma quer muitas coisas – ser amada, ouvida, nomeada, vista, ensinada, ser deixada livre, sair na rua, para fora das prisões dos sistemas psicológicos, fora da ficção da interioridade que a força se projetar para ganhar reconhecimento externo[368].

---

367 DONFRANCESCO, F. *No espelho de psique.* Op. cit., p. 50.
368 HILLMAN, J. *Ficções que curam*: psicoterapia e imaginação em Freud, Jung e Adler. Tradução de Gustavo Barcellos, Leticia Capriotti, Andrea de Alvarenga Lima,

Então, o mito de Eros e Psiquê entra aqui como uma lente muito importante, muito rica e interessante para percebermos o trabalho da alma que se dá envolvido com eros, em busca de eros. Amor e alma – e todas as condições do amor sem alma, e da alma sem amor.

A iniciação de Eros – que é a iniciação de Eros em nossas vidas – é o anseio por esse amor psíquico, o amor que saiu dos braços da mãe, que é o amor mais sensual, ou mesmo sexual, sensualizado, exteriorizado. Se Eros busca a alma é porque ele busca ser um amor "psiquezado" – um amor psíquico que, evidentemente, não elimina os elementos sensoriais e mesmo sexuais. A intenção dele é ligar-se a Psiquê, não a Afrodite. "O despertar da alma adormecida através do amor"[369]. A alma chega na vida por meio do amor. Essas parecem verdades universais, arquetípicas.

Hillman nos entrega uma compreensão excepcional do entrelaçamento dessas três figuras, Eros, Afrodite e Psiquê:

> Entretanto, nesta relação, *Afrodite é manifestamente contrária à união de Eros e Psiquê*. A oposição de Afrodite não é simplesmente o motivo folclórico da mãe malvada que age como um obstáculo ao amor. Nossa história fala da diferença entre o amor "de Afrodite" e o amor psíquico. Sem dúvida, Afrodite pode reger o amor de homens ou mulheres, isto é, não rege apenas um certo componente da feminilidade humana ou do sexo feminino. A história apresenta três componentes diferentes de amor – Afrodite, Eros e Psiquê – e suas relações. Embora Psiquê seja uma devota de Afrodite, ela deve encontrar seu próprio estilo de amor, que não é afrodítico. Afrodite conservaria os dois, Eros e Psiquê, presos a si, impedindo que se encontrassem. Parece que ela não quer que o amor encontre a alma ou a alma encontre Eros. Ela não representa apenas o componente arquetípico antipsíquico no amor, também bloqueia a

---

Elizabeth de Miranda Sandoval. Campinas: Verus, 2010, p. 202.
369 HILLMAN, J. *O mito da análise*: três ensaios de psicologia arquetípica. Op. cit., p. 58.

transformação de Eros impedindo-o de se juntar à alma. Como o amor de Eros é dirigido para Psiquê, torna-se tarefa da psique em cada indivíduo, em momentos de compulsão apaixonada, discriminar, se possível, entre os movimentos de eros que fazem alma e um outro tipo de amor feminino, que insiste em que todos os acontecimentos psíquicos são meros servos das necessidades de Afrodite. Na verdade, Psiquê insiste na precedência do amor: e por amor coloca em risco a própria vida – mas este amor é Eros e não Afrodite[370].

Essa é a iniciação psíquica. Hillman caracteriza muito bem isso. O conto não é sobre a iniciação do feminino ou no feminino, como pensava Neumann – é mais. É uma iniciação no psíquico – e o psíquico está na mulher, no homem, no feminino, no masculino, está além das categorias de gênero. O psíquico é não binário.

* * *

Há uma relação da alquimia, da *albedo*, aqui, naquilo que o alquimista intenciona com a imagem do "branco manchado" – a *albedo* não é um branco leite, puro, virginal; é um branco que contém a *nigredo* por dentro, que contém manchas, que contém o trabalho da vida[371]. Não é um branco ingênuo, é um branco sofrido. Você alcança o branco da alquimia pelo sofrimento – não o sofrimento cristão, mas o sofrer da ação da vida, dos processos de vida. O caminho da alquimia é um caminho do sofrimento – a *nigredo*, o desmem-

---

370 Ibid., p. 68-69.

371 A alquimia de raiz paracélsica (Paracelso, 1493-1541, médico, alquimista, físico, astrólogo e oculista suíço-alemão) está fundamentada na concepção de três grandes fases para a transformação da matéria na obra alquímica: *nigredo*, *albedo* e *rubedo*, representadas, respectivamente, pelas cores preto, branco e vermelho. A *nigredo* é o estágio inicial da obra alquímica, no qual o metal impuro, *prima materia* da Pedra Filosofal, atravessa, entre outros, processos de putrefação, mortificação e dissolução de modo a perder sua forma original rumo a uma total transformação, regeneração e renascimento.

bramento, a deformação, a alquimia insiste muito nisso. Não é um paradigma cristão. Temos muita dificuldade de desentranhar essas concepções da visão cristianizada que temos sobre os sofrimentos, o ciúme, a inveja.

Sofrimento é uma palavra e uma ideia que foi cooptada muito fortemente pelo cristianismo. A principal imagem dentro do mito cristão é a do sofrimento – um Deus pregado numa cruz, sangrando e morrendo. A ideia de sofrimento foi capturada pela imaginação cristã, que se torna a única maneira que temos para diferenciar o sofrimento. Ir para o mito, ou ir para a alquimia, para essas histórias pagãs, nos entrega outras concepções do que seja o sofrimento. O sofrimento na alquimia não é redentor, como no cristianismo. Na alquimia, e no mito, o sofrimento é transformador, inerente ao processo da vida; é o caminho do conhecimento das coisas.

Na alquimia, a *albedo* – esse branco manchado – é uma imagem da psique. A *albedo* é o despertar psicológico – numa leitura sintonizada com a psique, é o despertar da alma, da imaginação, da imagem, da reflexão: a Lua, a prata. Então, esse branco é a psique.

6.7 Eros e Psiquê

Eros tem de ser atraído por Psiquê, do contrário ele permanece no colo da mãe. Esse mito foi visto sempre pelo lado de Psiquê, mas igualmente há o lado de Eros. É uma exploração sobre o amor também, não é só sobre a alma.

Eros era entendido como o responsável pelas loucuras, pelas mentiras, pelos enganos do amor. Um deus terrível. Não se pode brincar com ele, é ele quem brinca conosco. Nós não possuímos Eros. Eros é que nos possui. "Eros nunca é algo que possuímos, ele nos possui. Eros não é uma função de psique", diz Hillman[372]. Eros, por

---

[372] HILLMAN, J. *O mito da análise*: três ensaios de psicologia arquetípica. Op. cit., p. 69.

ser um *daimon*, tem essa duplicidade, ele é construtor e destruidor, é *daimon* e demônio ao mesmo tempo. Então ele é uma força além de nós, e uma força perigosa em função desse duplo aspecto de instigador e inibidor.

Interessante também é que Psiquê quebra o contrato com Eros. Ela o vê – é uma questão de busca de consciência, de reflexão. É uma especulação. Ela especula. Ela vê quem é ele, tem o desejo de ver, quer ver. Ela não suporta não vê-lo. As irmãs dão um empurrãozinho, claro. Isso, talvez, nos fale da inerente necessidade da alma de despertar. A alma quer despertar, não quer viver na inconsciência. Isso tem a ver com especular, refletir.

Eros engravida Psiquê. Este não é apenas um detalhe; é um aspecto muito importante, pois Eros está sempre buscando fertilidade, criação, procriação. Portanto, isso também tinha que aparecer no conto. Ela está grávida. A união que ele deseja com ela precisa procriar, e eles procriam – uma criança nasce. E essa criança é outra dessas instâncias banidas pela civilização cristã: a voluptuosidade. A criança chama-se Volúpia! A iniciação da alma no amor e do amor na alma gera o nascimento da volúpia em nós. O ato final é esse – o nascimento de *Voluptas*. Mas, apesar desse ser um ponto muito negligenciado, é como se a história estivesse dizendo que a voluptuosidade é a redenção da alma: a sensualidade psíquica.

O que é a Volúpia? É o desejo incandescente pelas coisas. A volúpia é o prazer sensual. Numa cultura tradicional judaico-cristã essa é também uma emoção não valorizada, e de certa forma bastante reprimida. A intensidade do desejo sensual ou sensorial por todas as coisas: de novo, sensualidade, sensorialidade, valorização dos sentidos – todos itens absolutamente reprimidos e desprezados, tidos como negativos dentro da cultura espiritualista cristã. Mas, se estou lendo o mito corretamente, se estamos nos aproximando da *vera narratio*, o que está sendo dito é que toda a vez que Amor e Alma se encontram, geram voluptuosidade.

O prazer sensual entrou na psicanálise como a *jouissance* – a libido, a pulsão. Há uma lição aqui, do ponto de vista psicológico, que a mentalidade cristã não pode nos fazer apreciar: a união de amor e alma nos entrega a possibilidade de gozar – e isso é algo do mundo, da terra.

> Reconhecemos o primeiro fruto de uma união psicologicamente criativa pelas experiências de *prazer* – pois este é o nome de seu primeiro filho. Prazer, deleite, alegria, *voluptas*, *Wonne*, *ananda*, riso, beatitude, por qualquer nome tão doce. A rosa entre espinhos – vermelha, a rosa vermelha; a doçura no sofrimento e o sal, e a morte heroica na cruz suspensa; a doce *voluptas* da alma, a *sabrosa* dos místicos, este gosto do doce regozijo da alma foi o objetivo oculto e latente durante todo o *opus*. Pois o prazer não é meramente aquele início infantil no *jardin des délices* que deve ser heroicamente deixado para trás ou sacrificado a um princípio de realidade freudiano. Em nossa história, a realização da Psique é Prazer, o prazer nascido na alma[373].

O que o mito está contando? López-Pedraza:

> O conto nos diz que Voluptuosidade é o produto da união de Eros e Psiquê. Hoje em dia não temos a menor ideia do significado desta palavra. É uma das emoções mais reprimidas por dois mil anos de castidade cristã e ainda hoje continua sendo rechaçada. A voluptuosidade do paganismo nos fala de possibilidades de vida que não conhecemos em absoluto. Mas o legado de Apuleio nos aproxima um pouco disso quando nos conta que Voluptuosidade é filha de um viver psíquico erótico. Eu quero ver em todos estes elementos, na imagética pagã das bodas de Eros e Psiquê, um presente supremo. Chamá-lo de prazer seria reduzi-lo, quando nele vejo o inefável[374].

"Voluptuosidade é um viver psíquico erótico." Ou seja, se Eros e Psiquê – Amor e Alma – estão reunidos, o seu viver junto é

---

373 Ibid., p. 96.
374 LÓPEZ-PEDRAZA, R. *Sobre Eros e Psiquê*. Op. cit., p. 114.

voluptuoso. Em tudo você se torna voluptuoso. Se falta a volúpia no viver é porque está ausente o casamento de Amor e Alma.

O mito termina com uma festa de casamento, com um banquete. É um *hierosgamos* – um casamento sagrado, união de uma ordem divina. Há uma diferença entre o casamento de Psiquê e o casamento das irmãs, porque estes são casamentos pró-forma, convencionais, sociais. Os pais queriam que Psiquê casasse pelas convenções. A filha não podia ficar solteira. Mas parece que não está no destino dela esse tipo de casamento em condições mais superficiais. Precisava dessa celebração intensa, do próprio Eros. O que a torna mais original.

* * *

Examinemos finalmente o famoso poema de Fernando Pessoa, "Eros e Psiquê", naquilo em que ele se alinha com o ensaio de James Hillman:

Conta a lenda que dormia
Uma Princesa encantada
A quem só despertaria
Um Infante, que viria
Do além do muro da estrada.
Ele tinha que, tentado,
Vencer o mal e o bem,
Antes que, já libertado,
Deixasse o caminho errado
Por o que à Princesa vem.
A Princesa adormecida,
Se espera, dormindo espera.
Sonha em morte a sua vida,
E orna-lhe a fronte esquecida,
Verde, uma grinalda de hera.
Longe o Infante, esforçado,
Sem saber que intuito tem,
Rompe o caminho fadado.
Ele dela é ignorado.
Ela para ele é ninguém.

> Mas cada um cumpre o Destino –
> Ela dormindo encantada,
> Ele buscando-a sem tino
> Pelo processo divino
> Que faz existir a estrada.
> E, se bem que seja obscuro
> Tudo pela estrada fora,
> E falso, ele vem seguro,
> E, vencendo estrada e muro,
> Chega onde em sono ela mora.
> E, inda tonto do que houvera,
> À cabeça, em maresia,
> Ergue a mão, e encontra a hera,
> E vê que ele mesmo era
> A Princesa que dormia[375].

A intuição que está por trás dessas linhas de Fernando Pessoa é justamente a de uma unidade, de alguma coisa que é uma só e que não quer se partir. Isso muda a forma de pensar e de entender muitas coisas, e é a maneira que estou entendendo a grande contribuição de James Hillman sobre esse assunto. Quando leio esse poema, Pessoa ilumina a leitura de Hillman, porque acho que o que existe no ensaio de Hillman, com relação ao mito de Eros e Psiquê, é que Eros e Psiquê são dois aspectos de uma mesma coisa, são uma unidade. Pois ambos são considerados *daimones* – Eros é considerado um *daimon*, e Psiquê também é considerada um *daimon*, e esta é uma unidade que se parte. Há uma observação, que Junito Brandão faz no seu *Dicionário Mítico-etimológico da Mitologia Grega*, que lembra algo importante aqui: ele cita Empédocles, seu fragmento 119 – outro pré-socrático, como Heráclito: "*Daimon* é outro nome com que se designa *psiquê*"[376]. O conto de Eros e Psiquê é o relato de uma reunião, de uma unidade partida que precisa se reconectar.

---

375 PESSOA, F. *Obra poética*. Rio de Janeiro: Nova Aguilar, 2001, p. 181.
376 BRANDÃO, J.S. *Dicionário Mítico-etimológico da Mitologia Grega*. Op. cit., p. 168.

O que isso quer dizer psicologicamente? Como podemos traduzir essa intuição? Acho que a maneira que temos de traduzi-la, em termos psicológicos, é, para dizê-lo novamente, a profunda compreensão de que *a alma sempre deseja e no desejo está a alma.* Isso está no começo da psicanálise quando Freud confundiu alma com libido, com sexualidade: a alma deseja. Jung chegou mais perto disso quando disse que a alma é teleológica, ou seja, que ela tem um *telos*, uma finalidade. Todos os fenômenos assim chamados psíquicos desejam alguma coisa, estão indo para algum lugar, têm uma finalidade, uma "morte", que é como Hillman chama essa finalidade – "morte", aquilo que está do outro lado, que é o fim, que é o mais profundo, que não está aparente.

Entendo que isso está no sentido do conto que examinamos, ou seja, Eros e Psiquê estão dentro um do outro, um é o outro, como temos visto com relação a outras divindades. Todo amor tem profundidade, e toda a profundidade é desejante. Isso me parece ser aquilo que de psicológico está mais explícito na história de Eros e Psiquê. Mas você só o percebe se estiver olhando para a *relação* entre eles, pois se olharmos só para Eros ou só para Psiquê essa intuição nos escapa. O mito está dizendo que, em determinado nível, essas duas realidades são a mesma.

Naturalmente decorre que, quando estão partidas, existe um grande sofrimento. E eu mesmo diria: existe outro sofrimento, que não seja esse? Existe outro sofrimento que não possa ser entendido justamente como a partição, a partida, entre Eros e Psiquê, entre amor e alma? Existe algum sofrimento que não seja, no fundo, a alma não desejar mais?

A condição da alma é ser amorosa. Onde houver de verdade alma, há amor; e, onde houver amor, há alma. Essa é a verdade mítica que o conto está nos apresentando; uma verdade eterna e irredimível. E, se assim for, isso tem uma certa centralidade no trabalho psicológico. Digamos: se aceitarmos isso como uma verdade, entre tantas outras evidentemente, podemos usar esse olhar para os nossos pacientes e para as histórias de sofrimento que eles trazem consigo. É como um gabarito interessante. Freud propõe um gabarito único, um monomito, Édipo – a chave que abre todas as portas, a chave da compreensão da alma humana. O Édipo explicaria a todos nós. Essa é uma fantasia monoteísta, monocêntrica: achar a chave mestra.

Não é isso que está em Hillman: quando ele propõe um *mito da análise*, escolhe o mito de Eros e Psiquê porque ele é muito interessante para se usar como uma chave de compreensão, uma lente entre outras. O mito de Perséfone, por exemplo, é tão representativo quanto esse. Em seu livro *O sonho e o mundo das trevas* ele propõe, por exemplo, um outro mito, que é outro tandem, que é outra história de amor – ou talvez seja a mesma história, apresentada de outra forma – Hades e Perséfone. De certo ponto de vista, parece ser o mesmo mitologema: no mito de Hades e Perséfone, no momento incrível do rapto, ela se vê na pupila dele. É uma cena paradigmática. No momento em que ele a está raptando, eles cruzam o olhar. O rapto mesmo só se dá quando seus olhares se cruzam. E, nesse instante, ela se vê na pupila dele. Então, ela é a *pupila* dele. Um está dentro do outro. Ela vê que sempre foi a pupila dele. Ela está voltando para casa. E eles são um só, porque se ela é a pupila dele, ela é seu modo de ver. É o mesmo que acontece com Eros e Psiquê: Hades e Perséfone são uma coisa só.

* * *

A maneira que a psicologia arquetípica tem de compreender a mitologia é diferente de outras abordagens, diferente de uma abordagem junguiana clássica, e diferente de uma abordagem puramente mitológica clássica: enfatizar os tandens, enfatizar esse aspecto relacional. Os arquétipos portanto apresentam-se em tandens. Isso tem a ver com colocarmos as figuras míticas na perspectiva das relações, entender que elas estão sempre relacionadas. Então, no mito de Eros e Psiquê, que pudemos examinar, há essa compreensão fortemente relacional também, pois temos aqui, principalmente, uma tríade: há Eros e Psiquê, mas há Afrodite por trás, ou ao lado, ou por baixo – sei lá onde se encontra essa senhora, em sua face terrível – que faz tandens com seu filho Eros e também com a donzela Psiquê.

Há sempre uma mãe por trás, e isso nos diz muita coisa: fala da inescapabilidade do arquétipo materno – da matéria, do materialismo, da visão naturalista – e como ele está sempre presente nos puxando, nos envolvendo, nos encarcerando em suas lógicas. Mas este é assunto para um outro seminário.

Referências

AGAMBEN, G. *A aventura*. Tradução e notas de Claudio Oliveira. Belo Horizonte: Autêntica, 2018.

ARISTÓTELES. *Da alma*. Tradução, textos adicionais e notas Edson Bini. São Paulo: Edipro, 2011.

ASPER, K. *The Inner Child in Dreams*. Boston/Londres: Shambhala Publications, 1992.

AUROBINDO, S. "Heraclitus". In: *The Complete Works of Sri Aurobindo* – Vol. 13: Essays on Philosophy and Yoga. Pondicherry: Sri Aurobindo Ashram Publication Department, 1998.

BARCELLOS, G. "Hermes and Janus: Doors, Walls, Frontiers". In: STROUD, J. (ed.). *Conversing with James Hillman*: Mythic Figures. Dallas: The Dallas Institute of Humanities and Culture Publications, 2018.

_____. *O irmão*: psicologia do arquétipo fraterno. 3. ed., rev. e ampl. Petrópolis: Vozes, 2018.

_____. *Psique e imagem*: estudos de psicologia arquetípica. Petrópolis: Vozes, 2012.

BARTHES, R. *Mitologias*. Rio de Janeiro: Difel, 2003.

BASTIDE, R. *O candomblé da Bahia*. São Paulo: Companhia das Letras, 2001.

BERRY, P. *O corpo sutil de Eco*: contribuições para uma psicologia arquetípica. Tradução de Marla Anjos e Gustavo Barcellos. Petrópolis: Vozes, 2014.

BOECHAT, W. *A mitopoese da psique*: mito e individuação. Petrópolis: Vozes, 2008.

BOER, C. *The Homeric Hymns*. Tradução de Charles Boer. Dallas: Spring Publications, 1987.

BRANDÃO, J.S. *Dicionário Mítico-etimológico da Mitologia Grega*. Petrópolis: Vozes, 2014.

_____. *Mitologia grega*. Vol. I e II. Petrópolis: Vozes, 1998.

CABRAL, L.A.M. *O hino homérico a Apolo*. Introdução, tradução e notas de Luiz Alberto Machado Cabral. São Paulo: Ateliê, 2004.

CALASSO, R.R. *A literatura e os deuses*. Tradução de Jônatas Batista Neto. São Paulo: Companhia das Letras, 2004.

_____. *As núpcias de Cadmo e Harmonia*. Tradução de Nilson Moulin Louzada. São Paulo: Companhia das Letras, 1990.

CAMPBELL, J. *The Hero With a Thousand Faces*. 3. ed. Novato, Cal.: New World Library/Joseph Campbell Foundation, 2008 [Bollingen Series, XVII].

—. *Myths to Live By*. Penguin Compass, 1993.

_____. *Isto és tu*: redimensionando a metáfora religiosa. Tradução de Edson Bini. São Paulo: Landy, [s.d.].

CAMPOS, H. *Ilíada de Homero*. Vol. I e II. São Paulo: Arx, 2002.

CHANTRAINE, P. *Dictionaire Étymologique de la Langue Grecque*. Paris: Klincksieck, 1968.

CHEVALIER, J. & GHEERBRANT, A. *Dicionário de Símbolos*. Rio de Janeiro: José Olympio, 1988.

COLLI, G. *A sabedoria grega III*: Heráclito. Tradução de Renato Ambrósio. São Paulo: Paulus, 2013.

_____. *A sabedoria grega I*: Dioniso, Apolo, Elêusis, Orfeu, Museu, Hiperbóreos, Enigma. Tradução de Renato Ambrósio. São Paulo: Paulus, 2012.

DETHLEFSEN, T. *Édipo, o solucionador de enigmas*. Tradução de Zilda Schild. São Paulo: Cultrix, 1993.

DETIENNE, M. *Mestres da verdade na Grécia arcaica*. Tradução de Ivone Benedetti. São Paulo: Martins Fontes, 2013.

DODDS, E.R. *Os gregos e o irracional*. Tradução de Paulo Domenech Oneto. São Paulo: Escuta, 2002.

DONFRANCESCO, F. *No espelho de psique*. São Paulo: Paulus, 2000.

DOVER, K.J. *A homossexualidade na Grécia antiga*. Tradução de Luís Krausz. São Paulo: Nova Alexandria, 1994.

ELIADE, M. *Mito e realidade*. Tradução de Pola Civelli. São Paulo: Perspectiva, 2004.

_____. *Tratado de história das religiões*. Tradução de Fernando Tomaz e Natália Nunes. São Paulo: Martins Fontes, 2002.

_____. *O sagrado e o profano*. São Paulo: Martins Fontes, 2001.

FRANZ, M.-L. *O asno de ouro*: o romance de Lúcio Apuleio na perspectiva da psicologia analítica junguiana. Tradução de Inácio Cunha. Petrópolis: Vozes, 2014.

FREUD, S. *A interpretação dos sonhos* (1900). Vol. IV. Rio de Janeiro: Imago, 1969 [Edição Standard Brasileira das obras psicológicas completas de Sigmund Freud, 23 vol.].

GOLDGRUB, F. *O complexo de Édipo*. São Paulo: Ática, 1989.

HARTOG, F. "A Fábrica da História: do 'acontecimento' à escrita da História, as primeiras escolhas gregas". In: *História em Revista*, vol. 6, dez./2000, p. 7-19. Pelotas [Artigo publicado em *Les Cahiers de la Ville Gillet*, 9, ago./1999, p. 33-43. Tradução de Fábio Vergara Cerqueira].

_____. "Self-cooking Beef and the Drinks of Ares". In: DETIENNE, M. & VERNANT, J.-P. *The Cuisine of Sacrifice Among the Greeks*. Chicago/Londres: The University of Chicago Press, 1989.

HEIDEGGER, M. "De uma conversa sobre a linguagem entre um japonês e um pensador". In: *A caminho da linguagem*. Tradução de Marcia Sá Cavalcante Schuback. Petrópolis: Vozes, 2012.

_____. "Construir, habitar, pensar" e "*Aletheia* (Heráclito, fragmento 16)". In: *Ensaios e conferências*. Petrópolis: Vozes, 2006.

_____. *Heráclito:* a origem do pensamento ocidental; *lógica:* a doutrina heraclítica do logos. Tradução de Marcia Sá Cavalcante Schuback. Rio de Janeiro: Relume Dumará, 1998.

HERÁCLITO. Fragmentos. In: *Os pré-socráticos*. Seleção de textos e supervisão de José Cavalcante de Souza. São Paulo: Nova Cultural, 2000.

HESÍODO. *Teogonia*: a origem dos deuses. Estudo e tradução de Jaa Torrano. São Paulo: Iluminuras, 2007.

HILLMAN, J. *Uniform Edition of the Writings of James Hillman, Philosophical Intimations*. Vol. 8. Putnam, CT: Spring Publications, 2016.

_____. *O sonho e o mundo das trevas*. Tradução de Gustavo Barcellos. Petrópolis: Vozes, 2013.

_____. "Psychology: Monotheistic ou Polytheistic". In: *Uniform Edition of the Writings of James Hillman, Archetypal Psychology*. Vol. 1. 4. ed. rev. e ampl. Putnam, CT: Spring Publications, 2013.

_____. *Psicologia alquímica*. Tradução de Gustavo Barcellos. Petrópolis: Vozes, 2011.

_____. *O pensamento do coração e a alma do mundo*. Tradução de Gustavo Barcellos. Campinas: Verus, 2010.

_____. *Ficções que curam*: psicoterapia e imaginação em Freud, Jung e Adler. Tradução de Gustavo Barcellos, Leticia Capriotti, Andrea de Alvarenga Lima e Elizabeth de Miranda Sandoval. Campinas: Verus, 2010.

_____. *La Giustizia di Afrodite/Aphrodite's Justice*. Capri/Nápoles: La Conchiglia, 2008.

_____. "Loucura cor-de-rosa, ou por que Afrodite leva os homens à loucura com pornografia". Tradução de Gustavo Barcellos. In: *Cadernos Junguianos* – Revista anual da Associação Junguiana do Brasil-AJB, n. 3, 2007.

_____. *Uniform Edition of the Writings of James Hillman, Mythic Figures*. Vol. 6. Putnam, CT: Spring Publications, 2007.

——. *A Terrible Love of War*. Nova York: The Penguin Press, 2004.

_____. "Édipo revisitado". In: *Édipo e variações*. Tradução de Gustavo Barcellos, Petrópolis: Vozes, 1995.

_____. "Guerras, armas, Áries, Marte" e "Cidade, esporte e violência". In: *Cidade e alma*. Tradução de Gustavo Barcellos e Lucia Rosenberg. São Paulo: Studio Nobel, 1993.

_____. *Anima*: anatomia de uma noção personificada. Tradução de Lucia Rosenberg e Gustavo Barcellos, São Paulo: Cultrix, 1990.

_____. *O mito da análise*: três ensaios de psicologia arquetípica. Tradução de Norma Telles. Rio de Janeiro: Paz e Terra, 1984.

_____. "The Bad Mother: An Archetypal Approach". In: *Spring 1983*: an annual of Archetypal Psychology and Jungian Thought. Dallas: Spring Publications, 1983.

HILLMAN, J. (org.). *Encarando os deuses*. Tradução de Cláudio Giordano. São Paulo: Cultrix, 1992.

Hinos homéricos. Tradução, notas e estudo, Edvanda Bonavina da Rosa et al. Edição e organização de Wilson Alves Ribeiro Jr. São Paulo: Unesp, 2010.

HOMERO. *Hino homérico a Deméter*. Tradução, introdução e notas de Ordep Serra. São Paulo: Odysseus, 2009.

_____. *Hino homérico a Hermes*. Tradução, introdução e comentários de Ordep Serra. São Paulo: Odysseus, 2006.

JAEGER, W. *Paideia*: a formação do homem grego. Tradução de Artur Parreira. São Paulo: Martins Fontes, 1994.

JUNG, C.G. *The Collected Works of C.G. Jung*. Traduzidos para o inglês por R.F.C. Hull. Editados por H. Read, M. Fordham, G. Adler e Wm. McGuire. Princeton: Princeton University Press [Bollingen Series XX; referidos pela abreviatura *CW*, seguida do número do parágrafo].

JUNG, C.G. & KERÉNYI, K. *A Criança Divina*: uma introdução à essência da mitologia. Petrópolis: Vozes, 2011.

_____. *Essays on a Science of Mythology*: the myth of the divine child and the Mysteries of Eleusis. Princeton: Princeton University Press, 1949 [Mythos Series, 1993].

KERÉNYI, K. *Pesquisa humanista da alma*. Tradução de Markus Hediger. Petrópolis: Vozes, 2019.

_____. *A mitologia dos gregos* – Vol I: A história dos deuses e dos homens. Tradução de Octavio Mendes Cajado. Petrópolis: Vozes, 2015.

_____. *A mitologia dos gregos* – Vol II: A história dos heróis (Livro 1, cap. X: Édipo). Tradução de Octavio Mendes Cajado. Petrópolis: Vozes, 2015.

_____. *Arquétipos da religião grega*. Tradução de Milton Camargo Motta. Petrópolis: Vozes, 2015.

_____. *Hermes, guide of souls*. Tradução de Murray Stein. Putnam, Conn.: Spring Publications, 2008.

_____. *Dioniso*: imagem arquetípica da vida indestrutível. Tradução de Ordep Serra. São Paulo: Odysseus, 2002.

_____. "Uma imagem mitológica da meninice: Ártemis". In: HILLMAN, J. (org.). *Encarando os deuses*. Tradução de Cláudio Giordano. São Paulo: Cultrix, 1992.

_____. *Eleusis*: Archetypal Image of Mother and Daughter. Tradução de Ralph Manheim. Nova York, 1967 [Bollingen Series LXV, 4].

LIDDELL, H.G. & SCOTT, R. *A Greek-English Lexicon*. Oxford: Clarendon Press, 1996.

LÓPEZ-PEDRAZA, R. *Ártemis e Hipólito*: mito e tragédia. Tradução de Roberto Cirani. Petrópolis: Vozes, 2012.

_____. *Sobre Eros e Psiquê*: um conto de Apuleio. Petrópolis: Vozes, 2010.

_____. *Dioniso no exílio*: sobre a repressão da emoção e do corpo. Tradução de Roberto Cirani. São Paulo: Paulus, 2002.

_____. *Hermes e seus filhos.* São Paulo: Paulus, 1999.

MARCOLONGO, A. *La lengua de los dioses*. Bogotá: Penguin Random House, 2018.

MILLER, D. "Fairy Tale or Myth?" In: *Spring 1976*: an Annual of Archetypal Psychology and Jungian Thought. Nova York: Spring Publications, 1976.

NASIO, J.-D. *Édipo*: o complexo do qual nenhuma criança escapa. Tradução André Telles. Rio de Janeiro: Zahar, 2007.

NEUMANN, E. *Amor and Psyche*: the psychic development of the feminine, a commentary on the tale by Apuleius. Princeton: Princeton University Press, 1973 [Bollingen Series LIV].

NIETZSCHE, F. *A filosofia na era trágica dos gregos*. Tradução e apresentação de Gabriel Valladão Silva. Porto Alegre: L&PM, 2017.

_____. *O nascimento da tragédia*. Tradução de J. Guinsburg. São Paulo: Companhia das Letras, 2007.

OLIVA NETO, J.A. *Falo no jardim*: priapeia grega, priapeia latina. Tradução do grego e do latim, ensaios introdutórios, notas, iconografia e índices de João Angelo Oliva Neto. Cotia/Campinas: Ateliê/Unicamp, 2006.

ONIANS, R.B. *The Origins of European Thought*. Cambridge: Cambridge University Press, 2000.

OTTO, W. *Teofania*: o espírito da religião dos gregos antigos. Tradução Ordep Serra. São Paulo: Odysseus, 2006.

_____. *Os deuses da Grécia*. Tradução Ordep Serra. São Paulo: Odysseus, 2005.

PARIS, G. *Meditações pagãs*: os mundos de Afrodite, Ártemis e Héstia. Tradução de Sonia Labate. Petrópolis: Vozes, 1994.

PESSOA, F. *Obra poética*. Rio de Janeiro: Nova Aguilar, 2001.

PIGNATELLI, P.C. "The Dialectics of Urban Architecture: Hestia and Hermes". In: *Spring 1985*: An Annual of Archetypal Psychology and Jungian Thought. Dallas, Tx.: Spring Journal, 1985.

PLOTINO. *Tratados das Enéadas*. Tradução, apresentação, notas e ensaio final de Américo Sommerman. São Paulo: Polar, 2002.

POLLACK, R. "Aphrodite, Transsexual Goddess of Passion". *Spring 57*: A Journal of Archetype and Culture. Woodstock, Conn.: Spring Journal, 1995.

PRANDI, R. *Mitologia dos orixás*. São Paulo: Companhia das Letras, 2001.

ROHDE, E. *Psique*: la idea del alma y la inmortalidad entre los griegos. México: FCE, 2006.

RUTHVEN, K.K. *O mito*. São Paulo: Perspectiva, 1997.

SARDELLO, R. *No mundo com alma*: repensando a vida moderna. Tradução de Pedro Maia Soares. São Paulo: Ágora, 1997.

_____. "The Landscape of Virginity". In: STROUD, J. & THOMAS, G. (eds.). *Images of the Untouched*: Virginity in Psyche, Myth and Community – The

Pegasus Foundation Series I/The Dallas Institute of Humanities and Culture. Dallas, TX: Spring Publications, 1982.

SEGATO, R.L. *Santos e daimones*: o politeísmo afro-brasileiro e a tradição arquetipal. Brasília: UnB, 2005.

SERRA, O. *Cantando Afrodite* – Quatro poemas helenos: Canção de Demódoco, Hino Homérico V, Hino Homérico VI, Hino Homérico X. Tradução, notas e ensaio hermenêutico de Ordep Serra. São Paulo: Odysseus, 2017.

_____. *Hinos órficos*: perfumes. Tradução, introdução, comentário e notas de Ordep Serra. São Paulo: Odysseus, 2015.

SISSA, G. & DETIENNE, M. *Os deuses gregos*. São Paulo: Companhia das Letras, 1990.

SÓFOCLES. *A trilogia tebana*. Tradução do grego, introdução e notas de Mario da Gama Kury. Rio de Janeiro: Zahar, 1993.

STEPHENSON, C. *Anteros*: a forgotten myth, Londres/Nova York: Routledge, 2012.

TORRANO, J. *O sentido de Zeus*: o mito do mundo e o modo mítico de ser no mundo. São Paulo: Iluminuras, 1996.

VERNANT, J.-P. *Mito e religião na Grécia antiga*. Tradução de Joana Angélica D'Avila Melo. São Paulo: WMF Martins Fontes, 2006.

_____. *Mito e pensamento entre os gregos*. Rio de Janeiro: Paz e Terra, 1990.

_____. *A morte nos olhos* – Figurações do Outro na Grécia antiga: Ártemis, Gorgó. Tradução Clóvis Marques. Rio de Janeiro: Zahar, 1988.

VERNANT, J.-P. & VIDAL-NAQUET, P. *Mito e tragédia na Grécia antiga*. São Paulo: Perspectiva, 2008.

LEIA TAMBÉM:

Psicanálise junguiana

Trabalhando no espírito de C.G. Jung

Editado por Murray Stein

Jung se distinguiu de Freud e Adler, os outros dois pioneiros da psicanálise, e fundou um ramo distinto da psicologia profunda (ou psicologia médica, como era chamada nos seus primeiros tempos), chamado de psicologia analítica. O lar físico e espiritual dessa escola era Zurique, Suíça. Os pontos teóricos e clínicos de diferença entre os três fundadores, especialmente as diferenças entre Jung e Freud, foram amplamente discutidos em muitas publicações e biografias. O autor lembra que, na primeira e na segunda gerações, os junguianos carregaram nas tintas usadas para demarcar as linhas de separação entre eles e os outros, sendo enfatizadas as diferenças nas perspectivas e práticas fundamentais, para que o campo fosse diferenciado do meio circundante. Mais recentemente, a ênfase entre autores junguianos contemporâneos se deslocou para perspectivas de convergência e diálogo. Isso pode ser considerado um sinal de maturidade no campo. Há menos ansiedade acerca da identidade.

Os capítulos do presente volume refletem as mudanças que ocorreram na última década e meia e após a passagem da segunda geração, que em grande parte tinha conhecido e trabalhado com Jung pessoalmente durante os anos de 1930 e 1940. Como uma afirmação do campo, esse livro é muito representativo quanto às várias correntes de pensamento e à rica diversidade de abordagens e de pensamentos que constituem hoje a complexa tapeçaria da escrita e do pensamento analíticos junguianos.

O leitor encontrará um entrelaçamento que talvez hoje chegue ao ponto de uma perfeita integração, dos bem-conhecidos ramos clássico, desenvolvimentista e arquetípico da psicologia analítica, bem como uma gama impressionante de empréstimos de pensadores psicanalíticos modernos, para além das fronteiras da psicologia analítica, e cujas ideias e *insights* não são de modo algum inspiradas por fontes junguianas, mas cujas visões são crescentemente vistas como convergentes e compatíveis.

Os praticantes clínicos na escola que se formou em torno de Jung variadamente se autodesignaram como psicólogos analíticos, analistas junguianos e psicoterapeutas junguianos. Em anos mais recentes, eles cada vez mais reconheceram o parentesco histórico, se não inabalável, com a família maior da psicanálise, e passaram a se denominar psicanalistas junguianos. Daí o título desse livro. Psicanálise junguiana é o nome contemporâneo da aplicação clínica da psicologia analítica.

Murray Stein é analista na International School for Analytical Psychology, em Zurique, na Suíça. Palestrante em diversos países sobre psicologia analítica e suas aplicações no mundo moderno.

LEIA TAMBÉM:

Avaliação psicológica

Aspectos teóricos e práticos

Manuela Ramos Caldas Lins e Juliane Callegaro Borsa
(Organizadoras)

O livro *Avaliação psicológica: aspectos teóricos e práticos* visa discutir questões básicas que permeiam o processo de avaliação psicológica de maneira simples, direta e com linguagem acessível. Foi escrito por renomados autores brasileiros e apresenta informações condizentes com a realidade da área no país, podendo ser usado integralmente em sala de aula, tanto na graduação como na pós-graduação. Com esta obra pretende-se auxiliar psicólogos e estudantes de Psicologia no desenvolvimento das competências e habilidades que caracterizam a formação do profissional que deseja atuar nessa área, minimizando as dúvidas e tornando clara a aplicabilidade da avaliação psicológica em diferentes contextos e campos de inserção.

LEIA TAMBÉM:

Avaliação psicomotora à luz da psicologia e da psicopedagogia

Gislene de Campos Oliveira

O desenvolvimento psicomotor elabora-se desde o nascimento e progride lentamente de acordo com a maturidade neurológica, a vivência e a oportunidade que a criança possui em explorar o mundo que a rodeia. Muitas vezes ela não atinge o que é esperado para sua idade cronológica, e começa então a apresentar algumas defasagens e dificuldades com seu corpo, que podem afetar a aprendizagem escolar. A avaliação psicomotora proposta nesse livro pretende ser uma ferramenta indispensável para todos os profissionais que objetivam avaliar as realizações, habilidades e adaptações psicomotoras da criança. Ela permite que se elabore um perfil psicomotor que servirá de base para estabelecer um plano de orientação terapêutica, que irá propor estratégias para uma educação e reeducação mais adequadas. Por esse instrumento o profissional pode realizar uma análise quantitativa, pormenorizada de todas as habilidades psicomotoras, mas também poderá realizar uma análise quantitativa indispensável para se chegar à idade psicomotora da criança.

Gislene de Campos Oliveira é psicóloga e professora universitária, doutora em Psicologia Educacional pela Unicamp – Universidade Estadual de Campinas. É membro do Gepesp – Grupo de Estudos e Pesquisa em Psicopedagogia da Unicamp. Tem pesquisado e publicado artigos em livros e revistas especializadas e participado de congressos nacionais e internacionais em Psicologia, Psicopedagogia e, particularmente, em Psicomotricidade. É autora do livro *Psicomotricidade – Educação e reeducação num enfoque psicopedagógico*, autora de capítulos e uma das organizadoras dos livros *Leituras de Psicologia para formação de professores* e *Atuação psicopedagógica e aprendizagem escolar*, editados pela Vozes. Atualmente trabalha em clínica psicológica e psicopedagógica, sendo coordenadora e professora do Curso de Especialização em Psicopedagogia Construtivista pela Escola de Extensão da Unicamp.

Conecte-se conosco:

f facebook.com/editoravozes

◉ @editoravozes

𝕏 @editora_vozes

▶ youtube.com/editoravozes

☎ +55 24 2233-9033

www.vozes.com.br

Conheça nossas lojas:

www.livrariavozes.com.br

Belo Horizonte – Brasília – Campinas – Cuiabá – Curitiba
Fortaleza – Juiz de Fora – Petrópolis – Recife – São Paulo

Vozes de Bolso

EDITORA VOZES LTDA.
Rua Frei Luís, 100 – Centro – Cep 25689-900 – Petrópolis, RJ
Tel.: (24) 2233-9000 – E-mail: vendas@vozes.com.br